PERSONAL IMAGE BRANDING

지금 난……, 어떤 브랜드인가요?

퍼스널 이미지 브랜딩

공미란 지음 / 경춘사

지금 난……
어떤 브랜드를 원하나요?
어떻게 브랜딩해야 할까요?
무엇을 브랜딩해야 할까요?

PREFACE

지금 여러분은 어떤 이미지의 브랜드이길 원하는가?

내가 갖고 태어난 브랜드?
내가 만들어나가는 브랜드?
그리고 변함없이 많은 사람의 사랑을 받는 브랜드는 어떤 것일까?

대중의 평가에 따라 많은 제품의 브랜드가 수시로 사라지거나 새로 등장하는 것처럼, 우리도 나만의 차별화된 경쟁력있는 이미지의 브랜드로 다시 태어나야 하는 시대에 살고 있다. 지금 나는 어떤 브랜드인지? 어떤 제2의 브랜드로 다시 새롭게 태어나야 하는 건 아닌지?, 모두가 인정하는 강력한 브랜드로 평가받기 위해서는 무엇을, 어떻게 해야 하는 건지에 대해 고민해야 한다.

이미지가 경쟁력이고 브랜드가 되는 시대에 내 이미지는 내가 만들어야 한다. 명확한 건 내 노력으로 얼마든지 원하는 멋진 이미지로 바꿀 수 있다.

이 책에서는 사회적으로 인정받는 내 이미지의 브랜딩을 위해 필요한 요소들이 무엇이며, 어떻게 해야 하는지? 에 대해 설명하고 있다. 특히 원하는 내 이미지의 브랜드를 만들기 위해 가장 핵심적인 스스로 이미지를 연출하는 방법을 종합적으로 참고하도록 구성하였다.

특히 이미 대중화된 퍼스널칼라와 인체실루엣(2D)에 이어 새롭게 부각되는 퍼스널골격(3D신체진단 & 얼굴분석)에 대한 올바른 개념, 진단과 스타일링방법 등 이미지브랜딩을 위한 패션, 뷰티 등의 전반적인 내용을 구체적으로 다루고 있다. (단 각 전공영역 분야 제외)

책을 쓰면서 많은 고민 끝에 기존 책의 서술식인 분상형식을 깨고, 핵심적인 요점들을 간략하게 정리하여 쉽게 이해하도록 구성하였다. 1위 브랜드의 제품이 그 순위를 유지하기 위해 주기적인 업데이트와 리뉴얼로 경쟁력을 확보하듯이, 우리도 모두가 긍정적으로 인정하는 이미지의 브랜드로 존재하기 위해 멈추지 말고 노력해야 한다.

이 책을 통해 많은 사람으로부터 인정받는 멋진 이미지의 브랜드로 탄생해서, 성공적인 사회생활로 행복한 삶을 살길 바라면서 출판을 흔쾌히 허락해주신 대표님과 늦은 원고에도 묵묵하게 열심히 책을 잘 꾸미고 다듬어준 출판사 직원여러분께 진심으로 감사드린다. 그리고 1년 넘게 열심히 일러스트를 그려준 제자 사라와 옆에서 틈틈이 자료정리에 도움을 준 주리, 도영, 용호, 지영, 연희, 다인 그리고 예쁜 우리 딸 슬비에게도 고마움을 전한다.

CONTENTS

I. 퍼스널이미지 브랜딩

II. 퍼스널이미지 프로세스

III. 퍼스널이미지 요소 1

Ⅳ. 퍼스널이미지 요소 2

Ⅴ. 면접이미지 브랜딩

I.

퍼스널 이미지브랜딩

1. 퍼스널이미지 브랜딩?

2. 왜 퍼스널이미지 브랜딩이 필요할까?

3. 퍼스널이미지 브랜딩 중요요소?

4. 퍼스널이미지 브랜딩 성공전략?

I. 퍼스널이미지 브랜딩

우리는 모두 행복을 꿈꾸며 산다. 행복하기 위해서 우리에게 필요한 것은 무엇일까? 혼자가 아닌 함께하는 사회에서 행복 하려면 가장 중요한 게 무엇일까? 어떻게 해야 좋을까? 무엇이 필요할까?

과거에 우리가 특정한 브랜드에 소속되었다면, 오늘날에는 우리 모두 각자 스스로가 하나의 브랜드가 되어야 하는 시대에 살게 되었다. 즉 지금 내가 어떤 사람인지? 어떤 능력이 있는지? 무엇을 할 수 있는지? 내 이미지를 강력하게 표현하고 전달해야 하는 브랜드가 되어야 한다.

1. 퍼스널이미지 브랜딩

1) 이미지와 퍼스널이미지

(1) 이미지(Image)

- 어떤 대상으로부터 순간적으로 느껴지는 직관적인 인상
- 상대에게서 느껴지는 분위기, 감각, 태도, 표정 등의 총체적 외모
- 주관적인 이미지보다 객관적인 공통된 이미지가 중요

(2) 이미지의 종류

모든 이미지들이 한꺼번에 측정되지는 않지만 간략하게 느껴지는 전체이미지가 중요

- **지적**: 전문지식과 능력, 추진력과 분석력, 합리적 사고
- **사회적**: 대인관계. 리더쉽, 타인인정, 긍정적 시각
- **신체적**: 표정과 인상, 용모, 패션 감각, 건강
- **감정적**: 감정조절, 성격, 성향, 자기애

(3) 퍼스널이미지 (Personal Image)

- 개인 특성이 반영된 차별화된 이미지(이미지+α)
- 경험과 지각을 통해 만들어진 **고유한 특징적 이미지**
- 가치관과 행동, 태도, 외모 등에 표현된 특성으로 호감도가 높은 보편적이미지가 중요

(4) 이미지와 퍼스널 이미지의 차이점

- **이미지**: 단순한 외적느낌
- **퍼스널 이미지**: 외적 + 내적 + α 부분이 결합 된 좀 더 **차별화된 특징적인 전체이미지**

2) 퍼스널 브랜딩(Personal Branding)

의미 : 네이버사전

퍼스널 브랜딩은 나의 능력과 재능을 확실하게 인식시켜 나 자신을 브랜드화하여 떠올릴수 있게 만드는 과정, 즉 특정분야에서 차별화되는 나만의 가치를 높여 브랜드화하여 인정받게끔 하는 과정을 의미한다

- **브랜딩?**: 브랜드명(제품 이미지) 부여 작업
- **브랜드구성요소:** 외적이미지(외모), 내면적이미지(성격, 가치관, 열정), 기능적이미지(경력, 역량)
- **퍼스널브랜딩**: 개인을 하나의 브랜드로 보고, 개인의 전반적인 분석을 통해 지향하는 목표에 맞게 변화시켜 **인지도를 높게 브랜드화하는 과정**
  (꿈, 철학, 가치관, 비전, 장단점, 매력, 전문성, 재능 등)

❶ 퍼스널이미지 브랜딩(Personal Image Branding)?

- **이미지 브랜딩:** 구체적인 이미지의 특징들을 조절하는 과정
- **퍼스널이미지 브랜딩:** TPO와 **개인의 특성을 고려하여 차별화된 이상적인 이미지**를 만들고, 관리하는 과정, 타인의 객관적인 판단을 고려하여 **전체이미지를 조절하는 과정**
- **패션 퍼스널이미지 브랜딩:** 모든 패션아이템을 활용하여 착용자의 신체특성과 TPO에 알맞게 조절, 표현하는 과정

❷ 퍼스널이미지 브랜딩의 종류

- **적극적 이미지 브랜딩:** 자신만의 브랜드를 만들기 위해 분석하고 계획한 후, 노력하는 적극적인 태도
- **소극적 이미지 브랜딩:** 타인의 주관적인 사고나 평가에 의존해서만 변화를 보이는 수동적인 태도

2. 왜 퍼스널이미지 브랜딩이 필요할까?

"성공하려고 하는가? 그렇다면 성공한 사람처럼 행동하고 성공한 사람처럼 보여라"는 헨리포드의 말처럼, 현대에 적절하게 잘 관리된 퍼스널브랜딩 이미지는 개인의 자기관리 능력의 척도이면서, 경쟁력 있는 가장 강력한 스펙으로 인정받고 있다. 겉으로 보여지는 외모로만 평가하지 말라고 말하지만, 현실의 사회생활에서는 대부분 보여지는 퍼스널이미지에 따라 사람을 판단하고 관계를 형성하기 때문에, 퍼스널브랜드을 만들기 위한 이미지 브랜딩은 점점 더 중요하게 강조되고 있다.

❶ 이미지 브랜딩의 필요성

- 긍정적으로 인정받는 최상의 차별화된 이미지로 나만의 브랜드를 만들어서 경쟁력을 강화
- 이상적인 이미지 연출로 대인관계에서 **호감도를 높여, 성공적인 사회생활을 영위**

❷ 이미지 브랜딩의 효과

- 부정적인 이미지를 긍정적으로 변화시켜 당당하고 멋진 이미지의 브랜드로 변신
- 자아 존중감 향상, 열등감극복 및 **자신감 증가, 원만한 인간관계로 인한 능력 향상**

3. 퍼스널이미지 브랜딩 중요요소?

오늘날 퍼스널이미지는 우리사회에서 경쟁력의 척도로서, 미래의 성공에 다가갈 수 있는 핵심 요소로 자리잡고 있다.

❶ 퍼스널이미지 브랜딩 요소(성격 & 가치관은 제외)

요소 1. 내적요인: 인체자체로 가능 – 표정, 대화, 매너

요소 2. 외적요인: 인체 + 장식(첨가&보충) – 패션, 뷰티분야(메이크업, 헤어, 피부) 악세서리 등

❷ 이미지 브랜딩의 4가지 연출 영역

- **표정이미지:** 밝고 부드러운 얼굴표정
- **대화이미지:** 친절하고 편안한 말표현
- **매너이미지:** 상대를 배려하는 마음과 태도
- **외모이미지:** 내적이미지 + 외적이미지 = 호감 갖도록 표현

4. 퍼스널이미지 브랜딩 성공전략?

오늘날 타인과의 첫인상에서 스펙 이전에 이미 내 이미지와 행동에 대한 호감도로 내 브랜드는 평가를 받는다. 즉 주고 받는 명함보다 외적으로 보여지는 패션, 태도, 표정 등의 이미지가 더 강력한 언어가 되었다.

성공한 브랜드마케터로 컨설팅의 대가인 노희영은 "과거 브랜드가 상품의 메이커였다

면, **현재의 브랜드**는 단순한 상품이 아닌 애정의 대상이며, **나다움'을 끊임없이 찾아서 연구하고 "경쟁력"을 찾아 소통하는것이 퍼스널 브랜딩이며 나만이 할수 있는 것, 나 아니면 안되는 것을 찾아 나를 브랜딩!"하는 것이 가장 중요한 성공전략**이라고 강조하고 있다. 또 브랜딩메이킹 전문가 조연심은 퍼스널 이미지브랜드에서 가장 **중요한 핵심 3단계 공식은 "무엇을 하는 사람?" 인식시키고, "무엇을 할 것인지?" 어필하고, "무엇을 줄 것인지?" 약속하는 것**이라고 말하고 있다.(2020, 조연심, '퍼스널 브랜딩에도 공식이 있다')

그렇다면 퍼스널이미지 브랜딩을 성공기키기 위해서는 어떤 전략들이 필요한 걸까?
처음부터 멋진 브랜드로 태어나는 사람은 거의 없다. 퍼스널이미지 브랜딩의 성공전략의 출발은 나 자신의 분석에서 시작한다. 브랜딩은 자신의 이미지를 진단하고, 긍정적으로 차별화된 모습과 직업에 어울리는 전문가적인 이미지를 만들어 호감을 높이고, 성공적인 자아실현으로 행복하게 살기 위한 하나의 과정이다.

1) 퍼스널이미지 브랜딩의 핵심 성공전략 3가지

성공적인 이미지브랜딩을 위해서는 원하는 브랜드의 가치, 목표, 방향 설정에 따른 핵심전략을 수립하기 위해서는 반드시 먼저 시대적 트렌드와 많은 사람들의 공통적인 가치관을 이해하고 반영하는 것이 필요하다. 또한 **현재 자신의 브랜드를 명확하게 파악**하고, **자신의 차별화된 경쟁력있는 가치를 찾아, 자신이 인정받고 싶은 브랜드가 될 수 있도록 자신의 일관된 지속적인 이미지를 꾸준히 체크하여 수정, 보완하는 노력이 성공적 이미지 브랜딩 전략의 핵심**이다.

전략1. 자신의 현재브랜드를 명확하게 파악?

- 어떤 사람인지? 어떤 속성과 요소?
- 가치관, 장단점, 내적, 외적이미지?

전략2. 자신의 차별화된 경쟁력의 가치 체크?

- 내가 가지고 있는 능력 & 가치 ?
- 현재 트렌드와 부합할 수 있는 핵심경쟁력?
- 잘하는 일, 인정받을 수 있는 일, 좋아하는 일 비교 후 선택한 일?
  (지속가능한 자신의 행복만족도 고려)

전략3. 어떤 브랜드로 인정받고 싶은지 설정?

- 어떤 브랜드로 무엇을 이루고자 하는지?
- 어디로 향해가고 있는지?
- 목표와 방향성의 주기적인 체크와 개선, 보충

TIP 신뢰와 성공은 어떻게 만들어 내는가?

1. 내가 할 수 있는 일이 무엇이고, 상대가 부족한 게 무엇인지? 정확하게 파악
2. 교류의 핵심은 상대에게 맞는 맞춤형소통법이 중요
   상대가 어떤 스타일인지? –
   (자세하게?, 요점만 찍어서?, 소통시 어떤 포인트가 빠른지?)을 파악
3. 상대를 설득하고 싶으면, 먼저 상대를 이해하는 상대맞춤형으로 나만의 설득법을 개발
4. 상대에게 지적하는 경우, 정확한 지적과 분명하게 어떻게 해야 하는지?를 반드시 설명하는 게 필요

TIP 성공하는 감각의 비결은?

1. 성공이 목표이면 안된다는 것을 기억해라
   (작은성과가 하나씩 모여서 성공)
2. 많은 순간 순간 표현해라
   (미안해, 널 이해해. 고마워. 사랑해 등)
3. 실패를 바로 인정해라
   (그걸 극복하는 길을 찾아서 빠르게 연습해서 변화하는게 필요)
4. 일을 즐겨라, 일을 행복하게 해라
5. **칭찬받을 수 있는 일(잘할수 있는일)을 먼저해라**
   (하고 싶은 일보다, 인정을 받는 게 더 중요)
6. **회사가 내 역량을 쌓기 위한 연습의 장이라고 생각해라**
   (회사가 내 희생하는 곳이 아니라고 생각)
7. **회사안에서 무엇을 내 자산으로 축척할 것인가?를 고민해라**
   (회사를 이용해서 나를 만든다고 생각)

– "노희영의 브랜딩 법칙"(2002, 21세기북스)

Ⅱ.

퍼스널 이미지프로세스

1단계: 이미지 진단

2단계: 롤 모델 설정

3단계: 스타일 계획

4단계: 이미지연출

5단계: 이미지브랜딩

Ⅱ. 퍼스널이미지프로세스

퍼스널이미지 브랜딩과정은 **겉만 포장하는 위장술이 아닌, TPO에 맞은 모습으로 자신의 가치를 높여 행복한 삶을 만드는 과정**이 되어야 한다. 따라서 많은 다양한 브랜드 속에서 **대체불가한 나만의 파워있는 브랜드를 만들기 위해서는 우선 철저하게 자신을 분석**한 후에 상황에 맞게 어떻게, 무엇을 바꿀까?를 생각하고 노력하는 과정이 중요하다.

나에게 던지는 핵심 질문!

- 지금 나는 어떤 브랜드인가?
- 지금 내 퍼스널이미지는 어떨까?
- 내가 원하는 이상적인 퍼스널이미지는 어떤 것일까?
- 내가 바라는 퍼스널 이미지를 지닌 롤모델은 누가 있을까?
- 나는 어떤 브랜드를 만들 것인가?
- 나를 어떻게 스타일링 할 것인가?
- 그래서 나를 어떻게 브랜딩 할 것인가?

내가 생각하는 내 이미지? + 남이 보는 내이미지? → 내가 원하는 내 이상적이미지 설정

퍼스널 이미지 스타일링 과정

1-1단계: 이미지 진단 (자기분석)

내적(성격분석: 장 · 단점 / 가치관, 직업, 비전 / 라이프스타일)
외적(표정, 대화, 매너, 신체분석, 패션) / 관계이미지(호감도, 신뢰, 셀프브랜드)

↓

1-2단계: 롤 모델 설정 (모델선택)

내적(직업, 성격,가치관) / 외적(외모이미지, 느낌, 패션스타일)

↓

1-3단계: 이미지 설정 (이상적 이미지 계획)

내적(직업, 성격, 가치관, 비전) / 외적(외모이미지) 자신만의 차별화된 이미지
관계이미지(장점부각, 단점보완, 긍정적호감도 증가를 위한 계획)

↓

1-4단계: 이미지 연출 (TPO & 스타일링)

TPO별(직업 고려) 설정한 이미지 & 스타일링 (이미지 내용과 요소를 통일성있게 표현)

↓

1-5단계: 이미지 브랜딩 (패션이미지 & 스타일링)

다양한 이미지브랜딩 & 스타일링(특정주제의 활동, 관심에 맞는 패션이미지로 변신)

퍼스널이미지 브랜딩 & 프로세스 체크

1 단계 : 이미지 진단 (분석단계)	
내적 & 관계	외적
1. 성격특성: 장, 단점	1. 표정 & 대화 & 매너
2. 가치관, 직업 & 비전	2. 퍼스널 칼라(웜 & 쿨/사계절)
3. 나의 라이프스타일	3. 신체분석(키, 신체비율 실루엣, 골격, 얼굴형)
4. 관계 호감도, 신뢰, 능력, 셀프브랜드 정도	4. TPO & 패션(평소, 특별한 날)
종합(개선 & 보완점?)	종합(개선 & 보완점?)

2 단계 : 롤 모델 설정 (분석단계)	
내적: 사회적목표(닮고 싶은 사람)	**외적: 외모이미지(닮고 싶은 사람)**
1. 인물(직업, 전공, 능력, 성격, 가치관등)? 2. 선택 이유?	1. 인물(이미지, 분위기, 패션스타일), 호감도? 2. 선택 이유?
롤 모델 POTO	롤 모델 POTO

3 단계 : 스타일 계획 (이상적이미지 설정)	
내적: 사회적 목표(수정, 보완, 재설정)	**외적: 설정이미지 목표(개선, 노력, 재설정)**
1. 성격: 장, 단점 2. 직업목표 & 비전을 위한 노력(자기개발, 개선, 보충) 3. 내적이미지, 관계이미지(긍정적호감도), 브랜드에 맞는 전략	1. 얼굴표정 & 대화 & 매너(보충, 개선할 점) 2. 신체분석, TPO을 고려한 스타일링 (패션, 헤어, 메이크업 계획)
자신이 원하는 목표 이미지 POTO	자신이 원하는 목표 이미지 POTO

4 단계 : 이미지 연출 (TPO & 스타일링)	
1. 비즈니스(포멀, 기본 정장의 권위적, 단정한 이미지)	2. 비즈니니스 캐쥬얼(전문적인 직업으로 편안한 이미지)
스타일링 POTO	스타일링 POTO
3. 캐쥬얼 & 스포츠 웨어(활동적인 일 & 여가)	4. 예복(특별한 기념일 & 파티)
스타일링 POTO	스타일링 POTO

5 단계 : 이미지브랜딩 (패션이미지 & 스타일링) 패션이미지 : 로맨틱, 엘레강스, 매니쉬, 컨츄리, 모던, 소피스트케이티드, 에스닉, 엑티브 / 클래식, 캐쥬얼, 패미닌, 내츄럴	
평소 : 일반적인 사회생활	특정 : 특별한 날(변화된 이미지 연출)
1. 자신의 평소 패션 이미지? 2. 자신만의 차별화된 이미지 & 스타일링 이유?	1. 특별한 날(언제?)의 스타일링의 패션이미지? 2. 특별한 패션 이미지 & 선택 이유?
스타일링 POTO	스타일링 POTO

III.

퍼스널브랜딩 이미지 요소 1

1. 자기이미지
2. 얼굴이미지
3. 대화이미지
4. 매너이미지

III. 퍼스널브랜딩 이미지요소 1

이미지 요소1은 인체자체로 표현되는 이미지로 크게 자기이미지, 얼굴이미지, 대화이미지, 매너이미지로 나뉘어지며, 원하는 이미지 브랜딩을 위해 각각의 진단을 통해 자신의 현재이미지를 수정, 보충하여 새로운 이미지로 브랜딩할 수 있다.

1. 자기이미지

자기이미지는 개인의 이미지를 진단하고 분석한 후, 개성과 직업을 고려하여 가장 긍정적인 이미지를 만들어 호감도를 높이고, 전문가다운 모습을 향상시켜 성공적인 자아실현과 좀 더 행복한 삶을 살기 위한 브랜딩 요소 중 하나이다.

1) 자기이미지 분석 3가지 방법

이미지지수평가방법, MBTI검사방법, "나는 누구인가?" 이미지 서술법

(1) 이미지지수 평가방법

설문을 통해 본인이 생각하는 내적, 외적이미지에 체크한 후에, 각각의 수를 계산해서 나온 영역에 해당되는 점수를 합산한 후에 점수를 표시하여 나온 영역의 특징을 정리한다.

각각의 평가지수를 통해 부족한 부분을 체크하는게 중요하다.

내적 이미지

1. 나를 사랑한다.
2. 김정형이 아닌 이성형이다.
3. 이해와 판단이 빠른 편이다.
4. 나쁜 습관을 잘 고치려고 노력한다.
5. 나에게는 확고한 삶의 롤모델이 있다.
6. 삶의 확실한 목표와 비전을 갖고 있다.
7. 매일 스스로의 삶에 대해 생각하는 시간을 갖는다.
8. 생각을 긍정적이고 적극적으로 하는 편이다
9. 스트레스는 나만의 방법으로 잘 푸는 편이다.
10. 화가 났을 때 스스로의 감정을 잘 조절한다.
11. 힘들거나 외로울 때를 스스로 잘 이겨낸다.
12. 하루에 잠은 충분하게 깊이 잘 자는 편이다.
13. 평소 시간을 잘 계획해서 지루할 시간이 없다
14. 타인과의 관계가 원만한 편이다.
15. 인사를 잘하고 타인에 대한 배려를 잘 한다.
16. 약속을 잘 지키며 중요하게 생각한다.
17. 내 이미지에 대해 타인을 의식하는 편이다.
18. 타인과 의미없이 함께 보내는 시간을 좋아하지 않는다.
19. 지기개발을 위한 독서나 취미 생활을 즐긴다
20. 각종 문화공연(콘서트, 전시회등)을 적극적으로 관람한다.

외적 이미지

1. 자신의 외모에 만족하는 편이다.
2. 바른자세로 당당하게 걷는 편이다.
3. 사진찍기를 좋아하고, SNS을 한다.
4. 잘 웃어서 웃는 인상이란 말을 듣는다.
5. 체중관리나 얼굴 피부관리를 하는 편이다.
6. 거울이 보이면 되도록 자신을 비추어 본다.
7. 평소 향수 사용을 적절하게 사용한다.
8. 식사, 운동후에 데오토란트나 탈취제를 뿌린다.
9. 메이크업도 자연스럽게 적당하게 잘하는 편이다.
10. 어울리는 피부색을 알고 튀지 않은 색으로 스타일링한다.
11. 튀는 색, 디자인보다 단정하고 깔끔한 기본 패션을 선호한다.
12. TPO에 알맞게 패션을 스타일링한다.
13. 다양한 악세서리(넥타이, 스카프 등)로 변화를 주는 편이다.
14. 자신의 단점을 보완하는 패션 스타일링을 한다.
15. 멋있는 사람을 보면 외적 매력을 관심있게 살펴보다
16. 예의바른 인사를 적극적으로 먼저 하는 편이다.
17. 많은 사람들 앞에 서는 것을 어려워하지 않는다.
18. 첫 만남에서 먼저 웃으면서 악수를 잘 건넬 수 있다.
19. 대화시 자연스러운 몸짓과 제스쳐를 잘 하는 편이다.
20. 타인에게 안좋은 말을 들었을때도 심하게 상처받지 않는다.

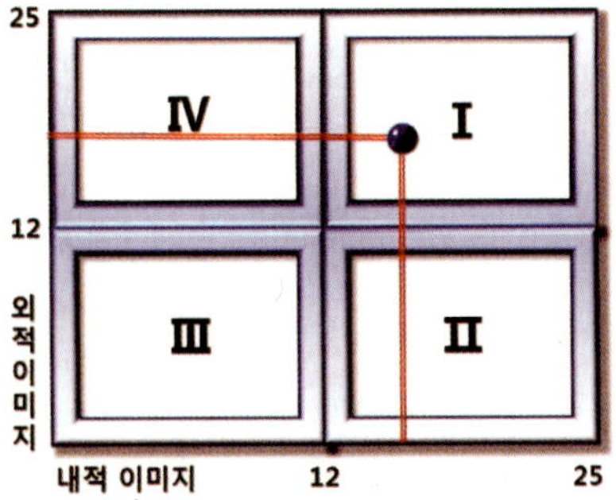

(그림 3-1) 이미지지수 영역진단

체크된 영역 지수의 결과를 바탕으로 좀 더 인정받는 이미지를 만들기위해 수정, 보충하는게 필요하다.

I 영역	내적이미지와 외적이미지가 잘 조화되어 있는 타입이다. 자신에 만족하고 삶과 목표, 비전에 대해서 긍정적이고 진취적이므로 잘 계획하고 성취해 나가는 타입이다. 또한 퍼스널 브랜드를 위해 자신의 장점을 활성화, 단점을 잘 보완하여 차별화된 자신만의 매력적인 스타일링을 통해 성공에 가까워 질 수 있게 노력하는 타입이다. 앞으로도 지금처럼 꾸준하게 잘 관리하고, 자신을 잘 조절하는 게 필요하다.
II 영역	외적이미지인 외모보다 내적이미지인 가치관이나 역량을 중시하는 타입이다. 시각적으로 보여지는 외적인 이미지도 중요한 경쟁력의 시대이므로, 지나친 내적가치 추구에서 좀 더 외적인 면을 잘 고려해서 개선하는 것이 필요하다. 현재 자신의 내적가치에 좀 더 변화된 외적이미지가 추가된다면 성공의 지름길이 될 수 있는 타입이다. 현대에는 내적가치에서 고평가되더래도, 외적이미지를 무시해서 저평가되면 불리해질수 있다는 것을 기억해야 한다.
III 영역	전체적으로 내적이미지와 외적이미지에 관심이 약한 타입이다. 내적으로 어떤 일을 해도 적극적인 의지가 없이, 일 시작 전부터 잘될까? 하는 부정적 생각으로 자신감이 부족하고 소극적인 사람이며, 외적인 것에도 별 관심이 없는 사람이다. 우선 자신감을 갖을 수 있도록 외적인 멋진 스타일링으로 자신감을 갖으면 자연스럽게 내적으로도 긍정적인 변화가 일어나므로 외적인 것을 먼저 변화시키는 것이 필요하다. 그리고 잘 될 수 있다는 자신감을 먼저 갖도록 노력하는 것도 중요하다.
IV 영역	내적이미지인 가치, 역량보다 외적이미지인 외모에 더 치중하는 타입이다. 외적이미지 차원에서는 긍정적이지만, 그 외 내적인 이미지에서 저평가 될 수 있으므로 외적이미지 정도를 유지할수 있는 전략이 필요하다. 내적인 부분을 업 할 수 있는 독서나 다양한 자기개발 프로그램 등을 통해 자신의 능력의 내적 가치를 높이는 것이 필요하다. 이미 외적인 이미지의 좋은 자신감이 내적이미지로 빠르게 연결되어 좋은 효과를 볼 수 있다.

이미지지수 진단결과

내적 이미지: 개, 외적 이미지: 개

이미지지수 영역: 영역

특징:

나온 결과 & 느낀점

(2) MBTI검사방법

검사결과에 따른 유형은 같은 사람이라도 검사한 시기, 상황에 따라 변화할 수 있으며, 같은 유형의 사람들 간에도 각각의 영역별 점수에 따라 성격에 차이가 있다. 즉 같은 유형안에서도 영역별로 차지하는 비중의 차이에 따라 성격도 다르게 나타난다.

외형형(외부활동) 폭넓은 다수 관계 사교성/말로 표현 경험 후 이해, 쉽게 알려짐	**에너지방향** (에너지원천)	**내향형**(내부집중) 자기만, 깊이있는 소수관계/글로 표현 이해 후 경험, 서서히 알려짐
감각형(오감, 정보수집) 현재중심/경험/나무 보려는 경향 구체적, 사실적, 정확성, 일관성, 관례	**인식기능** (정보수집)	**직관형**(육감, 직관적) 미래지향/아이디어/숲을 보려는 경향 상상적, 영감적, 변화, 다양성, 새 시도
사고형(합리적진실) 원칙과 규범중시/객관적논평, 간단명료 객관적,논리적, 분석적, 원인과 결과 중시	**판단기능** (의사결정)	**감정형**(주관적기분) 사람과관계중시/우호적협조, 상황설명 주관적, 포괄적, 상황적, 좋고 나쁨 중시
판단형(계획, 체계적) 뚜렷한 계획과 목적, 신속한 결론 의지적 추진, 통제, 조정, 분명한 방향감각	**행동양식** (생활양식)	**인식형**(즉흥, 자율적) 상황맞춘 개방성, 유유자적 과정 즐김 목적, 방향의 변화, 융통과 이해 수용

MBTI검사 결과

본인 유형 :		
특징	장점	단점

나에 대한 총편 (내 생각과의 차이점, 느낀점)	내 브랜드를 위한 성공 전략 (개선, 보충)

(3) 나는 누구인가? 이미지 서술법

나에 대해 내가 생각하는 이미지, 남이 생각하는 이미지을 적절한 키워드로 표현하여 정리한다.

❶ 나를 나 자신이 평가

나를 표현하는 가장 적절한 키워드를 냉정하게 기록, 내 생각, 가치관, 비전등을 구체화

❷ 남이 나를 평가

- 처음 본 첫인상의 평가 (타인: 선, 후배나 친구 등)
- 익숙해진 사람들의 평가 (친한 친구, 가족들)

❸ 내가 생각하는 이상적 이미지 설정

가능한 것 위주로 작성 (특히 외모(신체적) 불가능한 것은 제외)

❹ 종합의견(나와 남의 보는 생각이 다름을 인정하자!)

최종 종합의견에는 나와 타인 평가의 차이점은 무엇이며 개선, 보충해야 할점은 무엇인지를 정리

나는 누구인가? 에 대한 키워드(형용사) 작성

<table>
<tr><th rowspan="2">내가 생각하는 나
(내 가치, 아이덴티티)</th><th colspan="3">남이 생각하는 나 (이미지, 평판)</th><th rowspan="2">내가 되고자 하는 나
(이상적, 내브랜드)</th></tr>
<tr><th>처음 만난 사람</th><th>친구</th><th>가족</th></tr>
<tr><td>예) 적극적인, 노력하는</td><td></td><td></td><td></td><td>예) 유머있는, 리더쉽 있는</td></tr>
</table>

나에 대한 총평 (차이점, 느낀점)	내 브랜드를 위한 성공 전략 (개선, 보충)

(4) 나의 현재 라이프스타일을 분석

<table>
<tr><td rowspan="2">1</td><td>내가 희망하는 직업 & 목표</td><td></td></tr>
<tr><td>장점 & 단점 & 성격 & 성향</td><td></td></tr>
<tr><td>2</td><td>내 취미 & 특기</td><td></td></tr>
<tr><td>3</td><td>좌우명(신조)</td><td></td></tr>
<tr><td>4</td><td>내가 가장 잘 할 수 있는 것</td><td></td></tr>
<tr><td>5</td><td>내가 가장 좋아하는 것</td><td></td></tr>
<tr><td>6</td><td>내 매력(내적 & 외적)</td><td></td></tr>
<tr><td>7</td><td>내가 변화하고 싶은 것</td><td></td></tr>
<tr><td>8</td><td>내가 닮고 싶은 롤 모델(내적 & 외적)</td><td></td></tr>
<tr><td>9</td><td>내가 좋아하는 운동</td><td></td></tr>
<tr><td>10</td><td>내가 좋아하는 노래 & 영화</td><td></td></tr>
<tr><td>11</td><td>내가 좋아하는 가수 or 연예인
좋아하는 이유?</td><td></td></tr>
</table>

(5) 현재 내브랜드 & 미래 내브랜드

- 위 3가지 방법을 통해서 전체적인 내용을 총정리해서 원하는 퍼스널 이미지 브랜드를 설정
- 단계별 실행계획작성: 6개월, 1년, 5년, 10년……

(1) 현재 내브랜드

(2) 미래 내브랜드

*위 3가지 방법을 통해서 전체적인 내용을 총정리해서 원하는 브랜드를 설정

(3) 단계별 실행계획작성

6개월

1년

5년

10년……

2. 얼굴이미지

1) 첫인상

첫인상에서 얼굴표정은 그 짧은 순간의 이미지로, 인간관계를 좌우해서 삶이 바뀌는 계기가 되기도 하는 가장 강력한 무언의 언어이기도 하다. 얼굴표정에는 감정상태에 따라 변화되는 심리적인 이미지가 그대로 나타나므로, 상황에 따른 적절한 호감의 표정관리가 매우 중요하다. 무엇보다도 자신에게 가장 잘 어울리는 편안하고 자연스러우면서도 미소 담은 긍정적인 표정이 되도록 평소 관리하는게 필요하다.

TIP 외적이미지가 내적이미지까지 바꾼다.

"나는 웃는 얼굴을 만들기 위해 일부러(의식적) 자꾸 웃고 또 웃었다.
그렇게 몇 달을 연습하자 그토록 딱딱했던 굳어있던 얼굴표정이 부드럽게 변해있었다.
얼굴 표정만 달라진 게 아니었다. 내 마음의 색까지 긍정적이고 밝게 변화시킬 수 있었다."
외적이미지를 바꾸니까 내적이미지가 커서 자신감이 생겼다.

"펀을 잡아라" – 김영사, 2007, 진수테리

(1) 첫인상이란?

- 처음 대면하는 최초의 이미지로 인간관계의 출발점
- **첫인상 결정시간: 대면 3–5초정도이며**, 30초이내에 전체 중요이미지가 결정
- **첫인상 변경시간:** 60번 40시간

(2) 첫인상의 결정 요소

- 미국 심리학가 알버트 메라비언(Albert Mehrabian)의 법칙
- 시각적 이미지(외모 55%) + 청각적 이미지(목소리 38%) + 언어(말내용 7%)

비언어적 요소		언어적 요소
외모 55% (시각적)	목소리 38% (청각적)	말내용 7% (언어, 소통)
태도, 표정, 제스처	어조, 억양	언어, 인격, 교양

(3) 첫인상의 대표적인 심리효과

첫인상에서 말과 행동 순서의 중요성

첫인상 (긍정적, 부정적) 평가에 따라서, 똑같은 뒤 행동에 대해 다르게 평가된다.

일반적으로 **첫인상 앞부분에 더 큰 영향을** 받으므로 되도록이면 **처음에 먼저 긍정적인 말이나 표현을 하는 것이 좋다.** 즉, 앞에 부정적인 것을 먼저 말하면, 뒤의 긍정적인 말에 대한 효과가 약해지며, 앞에 긍정적인 것을 먼저 말하면, 뒤의 부정적인 것도 덜 부정적으로 느껴지기 때문이다.

- **초두효과:** 첫인상이 쉽게 바뀌지 않는 현상
- **맥락효과:** 처음 정보가 뒤 정보에 영향을 주어 전체 이미지의 흐름을 연결하는 것
- **부정성효과:** 긍정적인 첫인상이 부정적인 것으로 인해 바로 부정적으로 바뀌는 것
- **후광효과:** 하나의 특징적인(긍정적, 부정적) 근거가 그 후 나머지 특징에 영향을 주는 것

(4) 인상형성에 영향을 미치는 요인

- **고정관념:** 외모의 특징적인 부분이 특정집단에 대한 이미지로 판단에 좌우
- **평가자의 속성:** 보는 사람의 속성에 따라 다른 평가결과(본인과의 유사성정도에 따라 호감)
- **두드러진 단서:** 두드러진 단서가 긍정적일 때보다 부정적일 때 더욱 우세하게 작용

2) 얼굴 표정

갖고 태어난 얼굴 생김새보다 얼굴표정은 이미지브랜딩에서 매우 중요하며, 특히 **미소 짓는 얼굴표정은 사람의 맘을 움직이게 하는 가장 강력한 무기**이다. 따라서 호감주는 매력적인 얼굴표정은 자신을 자신감 있게 만들고, 타인에게도 좋은 이미지를 주어, 더 좋은 인간관계를 만듦으로 자신에게 어울리는 표정을 찾고 잘 훈련하는 브랜딩과정이 중요하다.

- **첫인상의 핵심적 요소:** 미소 띤 자연스런 얼굴
- **호감가는 표정:** 신뢰와 믿음이 느껴지는 부드러우면서 자신감 있는 표정
- **표정변화:** 감정변화에 따라 표정이 달라지므로 밝고 긍정적인 마음을 갖는 것이 필요

  *주의: 산만한 시선처리는 정서적 불안정, 자신감 부족으로 느껴짐

(1) 눈: 사람의 마음상태 표현

- **긍정적 인식:** 아이컨텍(eye contact)과 시선(gaze), 상대를 정면 응시
- **눈 표정 연습:** 맑고 선한 눈매, 부드럽고 편안한 웃는 눈 표정 훈련

  *주의: 자주 깜박이지 않기, 눈동자 상하좌우로 굴리기, 곁눈질, 훑기나 치켜뜨지 않기

(2) 입: 입꼬리가 처지지 않은 미소 띤 얼굴

- **미소연습: 우 + 위스키, 오 + 와이키키**
- 자연스런 입의 표정을 위해 하루 4–5회 연습: 하, 히, 후, 헤, 호

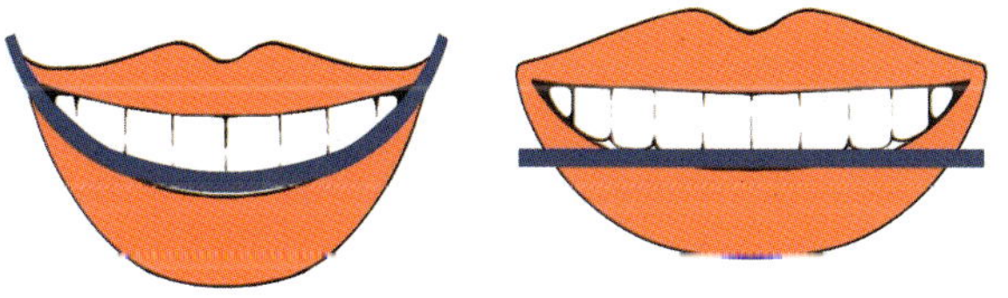

(그림 3–2) 스마일라인

(3) 호감있는 표정연출: 입과 눈이 동시에 같이 웃는 표정

- 긍정적인 표정은 자신에게 가장 잘 어울리는 편안한 표정
- 입꼬리를 살짝 올리면서 미소를 짓는 부드러운 표정
- 얼굴형과 눈, 코, 입의 모양과 크기, 눈썹모양에 따라 이미지가 좌우
- 자연스런 미소, 밝고 순수한 미소, 대면 후에도 웃는 표정유지가 중요
- 매일 거울보고 좋은 생각과 맘으로 자연스럽게 미소짓는 표정 연습을 습관화

(4) 표정관리체크

사람이 즐겁거나 행복하면 자신도 모르는 사이에 밝은 표정을 짓고, 반대로 불편한 맘일때는 어두운 표정을 짓게 된다고 한다. 또 밝은 표정을 하면 마음도 밝아지므로 타인과의 인간관계에서 자신의 표정을 잘 조절하도록 연습하는 것이 매우 중요하다.

표정 체크

- 평소 호감가는 표정을 하고 있는지?
- 얼굴표정이 자연스럽고 안정적인지?
- 눈과 입이 함께 미소 짓는 표정을 하고 있는지?
- 자신도 모르는 습관적인 표정에 대해 체크하는지?
- 남들이 공감하는 자신만의 매력적인 표정이 있는지?
- 당황, 화가 났을 때 표정을 인식하고 잘 관리하는지?
- 평상시 자신의 표정을 보고 어떤 모습인지를 체크하는지?

(5) 얼굴표정비교

❶ 차이점을 비교

- 대표적으로 보여지는 두 개의 모나리자의 얼굴에서 다른점? 이미지의 차이점?

  *주의: 반드시 눈과 입이 동시에 같이 웃는 모습

(그림 3-3) 얼굴 표정 비교

❷ 다양한 얼굴표정

평소 얼굴표정 중에서 호감가는 표정은 어떤 모습일까?

다양한 내 얼굴표정에서 호감가는 내모습이 어떤 표정인지를 아는게 중요하다. 사진이나 동영상을 통해 체크하여 호감가는 내 얼굴표정을 찾은 후에 연습하는게 필요하다. 또한 다양한 표정속에서 매력적인 나만의 표정을 찾아내는 것도 필요하며, 그무엇보다 가장 중요한건 내가 생각하는 모습과 타인이 생각하는 모습의 이미지가 일치하는 것이 중요하다는 점을 기억하자.

다양한 얼굴 표정 찾기

MY POTO

웃는 정도에 따른 표정과 이미지

- 웃는 정도에 따라 호감가는 표정은 어떤 모습일까?
- 살짝미소 / 자연스런 미소 / 환한 미소 / 호탕하게 웃는 모습

살짝 미소 띤 모습 (이 안보임)	자연스럽게 웃는 모습 (윗니 살짝 보임)	환하게 웃는 모습 (윗니 많이 보임)	호탕하게 웃는 모습 (윗니, 아랫니+잇안 보임)

웃는 표정 3단계 (미소 – 중간 – 활짝)
MY POTO

- 웃는 정도에 따른 표정 & 이미지 변화를 명확하게 이해
- 웃는 내모습이 자연스러운지? 체크
- 종합의견(수정, 보완):

다양한 내 얼굴표정 & 호감가는 얼굴표정

첫인상과 평소 얼굴표정 중에서 가장 호감가고 매력적인 표정은 어떤 모습일까?

호감가는 표정 (첫인상) 자연스러운 표정을 선택, 연습		매력적인 표정 (예쁜, 아름다운 표정) 선택, 연습 및 차후 지속관리	
내 생각	타인 생각 : 5 이상	내 생각	타인 생각 : 5 이상
MY POTO		MY POTO	
– 내 생각과 타인생각의 차이점은? – 종합의견: (수정, 보완)		– 내 생각과 타인생각의 차이점은? – 종합의견: (수정, 보완)	

3. 대화이미지

1) 대화와 커뮤니케이션

- **커뮤니케이션:** 의사소통(말, 글, 소리, 표정, 몸짓을 통한 주고받는 정보)
- **대화:** 서로 주고받는 이야기

(1) 대화

- 이야기를 통해 의견을 존중하고 생각을 전달하는 언어의 교제
- 언어에 인격, 교육정도, 신념이 표현되므로 올바른 매너, 좋은 언어 선택의 습관화가 필요

(2) 커뮤니케이션(communication)

- 정보, 의견, 감정을 주고 받는 의사소통
- 언어적인 것(말, 글자)과 비언어적인 것(표정, 목소리, 말투, 제스처)로 구별
- 신뢰감이 형성되도록 감정, 표정, 시선, 말과 경청 등의 조화로운 관리가 필요

2) 대화의 기본요령

대화의 기본은 **1분간 말하고, 2분간 듣고, 3번 이상 맞장구를 쳐주는 "1,2,3 기법"**이 핵심이다. 원만하고 긍정적인 관계의 대화가 되도록 상대의 말을 잘 경청하고 부드럽게 응대하며, 상대의 말에 적절한 호응을 하는 것이 중요하다.

(1) 칭찬의 방법

좋은 진심어린 칭찬은 좋은 관계를 만들며, 서로 주고받는 칭찬은 더 즐겁고 행복한 관계를 만든다. 평소 칭찬에 대해 스스로에게 질문을 던져보고 체크해보는게 필요하다.

우리는 얼마나 많은 사람들에게, 얼마나 많은 칭찬을 하는지?
지금 내 앞의 상대는 어떤 칭찬을 원하는지?

- 칭찬은 서로를 존중, 배려하는 원만한 인간관계를 위한 대화의 필수요소
- 진심으로, 간결하고 구체적으로, 지나치지 않게, 사소한일에도, 적절한 타임에 칭찬
- 이름(인칭)을 넣고, 마음으로, 밝은 표정, 다정한 눈으로 상대를 존중

(2) 대화할 때 주의사항

- 상대에게 곤란한 질문은 삼가(나이, 몸무게, 수입, 출신학교, 가족의 직업 등)
- 상대방이 말하는 도중 가로채거나, 즉시 반박하거나, 다른 생각, 딴청을 피우지 않기
- 지나친 자랑, 외국어나 전문용어, 속어, 비어, 자기주장으로 상대 불편하게 하지 않기
- 대화 중 자리를 뜰 때는 양해를 구하고 다른 사람에게 방해가 되지 않도록 행동하기

TIP 효과적인 칭찬법 8가지

1. **구체적으로:** "참 좋네요"가 아닌 "자네가 발표한 제안서는 간결하고 설득력이 있었어. 잘했네!"
2. **간결하게:** 길게 반복하지 말고, 한번 간결하고 진지하게 "계획이 돋보이는 멋진 발표였네"
3. **남 & 제삼자에게:** 상대보다 다른 이에게 간접적으로 "OO가 잘 계획된 멋진 발표를 했어"
4. **사소한 것부터:** 남들이 인식하지 못하는 작은 일부터 "늘 뒷정리를 꼼꼼하게 잘하는 멋진OO야"
5. **당사자 주변의 인물을:** 본인 주위 관계된 사람칭찬 "역시 자네 동생이 일을 멋지게 잘 해냈어!"
   한국인은 관계를 중시하므로 그 사람의 소중한 주변 관계를 고려한 칭찬은 효과적임
6. **우연, 의외의 상황에서:** 필요시점이 아닌, 평소에 자연스럽게 한 진솔한 행동
   "달리는 오토바이를 보고 아이를 구한 건 정말 멋진 일이었네"
7. **상대에 따라 칭찬내용, 방법을 다르게:** 주어진 상황과 대상, 연령에 따라 다른 표현방법으로 칭찬
8. **결과이외, 과정과 노력을 칭찬:** "1등은 못했지만 그간 자네의 노력은 1등이었네. 멋진 발표였어"

- 한국일보, 2021. 12. 21. 임윤선

TIP 칭찬에 반응하는 방법

1. **고맙게 받기(짧게):** 고마워, 네가 그렇게 생각해줘서 기뻐!
   너의 칭찬 고맙게 받을께, 앞으로 더 잘하도록 노력해볼게
   알아봐준 것, 그렇게 말해준 것에 대해서 감사해
2. **상대도 칭찬, 존중해주기:** 고마워, 네 발표도 정말 멋졌어. 그렇게 봐준(칭찬해준너)덕분이야.
   안목이나 태도에 대한 칭찬(못찾을 경우) 알아봐주셔서, 세심하게 이야기해주셔서 고마워
3. **칭찬받을때 다른 사람(기여) 언급:** 우리모두가 열심히, OO도 같이 고생했어, 알아줘서 고마워!
4. **위트있는 유머로 호의에 유쾌하게(상대를 기분좋게 하는):** 그런 건 크게, 뭐드시고 싶으세요?
   제가 쏠께요! 멋진사람들은 역시 다르네요!

칭찬의 회피와 부정은 삼가

- **아니예요, 별거아니야 부정은 겸손해 보일 수 있지만, 자신감없고 자존감 낮음을 암시**
- 칭찬부정, 비하하기보다 **다른 사람들과 공을 나누기: 집이 깔끔하네요** – 이정도는 남들도 다하는데요가 아닌 저희 가족이 함께 노력하고 있어요!로 표현

TIP 비꼬는 칭찬에 반응하는 방법

1. **비꼬는 칭찬을 구별:** 부정적인 목적에 대응하지 말고 왜 그런지?를 파악하고 이해하는 게 중요
2. **상대의 비꼬는 의도를 정확하게 언급:** 무슨의도인지? 대화를 유도해서 해결
3. **운이 좋았다는 것은 칭찬:** 무례하거나 공격적인 반응보다 운이 따랐다는 평가에 내 노력이 작용했다는 것을 분명히 어필

— WiKiHow & Lynda Jean

3) 말하기 & 듣기

대화의 방법과 내용에 따라 이미지가 좌우되므로, 기본요소인 말하기와 듣기의 방법을 잘 알고 적절하게 활용하는 게 좋다.

(1) 말하는 방법

- 말은 침착하고 간결하게, 적당한 호칭과 존칭어를 사용
- 밝고 부드러운 표정으로, 상대의 눈을 보면서 적당한 속도와 정확한 발음으로 말함
- 올바른 자세로 자신의 이미지에 맞게 표현하고, 가볍게 보이는 과한 동작과 몸짓은 삼가

(2) 말할 때 주의사항

- 상대방의 말을 끝까지 듣고 말하고, 같은 말을 여러번 반복하지 않음
- 남을 비판하거나 불평불만, 자만, 교만한 말대신 칭찬, 감사, 사랑의 말을 자주 사용
- 때와 장소를 가려서 말하고, 자신이 하고 싶은 말보다 상대가 듣고 싶어하는 말을 함

(3) 듣는 방법

- 설득력있는 사람은 말하기보다 듣기를 잘하는 자세를 더 중요하게 생각
- **듣기와 말하기의 비율** 7:3로, 많이 듣는 자세가 호감형성에 좋은 태도
- 선입견과 편견을 배제, 맞장구(동의의미)나 긍정적 호응, 적극적인 자세로 존중하면서 경청
- 말하는 사람의 의도를 파악, 이해하려는 태도로 상대의 마음을 편안하게 해주는 것이 좋음

(표 3-1) 체크 리스트

번호	체크내용	체크
1	밝고 자연스런 표정으로 말하는가?	
2	부드러운 음성으로 편안하게 말하는가?	
3	내용의 핵심을 잘 전달할 수 있게 말하는가?	
4	상대가 이해하기 쉽게 설명하는가?(연령, 전문용어 등)	
5	상대의 듣기를 배려하면서 말하고 있는가?(목소리톤, 크기, 속도, 시간 등)	
6	상대와 TPO에 적절한 단어나 내용들로 말하는가?	
7	상대의 말을 끊지 않고, 끝까지 잘 기다려주는가?	
8	상대가 잘 말할 수 있게 편안한 분위기를 만들어주는가?	
9	상대가 말할 때 다른 행동 없이 집중에서 잘 들어 주는가?	
10	상대의 말에 주기적으로 호응하는 표현으로 잘 듣고 있다는 인식을 주는가?	

4) 효과적인 대화법

- 먼저 듣고, 생각하고 말하는 것이 긍정적이고 효과적
- 상대방의 장, 단점과 특성을 그대로 인정하고 믿어주는 게 대화의 기본(자신기준 판단X)
- 말과 표정은 일치시키고, 눈과 표정, 제스쳐, 감탄등의 공감으로 존중받는다는 신뢰감 형성

TIP 대화원칙

말자르지 않기, 집중하기, 경청 & 핵심파악하기, 듣고 있음 표현하기, 평가+조언+충고 미루기

(1) 기본적인 화법

- **칭찬화법:** 긍정적으로 진심을 담아 즉시, 구체적
- **청유화법:** 청유형(의뢰형:하실까요?, ~가능할까요?, ~있을까요?)으로, 존중의미 표현
- **긍정화법:** "안됩니다. 없습니다"보다는 **"노력해보겠지만 어려울 것 같습니다"** 우회적 표현
- **쿠션화법:** "죄송합니다, 실례합니다, 어려우시겠지만" 등으로 부드럽게 시작

(표 3-2) 상황별 기본대화법

구분	응대 내용
기본 인사말	안녕하십니까? ○○○입니다. / 반갑습니다. ○○○입니다.
긍정일 때	네~ 잘 알겠습니다. / 네. 그렇습니다. / 네. 저도 그렇게 생각합니다.
부정일 때	네~ 그렇게 생각을 하셨군요. 죄송합니다만, 저는 이렇게 말씀드리고자 합니다. 죄송합니다. 그 부분은 이렇습니다.
맞장구 치는 법	아~ 네. 그러시군요. 그렇습니다.
거절할 때	정말 죄송합니다만… 양해를 부탁드립니다.
부탁할 때	부탁 말씀을 드리겠습니다. / 부탁드리겠습니다.
사과할 때	불편을 드려 대단히 죄송합니다. 죄송합니다. 뭐라고 사과를 드려야 할지 모르겠습니다.
기다리게 할때	죄송합니다만, 잠시만 기다려 주시겠습니까?
다시 물을 때	죄송합니다만, 다시 한 번 말씀해 주시겠습니까?
겸양을 나타낼 때	네. 감사합니다. 더욱 열심히 하겠습니다.
고마울 때	네. 감사합니다.
분명하지 않을 때	죄송합니다만, 지금으로서는 확실치가 않습니다. 지금은 정확하지 않습니다. 죄송합니다.
끝인사	안녕히 가십시오. 감사합니다. 반가웠습니다.

(2) 상황에 맞는 대화법

- 상대의 연령, 때와 장소에 맞는 적절한 화법으로 상대방의 입장을 고려
- 습관적인 말의 사용을 피하고, 상대가 이해하기 쉬운 말로 간결하게 선날
- 유쾌하지 못한 화제는 삼가

(3) 시선처리 방법

- 긍정적인 마음으로 상대방의 얼굴을 자연스럽고 부드러운 밝은 시선으로 바라봄
- 상대위치에 따른 눈높이로, 상대 눈을 중심으로 미간, 코, 목 등으로 천천히 시선을 옮김
- 여러 사람 일때는 시선을 모두에게 골고루 적절히 배분, 오른쪽에서 왼쪽으로 움직임

- **시선처리위치: 눈: 60%+ 분산 40%정도**(얼굴: 미간, 코끝과 목 사이)
- **삼각형구도: 눈과 남성(넥타이 매듭), 여성(목걸이 팬던트), 역삼각형**으로 자연스레 이동

(그림 3-4) 시선처리 구도

※ 동서양문화에 따른 인식의 차이

- **서양:** 눈을 보고 아이컨텍을 통해 효과적으로 신뢰감형성, 정직과 솔직함의 표현
- **우리나라:** 눈을 똑바로 쳐다보는 것은 도전적이거나 무례한 것으로 오해 할수 있음에 주의

(4) 제스쳐

- **제스쳐란:** 말의 효과를 더하기 위한 몸짓이나 손짓
- 적절한 제스쳐(과하거나 덜하지 않은) 표현은 효과적
- 팔짱을 끼면 마음을 열지 않은 방어적 자세로 인식
- 가만히 있지 않고, 무엇을 만지작거리는 것은 무료, 불안함의 표현이므로 주의

(5) 음성

- 음성은 설득과 긍정적 결과를 가져오는데 필요한 요소
- 언어사용에서 정보, 감정, 태도, 성별, 나이 등 특징적인 것이 표현
- 선천적부분 이외에 본인의 노력으로 변화가 가능
- 작은 목소리, 정확하지 않은 발음, 큰 목소리, 불안한 목소리등에 주의
- 청중의 관심 집중 유도를 위해, **강조시에 1~2초 멈추는 것이 효과적**
- 속도고려(말 속도 느리면 게으른 인상, 너무 빠르면 성격이 급해 보이거나 긴장시킴)

5) 내 대화법 체크

(1) 기본대화법

기본적인 대화법	상황에 맞는 대화법
칭찬 정도는 어떤지?	상대방 눈높이나 입장을 배려하는지?
긍정화법을 쓰는지?	연령에 적절한 호칭이나 존칭을 사용하는지?
청유형화법을 쓰는지?	때와 장소에 맞는 말을 하는지?
습관적으로 사용하는 단어 & 말은?	미소 짓는 밝은 얼굴로 대화 하는지?
종합의견 : 수정 & 개선할 점	**종합의견 :** 수정 & 개선할 점

(2) 말하기와 듣기 체크

나의 말하는 방법	나의 듣는 방법
같은 말을 반복하지 않는지?	상대방의 입장에서 이해하고 존중하는지?
말할 때 표정은 밝고 부드러운지?	끄덕거리며 호응을 어느 정도 하는지?
흥분했을 때 말을 잘 자제하는지?	들으면서 상대의 마음을 편안하게 해주는지?
불편, 불만/남이 비판적인 말을 얼마나 하는지?	듣기와 말하기의 7 : 3로 인내를 잘 하는지?
하고 싶은 말보다 듣고 싶어하는 말을 하는지?	상대의 선입견이나 편견을 버리고 듣는지?
종합의견 : 수정 & 개선할 점	**종합의견 :** 수정 & 개선할 점

(3) 시선, 제스쳐, 음성 체크

나의 시선처리	제스처 & 음성
시선위치 : 눈 60% + 분산 40%	**제스쳐 :** 표현의 정도가 적절한지? (양적)
시선처리, 이동은 잘 하는지 (▽)?	특징적인 내 제스쳐가 있는지?
여러 사람일 경우의 시선처리는 어떤지?	**음성 :** 발음은 정확하게 표현하는지?
눈동자의 움직임은 적절한지?	목소리의 높낮이, 속도는 적절한지?
종합의견 : 수정 & 개선할 점	**종합의견 :** 수정 & 개선할 점

(4) 대화종합분석

효과적인 대화를 위한 분석(녹음본분석)	효과적 대화를 위한 계획
다른 사람의견을 참고하는지?	활성화해야 할 차별화된 매력적인 포인트?
대화 중 자신만의 특징적인 부분?	개선 및 보완해야 할 부분?
매력적인 포인트(장점) & 개선, 보완할점(단점)?	이상적인 대화 이미지를 위한 계획
전체적인 종합(결론) : 녹음본 참고	이상적인 대화 이미지를 만들기 위한 중요전략

4. 매너이미지

급변하는 글로벌 사회에서 서로 간에 지켜야 하는 기본적인 예의가 중요한 시대가 되었다. 나라와 장소에 따라 그 예의의 기준은 다르지만, 상대를 존중하는 예의는 원만한 관계를 유지하고, 성공적인 사회생활을 할 수 있는 매우 중요한 요소이다. 매너란 상대방을 먼저 생각하고 배려하는 태도로, 사회가 요구하는 기본적인 예절이라 할 수 있다.

오늘날 단순히 사용하는 예의라는 의미에서 매너와 에티켓을 구분없이 사용하고 있지만, 정확히 말하면 매너는 방법이고 에티켓은 행동이라 할 수 있다. 에티켓을 지킨 행동이라도, 매너 즉 방법이 나쁘면 사회생활에서 인정받을 수 없으며, 둘 다를 적절히 잘 지켰을 때 경쟁력있는 퍼스널이미지의 내 브랜드를 만들수 있다.

	매너	에티켓
관점	주관적(방법)	객관적(행동)
개념	**존중, 배려하는 마음** 자세, 몸가짐, 태도	**기본적인 행동규범**(무언의 행동법칙)
예시	인사하는 방법: 공손? 경박?	인사하는 행동
올바른	매너가 있다 (X)	에티켓이 좋다 (X)
표현법	**매너가 좋다, 나쁘다(O)**	**에티켓을 지킨다, 지키지 않는다(O)**

기본 매너의 종류

- 인사: 기본자세, 기본방법, 인사종류
- 소개: 기본자세, 소개순서, 호칭
- 악수: 기본동작, 악수순서, 주의사항
- 명함: 명함 줄 때, 명함 받을 때 기본사항
- 전화: 기본자세, 받을 때 & 걸 때 기본사항, 휴대전화
- 방문: 방문전과 방문 중 기본사항, 유의사항
- 식사: 식사 전 매너, 식사 중 매너
- 사회생활: 거리, 로비나 복도, 엘리베이터, 화장실, 자동차나 버스 지하철, 공연장, 전시장, 박물관 등

1) 인사

• 인간관계의 시작과 끝, 상대방에 대한 친절과 존경심, 신뢰감의 기본

• 상대에 대한 호의와 존경심, 친근감을 표현하는 외적 표현방식

(1) 기본자세

• 자연스럽고 부드러운 미소, 시선은 정면, 뒤꿈치를 부치고 앞부리는 30도 정도 벌림

• **여자**: 왼손위에 **오른손 올려 아랫배**에 올림

  남자: 엄지손가락 **바지 옆 봉제선에 댐**

*자신만의 특징적인 습관적인 자세를 파악해보고 다른 사람을 불편하는 하는 경우는 없는지 체크!

(2) 기본방법과 순서

① 밝은 표정으로 상대방의 눈을 바라보면서

② 머리, 등, 허리가 일직선이 되도록 허리부터 숙이고

③ **숙인 상태에서 1초 정도 멈추고**

④ 상체를 천천히 일으키면서

⑤ 상대의 눈을 보며 미소와 함께 인사말

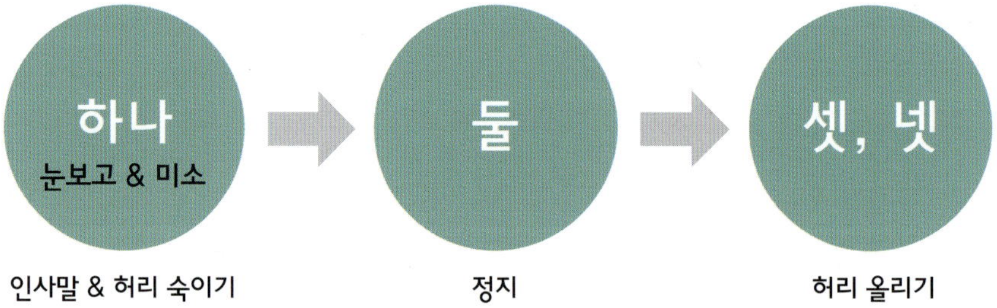

(그림 3-5) 인사하는 방법

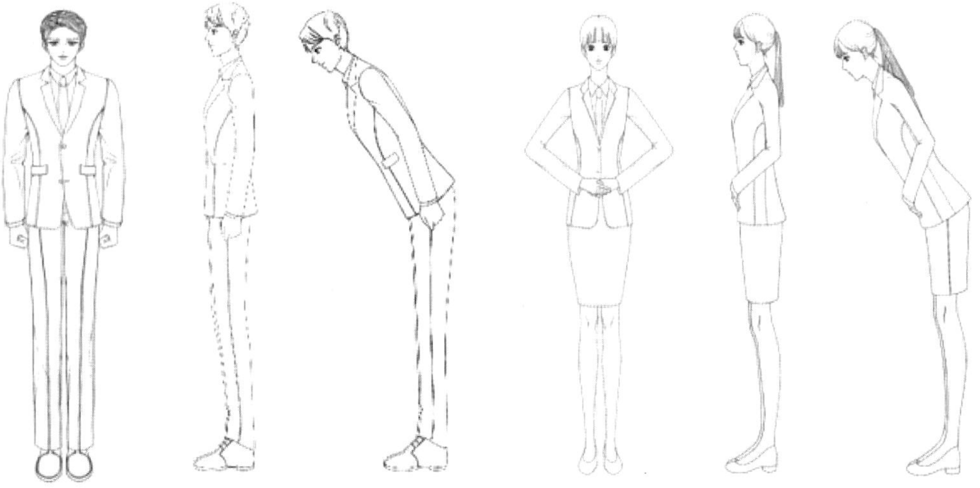

(그림 3-6) 인사하는 모습

(3) 인사의 종류

걸을 때(가벼운 목례), 앉은 자세(상체펴고 목례)

(표 3-3) 인사의 종류

종류	목례	보통례	정중례
각도	15도	30도	45도
시선	앞 3–5m	앞 1–2m	앞 1m
상황	친근, 가까운 사람, 하급자 좁은공간(복도, 엘리베이터)	윗사람, 중요한 상대방 (처음 만나거나 헤어질 때)	감사표시, 정중한 사과
인사			

2) 소개

소개는 처음 만나서 인간관계를 형성하는 사교의 시작으로 적절한 형식과 매너를 갖추는 것이 중요하다. 특히 소개할때 자신만의 특징적이고 차별화된 인사말을 하면 더 효과적이다.

(1) 소개의 기본자세

- 모두 일어서는 게 기본, 간단한 인사말과 함께 이름과 소속을 정확하게 밝힘
- 호칭 시에는 반듯이 존칭어를 사용(Mr, Mrs, Miss 등)
- 상대방 이름을 잘 기억, 남성은 여성을 소개받을 때 일어나고, 동성은 일어나지 않음
- 환자나 노령인 경우 혹은 성직자나 연장자도 앉아서 소개를 받을 수 있음

호칭 매너

- 성과 직위+님: 김부장님, 최사장님
- 성명모를 경우 직위+님: 사장님, 과장님
- 자기자신 지칭: 저, 제가
- 동급자중 나이가 많거나 선임자: 김대리님

(그림 3-7) 호칭 매너

(2) 소개 순서

~ 누구를	→	~ 누구에게
연소자		연장자
남성		여성
하급자		상급자
상사		외부인사
한 사람		여러 사람
친한 사람		모르는 사람
상대(소개할)		소개 부탁한 사람
손아랫사람		손위사람
가족, 직장동료		손님

(그림 3-8) 소개하는 순서

3) 악수

손으로 호감과 정을 표현하는 인사법

(1) 악수의 기본동작 순서

① 상대를 바라보고 이름, 인사말을 하면서 오른손을 몸의 중앙에 수평으로 올림

② 엄지를 벌려 상대방 오른손 엄지사이에 끼우고, 기분 좋을 정도로 힘 있게 잡음

③ 상대방의 눈 – 손 – 눈을 차례로 보며 가볍게 아래위로 2–3번 정도 흔듬

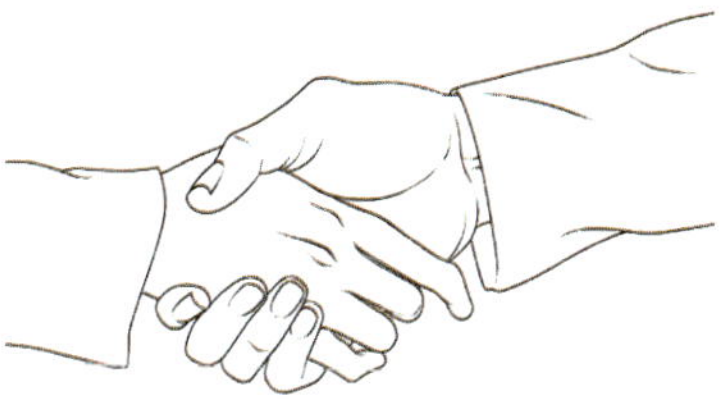

(그림 3–9) 악수하는 모습

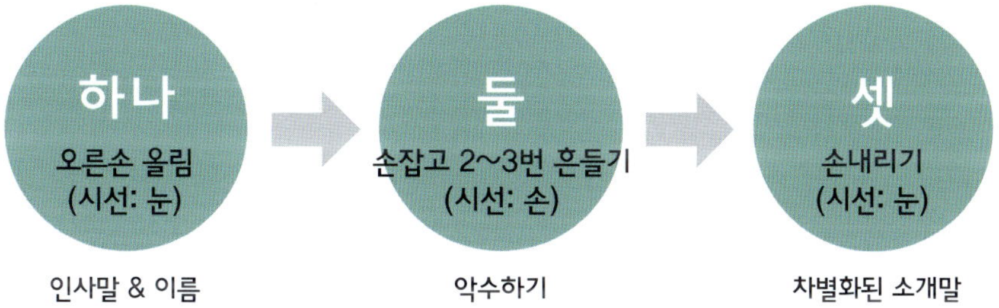

(그림 3–10) 악수하는 방법

(2) 악수 순서

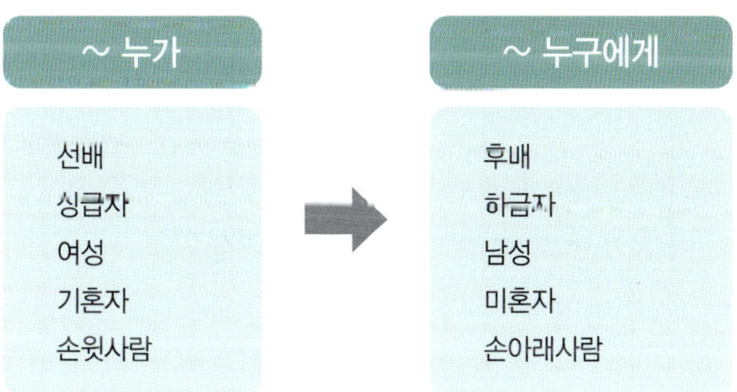

(그림 3–11) 소개하는 순서

(3) 악수시 주의사항

- 여성 정장용 장갑을 제외하고 모두 장갑은 탈의함
- 윗사람이 흔드는 대로 두고, 여성의 경우는 되도록 흔들지 않음
- 악수 시 반드시 일어나고, 상대 나이 등을 감안해서 조절(*노약자, 여성은 앉아도 무관)
- 우리나라는 악수할 때 살짝 고개를 숙이지만, 외국은 숙이지 않음(나라별 특성 고려)

(그림 3-12) 악수하는 모습의 차이

4) 명함

소속과 성명을 알려주는 자신의 소개서

(1) 명함을 줄 때

- 깨끗하게 준비하며, 구겨진 명함은 사용하지 않으며, 식사중에는 건네지 않음
- 일어서서 목례와 함께 소속, 이름, 직급을 말하면서 주되, 회사명, 이름, 글자가 가리지 않도록 주의
- 두손원칙이 기본이며, 동시에 교환 할 경우 오른손으로 건네고, 왼손바닥으로 받음
- 상대방이 잘 보고 읽기 편한 방향과 높이(가슴과 허리선사이)에 맞춤
- 여러사람일 경우, 책임자에게만 주거나, 모두에게 줄 때는 직위순으로 건넴
- 명함주는 순서는 소개하는 순서를 기본으로 하는 것이 좋음
- 상사와 동행때에는 상사가 먼저 상대에게 건넨 후에 명함을 건넴
- 방문한 사람이 먼저 주는 것이 예의이며, 받은 후 건네지 않는 것은 실례임
- 자신감 있게 소개문구와 함께 주면 효과적, 손아랫사람이 손위사람에게, 또는 손님이 먼저 건넴

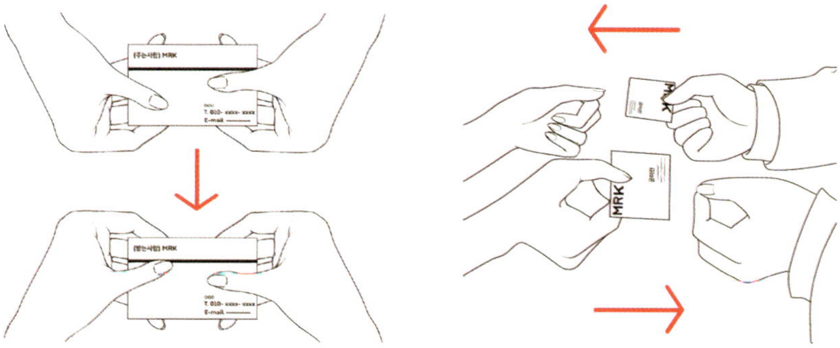

(그림 3-13) 명함 주고 받는 모습

(2) 명함을 받을 때

- 명함을 받고 바로 넣지 말고 즉시 이름을 확인, 외워 친근감을 갖도록 하는 것이 좋음
- 일어서서 공손하게 받으며, **모르는 한자나 어려운 발음은 정중하게 물어봄**
- 받은 후 보기 좋은 곳에 두고 보면서 대하하고, 명함지갑에 넣는 것이 원칙, 명함철에 보관
- 명함에 낙서나 글씨를 쓰지 않고, 책상위에 그대로 두지 않으며, 손에 만지작거리거나 산만한 행동을 하지 않도록 주의
- **받은 명함 뒷면에 메모**하여 명함철에 잘 정리. 명함뒷면에 만난 날짜, 장소, 같이 만난 사람과 대화내용의 특이사항을 간단하게 메모하면 효과적
- 명함은 늘 넉넉하게 준비해서 미팅시 부족하다면 준비성이 없다는 인상을 받으므로 주의

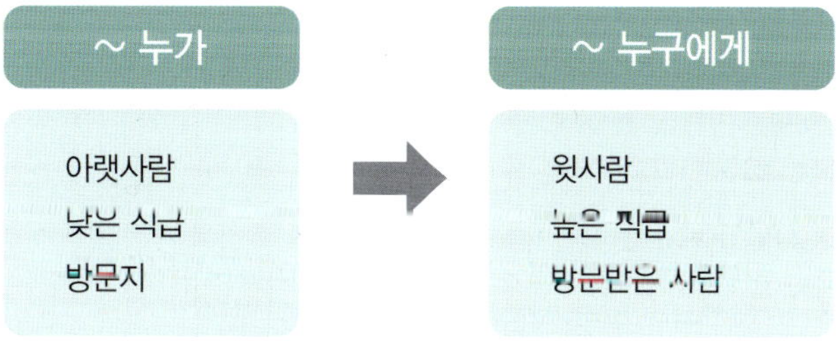

(그림 3-14) 명함 주고 받는 순서

5) 전화

전화는 목소리로 신뢰감을 형성하는 중요수단으로 목소리를 통해 듣는이의 이미지와 태도를 좌우하므로 억양, 속도, 경청, 음성, 발음, 표현에 주의해야 한다.

- **전화매너 핵심**: 웃는 얼굴로 인사말, 소속과 성명을 말하고 중요내용은 복창하고 내용은 메모 반드시 끝인사하고 상대보다 먼저 끊지 않도록 주의
- **전화응대의 4요소**: 메모준비후 신속(벨2번정도), 정확(명확한 문장종결), 정중(쿠션언어), 친절(밝은 목소리)

(1) 전화 기본자세

- 정확한 메시지 전달을 위해 메모를 준비
- 미소 띤 목소리로 통화, 인사로 시작과 끝을 맺음
- 목소리는 낮추고, 내용은 간결하고 정확하게, 요점만 명료하게 전달
- 모두에게 표준어와 존칭어를 사용, 이해하기 어려운 단어표현은 피하고, **주요부분은 강조**
- 정중하고 정성스럽게, 상대방의 말을 미리 짐작하여 응대하거나 가로채지 않음

(2) 전화를 걸 때

- 상대방의 시간, 장소, 사항을 고려하고 통화가 가능한지를 물어봄
- 밝게 인사 후, 소속과 이름을 밝히고, 용건의 결론과 중요 요점을 말함
- 통화 중 전화가 끊어지면 전화를 건 사람이 다시 거는 것이 옳음
- 잘못 건 전화는 반드시 사과하고, 상대방이 먼저 전화를 끊은 후 전화를 끊음

(3) 전화를 받을 때

- 신호가 2~3번 울린 뒤 받고, 늦게 받는 경우 사과함
- 상대방이 누구인지 확인, 자신의 소속과 이름을 말하고 적당한 음성과 음량으로 편하게 받음
- 상대방의 말을 적극적으로 경청하고, 통화내용은 메모하는 습관을 가짐(부재중 잘 전달)
- 잘못 걸려온 전화도 친절하게 받는 매너가 필요하며, 통화 연결시 오래 기다리게 하지 않음
- 용건이 끝났는지를 확인, 끝인사를 하고 상대방이 끊은 후(특히상사, 윗사람) 수화기를 내려놓음

(4) 전화응대시 주의사항

- 아침 9시~저녁 9시 이후에는 전화하지 않으며 부득이한 경우 반듯이 사과를 함
- 외국으로 전화할 때 시차를 고려하고, 통화중 껌이나 음식물 섭취를 삼가함
- 잠시만 기다림은 대략 30초~1분을 의미하며 기다려준 경우 죄송, 감사하다고 인사함

(5) 휴대전화 매너

- 벨소리 대신 진동으로, 통화는 짧게, 낮은 목소리로 통화
- 공연장, 영화관의 공공장소에서는 휴대전화를 꺼둠
- 아침 9시 이전, 밤 9시 이후에는 가능한 한 전화하지 않음
- 버스, 전철 등 대중교통 수단을 사용할 때는 되도록 휴대전화 사용을 삼가
- 운전중에는 핸드프리를 사용

TIP 쿠션 용어 활용

- 다까체 70% 이상 사용을 권고
- 지시, 부탁, 거절, 결과 전달: 죄송합니다만, 실례합니다만, 바쁘시겠지만, 번거로우시겠지만
  괜찮으시다면 ~ 잠시만 기다려주시겠습니까?
  죄송합니다만 ~ 다시 한번 걸어주시겠습니까?
  불편하시겠지만 ~ 홈페이지를 참고해주시겠습니까?
  실례합니다만 ~ 어디라고 전해드릴까요?

6) 방문 매너

(1) 방문 전

- 사전에 상대방의 상황에 맞춰 방문 목적, 인원, 시간 등 약속을 정함
- 서신일 경우 방문 전에 반드시 전화로 재확인이 꼭 필요함

(2) 방문중

- 공휴일, 이른 아침, 늦은 저녁, 취침시간, 식사시간은 피함
- 방문목적에 알맞은 옷차림과 약속한 방문시간을 지키고, 적정시간 동안 머무름

(3) 직별시

- 자신이 앉았던 자리를 원래대로 정리
- 겉옷은 현관 앞에서 입는 것이 좋음

(4) 방문시 유의사항

- 반듯이 전화 연락 후 방문하고, 안내하는 사람보다 먼저 집안으로 들어가지 않음
- 불시방문의 경우 용건만 전하고 바로 나오는 것이 좋음

7) 식사매너

식사매너는 교양이 표현되는 기본적인 매너

(1) 식사전 매너: 예약 & 착석

❶ 예약

- 시간의 여유를 가지고 예약, **전날 예약을 재확인**, 가능하면 **날짜와 요일도 재확인**
- 예약시 자신의 성명, 연락처, 일시 및 참석자의 수, 원하는 장소(방, 테이블)을 알림
- 단체 모임시 메뉴를 예약, 기념일인 경우 특별서비스를 확인, 취소시 사전에 취소

❷ 착석

- 장소 도착시 이름과 예약사항을 확인, 안내에 따라 이동
- 여자가 먼저 착석 후 남성이 착석하고, 테이블 위에 팔꿈치를 세우거나 턱을 괴지 않음
- 여성은 **핸드백을 테이블 위에 놓지 않고, 허리와 등받이 사이에 둠**
- 상석에 대한 이해가 필요하며 주빈, 윗사람이나 여성에게 상석을 배정함
- 자리에 앉자마자 **냅킨을 펴는 것은 실례로 전원이 착석한 후 식사가 시작되면** 펴도록 함

❸ 식사 에티겟

- 냅킨은 식사가 나오기 시작할 때 한번 접어 무릎 위에 놓음
- 식사하는 도중에는 식기를 치우거나 식기를 포개놓지 않음
- 식사도중에 대화를 나누면서 상대의 식사 속도에 맞추어(빠르게, 느리게) 먹음
- **스테이크는 왼쪽**부터 잘라서 먹음

❹ 상석매너

- **상석:** 좋은 자리를 의미하며, 때와 상황에 따라 상석위치가 달라짐
- **상석위치:** 출입구 맞은편 중앙이나 먼 쪽, 창문이나 전망이 좋은 곳, 좌측보다는(앉은옆) 우측

TIP 상석예의

자동차: 운전석 대각선 뒷자리가 상석, 뒷가운데가 가장 말석
운전자, 부하직원이 운전하는 경우와 차주인(상급자)이 직접 운전하는 경우
운전자의 남편, 아내가 있는 경우는 조수석에 탑승하도록 배려
남녀동반시 여성이 뒤가운데 앉지 않도록 배려

회의실: 출입구에서 가장 먼 곳이 상석, 경치가 좋거나 넉넉한 자리
보고자리일 경우 스크린 정면 마주하는 자리가 상석

식당: 출입구에서 가장 먼자리, 6인이상 룸형태(중앙)
말석자리(음식관련주문처리 가능한자리),

엘리베이터: 버튼의 대각선 안쪽, 상사안쪽 자리 공간을 만들어 주는게 중요

방안: 한옥 – 출입문의 맞은쪽 중앙(아랫목 중앙), 서양식 방 – 입구에서 먼 쪽

minjoo@hankyung.com(한경무크 직장 생활 센스와 매너)
한경커리어 직장생활 센스와 매너(2022.07.07: 한국경제신문 e북)

승용차 좌석배치

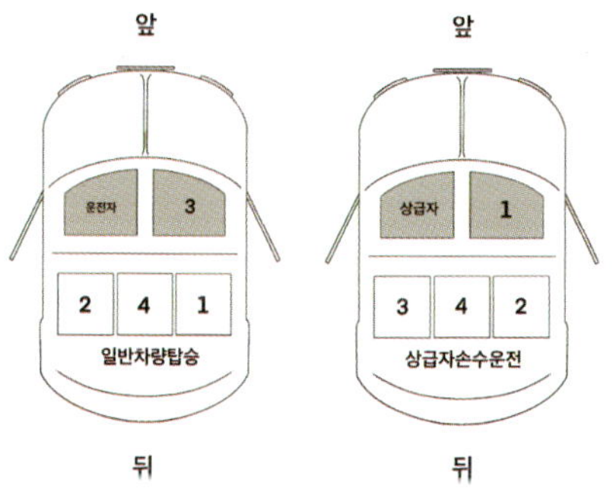

회의실

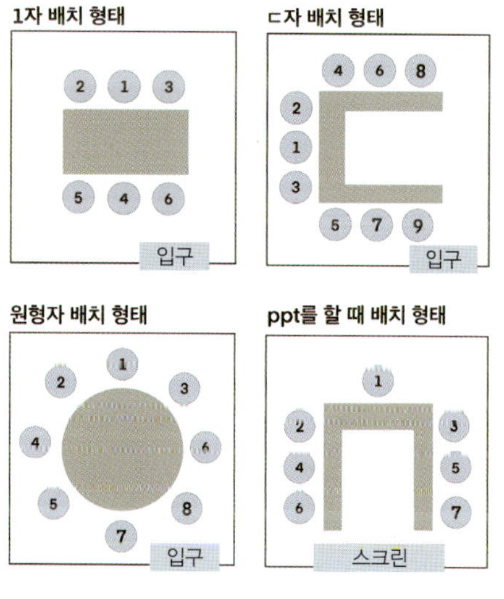

엘리베이터

식당 (장문○)

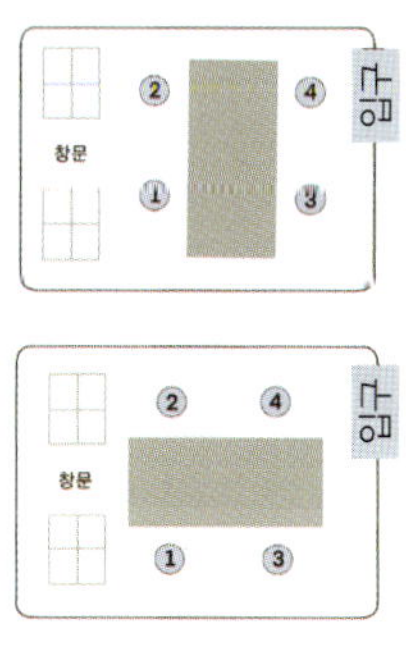

식당 (장문X)

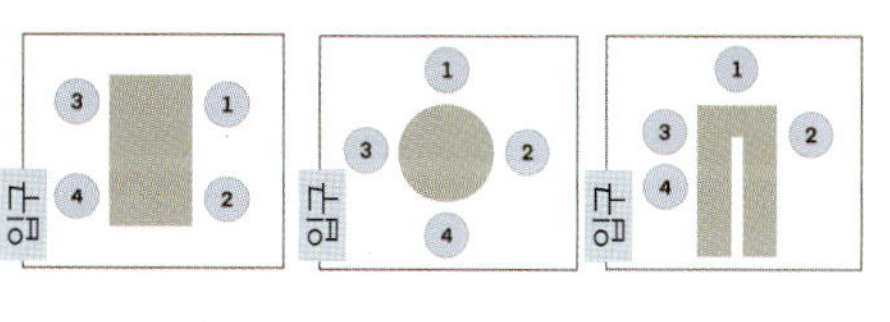

8) 사회생활 매너

(1) 거리에서

- 걸어 다니면서 음식을 먹거나 큰소리로 떠들지 않도록 함
- 여러 명이 옆으로 길게 늘어서서 걷지 않음
- 큰소리로 멀리 있는 사람의 이름을 부르지 않음
- 젊은 사람, 남성이 차도 쪽으로 걸음
- 여성은 화장을 고치거나 머리모양을 바꾸는 등의 행동을 하지 않음

(2) 로비나 복도에서

- 동료 간에 작게 말하고, 긴 이야기는 하지 않음
- 보행시 우측통행을 하고, 상사나 외부인을 추월하지 않음
- 좁은 공간에서는 마주치면 한쪽으로 비켜서 지나가게 배려
- 외부손님은 친절하게 안내하고, 미소와 함께 목례

(3) 엘리베이터에서

- 엘리베이터의 상석은 들어갈 때 왼편 안쪽
- 상사나 여성이 먼저 타고 내리고, 상사보다 먼저 내릴때는 가볍게 목례
- 버튼 옆에 선 경우 버튼을 눌러주고, 제일 나중에 내릴 수 있는 여유를 발휘

(4) 화장실에서

- 화장실을 나오기 전에 옷매무새를 마무리
- 더럽혀지지 않게 깨끗이 사용, 바닥에 휴지를 버리지 않음

(5) 자동차에서

- 여성이 먼저 타도록 하고, 하차 시 남성이 먼저 내려 차문을 열어줌
- 좌석의 상석 순서는 운전석 뒤쪽의 오른쪽, 왼쪽, 가운데, 앞자리 순

(6) 버스 및 지하철에서

- 조용히 대화하고, 휴대폰의 벨소리는 진동으로 하는 것이 기본 예의

- 다리를 꼬거나 벌려 앉아 다른 사람에게 피해가 가지 않도록 행동
- 혼잡한 공간에서 발을 밟히거나, 밀치게 될 경우에 서로가 이해
- 여자의 경우 화장하거나 거울을 보는 것은 삼가

(7) 공연장에서

- 공연장에 6세 이하는 동반하지 않음
- 영화, 연극 시작 2–3분전까지 도착해서 착석
- 늦게 도착한 경우에는 한곡이 끝날 때까지 기다렸다가 들어감
- 공연 중 밖으로 나갈 때는 관객의 시선을 막지 않도록 주의
- 공연도중에 고함을 치거나 소란을 피우면서 자리에서 일어나지 않음
- 공연, 관람이 시작되면, 말은 삼가고, 늦었을 때는 자리는 조용하게 찾음

(8) 전시장, 박물관에서

- 관람하면서 작품에 손을 대지 않음
- 작품에 대해 큰소리로 아는 척하며 이야기하지 않음
- 내레이터가 있으면 지시에 따라 질서를 지키며 설명을 들음
- 줄을 지어 관람시에는 혼자 오래 서서 뒷사람에게 방해를 주지 않음
- 사진촬영은 가능여부를 알아본 뒤 허가된 곳에서만 촬영함

9) 내 매너 체크

(1) 매너체크: 인사

인사하는 모습 (현재)	올바른 인사모습 (이상적)
목례, 보통례, 정중례의 모습(사진) MY POTO	이상적인 인사하는 자세와 모습 완성(사진) MY POTO
종합의견 : 수정 & 개선할 점 자신의 바르지 않는 인사모습 어떤 것인지?	**종합의견 :** 기억할 핵심 & 훈련이 필요한 부분? 인사자세에서 특히 본인이 주의해야 할 점은?

(2) 매너체크: 악수 & 명함

악수하는 모습	명함주는 모습
MY POTO	MY POTO
종합의견 : 보충 & 훈련이 필요한 점? 악수매너 중 내가 꼭 기억했으면 하는 점은?	**종합의견 :** 중요한 핵심사항 명함매너 중 내가 꼭 기억했으면 하는 점은?

(3) 매너체크: 전화 & 사회생활매너

전화 (일반 & 휴대폰)	사회생활 매너
전화매너 중 내가 꼭 기억했으면 하는 점? 전화매너 중 내가 꼭 개선했으면 하는 점?	사회생활 매너 중 내가 꼭 기억했으면 하는 점?
종합의견 (총정리)	**종합의견 (총정리)**

(4) 매너체크: 상석

상석 (차좌석)	상석 (식사, 회의, 엘레베이터 등)
내가 꼭 기억했으면 하는 점?	내가 꼭 기억했으면 하는 점?
종합의견 :	**종합의견 :**

매너 실전 체크

NO.	내용	○	×
1	방향이나 사람을 가리킬 때 양손으로 안내한다.		
2	명함은 높은 사람이 아랫사람에게 전달한다.		
3	명함을 받을 때 모르는 한자나 영어가 있을 때 그 자리에서 물어보는 것이 예의이다.		
4	상대방을 기억하기 위해 명함의 뒤편에 특징적인 사항을 기록해 놓는 것이 좋다.		
5	여러장의 명함을 한꺼번에 받을 때는 한 장씩 받아 명함집에 넣으면서 하나씩 꺼내서 주는 것이 좋다.		
6	소개할 때 지위에 상관없이 연소자를 연장자에게 소개한다.		
7	집에 초대하여 손님이 온 경우에 손님을 먼저 가족에게 소개하는 것이 좋다.		
8	악수할 때 양손을 잡고 하면 더 정감 있어서 좋다.		
9	악수할 때 여성이 남성에게 먼저 청한다.		
10	엘리베이터에서 안내할 경우에 상대자가 많을 경우에는 안내자가 맨 나중에 탑승한다.		
11	식사중에 잠시 자리를 비울 때는 냅킨을 접어 테이블 위에 올려두고 간다.		
12	식당에서 주문할 때 정한 요리를 바로 하지 않고 일단 메뉴판을 본후에 주문하는 것이 좋다.		
13	식사가 다 종료되었을 때는 칼과 포크를 팔자로 놓는다.		
14	스테이크를 먹을때는 오른쪽부터 잘라서 먹는다.		
15	레스토랑에서 빵을 먹을때는 손으로 조금씩 뜯어서 먹는다.		
16	레스토랑에서 식사전 와인을 권할 경우에 마시고 싶지 않을 때는 잔을 엎어 놓는다.		
17	식사전에 기볍게 농도가 낮은 알코올의 와인을 마시는 것이 좋다.		

❸

❼

❿

⓬

⓭

⓮
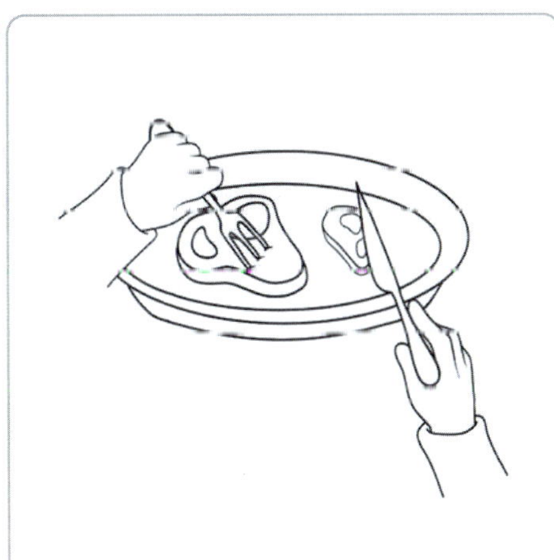

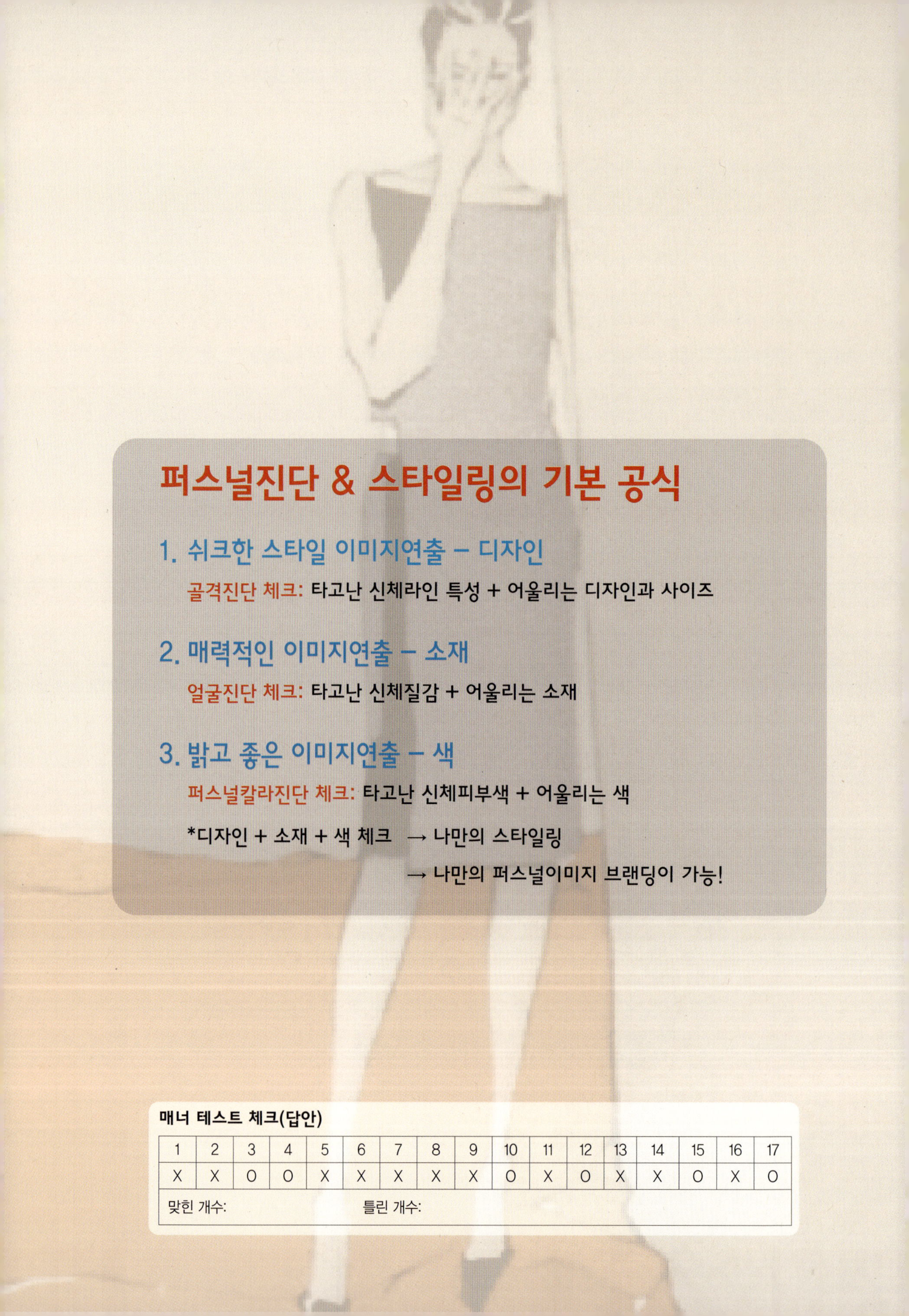

퍼스널진단 & 스타일링의 기본 공식

1. 쉬크한 스타일 이미지연출 – 디자인

골격진단 체크: 타고난 신체라인 특성 + 어울리는 디자인과 사이즈

2. 매력적인 이미지연출 – 소재

얼굴진단 체크: 타고난 신체질감 + 어울리는 소재

3. 밝고 좋은 이미지연출 – 색

퍼스널칼라진단 체크: 타고난 신체피부색 + 어울리는 색

*디자인 + 소재 + 색 체크 → 나만의 스타일링

→ 나만의 퍼스널이미지 브랜딩이 가능!

매너 테스트 체크(답안)

1	2	3	4	5	6	7	8	9	10	11	12	13	14	15	16	17
X	X	O	O	X	X	X	X	X	O	X	O	X	X	O	X	O
맞힌 개수:					틀린 개수:											

IV.

퍼스널브랜딩 이미지 요소 2

1. 이미지스타일링의 기본 방법
2. 신체 & 이미지스타일링
3. 퍼스널진단 & 스타일링
4. 퍼스널악세서리 & 스타일링
5. 패션이미지 & 스타일링
6. TPO & 스타일링
7. 남성 & 스타일링

IV. 퍼스널브랜딩 이미지요소 2

1. 이미지스타일링의 기본 방법

1) 패션스타일링의 핵심적인 기본원칙

(1) 차별화된 나만의 이미지 연출

❶ 추구하는 내 이미지 설정

- 스타일을 통해 이미지가 외적으로 보여지므로, 추구하는 이미지 설정이 중요
- **자신의 특징적인 스타일 + 유행 아이템 = 자신의 브랜드 완성**
- 지나치게 따른 유행은 차별화된 내 브랜드가 없으며, 너무 무시하면 뒤처질 수 있는 이미지임에 주의

❷ 추구하는 이미지= 객관적으로 인정하는 이미지

- 어떤 인상을 줄 것인가? 어떻게 나를 표현할 것인가?를 고민하고 이미지 정립
- 어떤 부분이 멋진 느낌을 주는지? 또 어떤 부분이 부자연스럽고 불편한 느낌을 주는지? 체크
- 차별화된 자신만의 스타일로 과하지 않으면서 자연스럽고 편안한 스타일링을 하는 것이 효과적
- 패션에 고정관념은 없지만 나와 타인이 긍정적으로 인정하는 조화를 고려하는 게 필요

(2) TPO에 맞는 스타일 착용

❶ 연령, 직업, 시간, 장소에 적절한 스타일 연출

- 어디에서, 어떤 사람을, 어떤 목적으로 만날 것인가?에 적합한 스타일 연출
- 상대방도 배려하면서 나(연령 고려)에게 어울리는 스타일 연출

❷ 자연스런 스타일을 연출

- 매력적인 스타일링의 가장 중요한 기본은 내 이미지에 조화되는 스타일(고가, 브랜드명x)
- **세련되고 멋진 최고의 스타일 = TPO 적합 + 나에게 어울리는 자연스러운 패션 연출**
- TPO에 따른 세련된 패션감각의 시작은 전문적 컨설팅을 통한 스타일링이 제일 효과적

  *퍼스널칼라진단으로 색분석, 골격진단으로 신체분석, 얼굴진단으로 이미지 분석 등

(3) 옷과 소품(악세서리, 유행스타일)의 효율적 활용

- 차별화된 나만의 스타일링은 특별한 전체보다는, 일부의 1–2가지 아이템으로 변화가 가능
- 갖고 있는 기본 아이템에 유행스타일의 옷과 악세서리로 변화를 주는 연출도 효과적, 경제적
- 적은 옷으로 다양하고 세련된 자신만의 스타일을 멋있게 연출하는 훈련이 필요

2) 패션스타일링 전에 첵킹 할 점

(1) 나 자신에 대한 분석

*기존 아이템, 스타일에 대한 고정관념 및 객관적인 체크가 필요

- **오랫동안 활용하는 기본아이템은 고가로, 유행아이템은 저가로 활용**
- 자신만의 스타일을 찾기 위해서는, 다양한 상품들을 입어보거나 객관적인 이미지 평가도 고려
- 골격진단(체형), 퍼스널컬러(색), 얼굴진단(이미지) 등 다양한 분석이 필요하므로, 전문가의 분석을 통한 컨설팅도 고려

1) 내가 원하는 외적 이미지?

2) 타인에게 보여지는 내 이미지?

3) 현재 내 이미지에 만족하는지?

4) 내 체형에 맞는 디자인과 색, 소재?

5) 현재 유행하는 스타일을 어느 정도 활용하고 하는지?

6) 내 직업과 관련해서 추구해야 할 이미지?

7) 퍼스널이미지 브랜딩을 위해 **패션스타일링에서 하면 좋은 습관?**

- **외출 전 거울 앞에서 전체 스타일을 체크**하는지?
- **새로 구입 한 옷**을 나에게 **알맞게 수선**하는지?
- 스타일에 맞게 가방, 신발, 악세서리를 바꾸어서 활용하는지?

(2) 나에게 맞는 이미지, 스타일을 총정리

1) 자신의 체형에 조화되는 스타일을 구분해서 정리

2) 자신의 이미지에 잘 조화되는 스타일의 브랜드 정리

3) 내가 좋아하는 스타일, 타인이 멋있다고 인정하는 스타일 정리

- 나와 다른 사람이 느끼는 내 스타일에 대한 그 차이점? & 보완점은?

(3) 옷장정리 & 스타일 재구성

어떤 옷이 있는지? 앞으로 어떤 옷을 사야 하는지?(용도, 디자인, 색을 고려)

1) 기존 옷, 소품, 악세서리 등을 사진 찍어서 표로 정리

- 쇼핑(필요아이템만)시에 참고, 경제적인 스타일링

2) 입는 정도에 따른 구분(용도별, 활용빈도별 정리)

3) 입지 않는 옷 구분(미련에서 탈피하여 결정: 수선으로 재활용, 의류수거함용)

5) 보충해서 새로 구입해야 것 체크(스타일 변화 & 유행을 고려)

6) 같은 색끼리 정리, 비닐 벗겨 통풍되게 정리(어깨부분 변색방지용 씌우기)

(4) 특정 상황에 따른 새로운 변신의 스타일링 고려

- 늘 입던 옷이 지겹게 느껴지는 경우
- 뭘 입을까?하고 옷장을 열어보지만 맘에 드는 옷이 없는 경우
- 기존 착장사진을 분석, 새로운 스타일을 찾아서 같이 정리, 비교

3) 올바른 패션 쇼핑방법

1. 어울리는 것 선택(브랜드, 가격에서 탈피)
2. 맞은 사이즈 선택(신체, 패션이미지에 따른 사이즈 선택)

3. 연령대를 고려해서 선택(추구하는 마인드와 사회적 이미지 고려)

4. 체형보완 고려해서 디자인 선택(신체, 부분체형, 퍼스널칼라)

5. 옷의 용도, 입을 기간, 가격 등을 고려해서 선택(TPO & 활용 정도)

6. 쇼핑전에 미리 기존 옷과 코디를 고려해서 구매 선택계획

7. 간단한 코디가능한 옷과, 악세서리를 구매하여 다양하게 연출

8. 판매원의 칭찬과 판단에 따른 구매 자제(특히 남성 주의)

4) 디자인요소와 패션스타일링

패션은 자신을 브랜드화하는데 필요한 가장 강력한 영향력을 지니는 것 중 하나이다. 따라서 원하는 자신의 이미지를 스타일링하기 위해서 패션의 기본적인 요소를 알고 활용하면 나를 더 멋지게 연출할 수 있으므로, 선, 실루엣, 색, 소재등의 간략한 핵심을 아는 것이 필요하다.

(1) 선

세로선(수직선): 시선을 수직으로 움직여 키가 커보이는 효과, 세로로 분할해서 날씬하게 연출

가로선(수평선): 시선을 수평으로 움직여 키가 작게, 좌우로 분산, 넓어 보이게 연출

사선: 유연하고 역동적, 각도가 적은 사선은 가로선의 효과, 가파른 사선은 세로선의 효과

곡선: 여성스러운 느낌, 부드러움을 표현

세로선　　가로선　　가로선+세로선+사선

허리선위치

기본허리선, 하이웨이스트(다리가 길어보이게), 로우(하체를 짧아보이게) 구분(골격진단 고려)

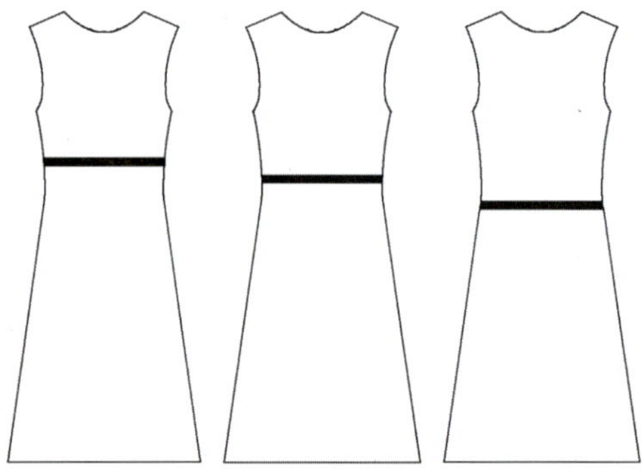

하이 웨이스트 라인　노멀 웨이스트 라인　로우 웨이스트 라인

(2) 실루엣

X라인: 허리라인을 강조하는 가장 여성스런형태의 스타일을 연출

H 라인: 허리선 없는 직선 형태로 단순하고 날씬해 보이며, 뚱뚱한 아랫배를 감추는데 효과적인 연출

A라인: 상체가 좁고 하체로 갈수록 넓어지는 형태으로, 체격이 작거나 하체에 자신이 없는 경우 연출

Y라인: 어깨폭을 좌우로 강조하고 하의로 경사지게 슬림해지는 형태로, 자신감과 강한 이미지를 전달

X라인 실루엣

H라인 실루엣

A라인 실루엣

Y라인 실루엣

(3) 색

축소색: 차가운색, 어두운색, 무거운 색은 체형을 날씬하게 연출

팽창색: 따뜻한색, 밝은 색, 옅은 색, 화려한 색은 체형을 크게, 넓게 연출

동일색: 상의, 하의 색(스타킹, 신발까지) 통일하여 수직선효과로 길게, 날씬하게 연출

다른 색: 상의, 하의의 전체색이 다르게 구성되면 수평선효과로 짧게, 넓게 연출

축소색

팽창색

상·하 동일색

상·하 다른색

(4) 소재

체형확대: 커다란 무늬, 두껍거나 빳빳한 소재, 반짝, 광택있는 소재는 빛을 반사, 신체를 넓게 연출

체형축소: 중간무늬, 단단하면서 직선으로 떨어지는 소재, 무광택소재, 신체를 작게 연출

체형 확대 소재

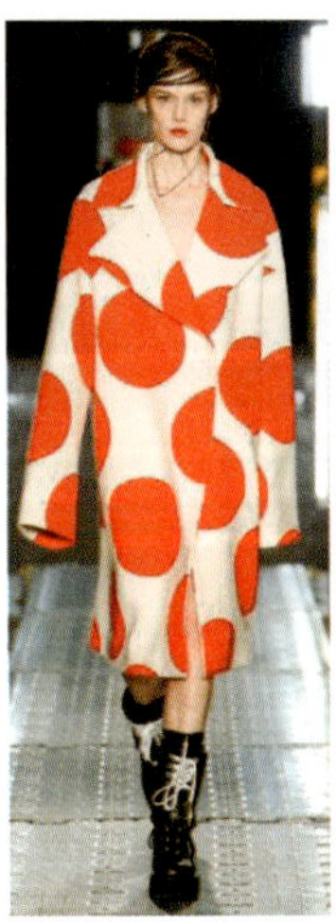

커다란 무늬

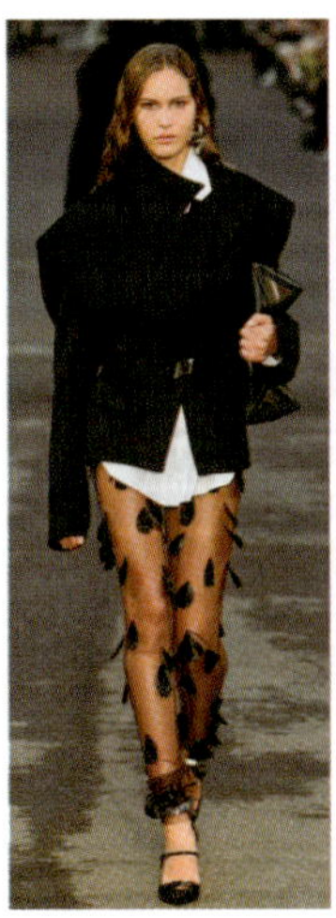

빳빳한 소재

광택있는 소재

체형 축소 소재

중간 무늬 직선으로 떨어지는 소재 무광택 소재

(5) 장식

체형확대: 장식이 클수록 신체가 확장되어 보임
단색코디에 악세서리나 가방 등으로 시선을 분산시키게 연출

TIP 디자인요소 스타일링 종합

- 곡선보다 직선, 사선라인 사용(세로선 사용)
- 인체비율이 1 : 1 / 1 : 1.5 (하이 웨이스트 사용)
- 전체 같은 색톤으로 통일(소품컬러까지)
- 의상자체 무늬(축소효과), 벨트, 가방등의 소품으로 시선늘 분산
- 뚱뚱한 부위는 차라리 과감하게 드러내거나 감추거나 잘 고려해서 선택!

2. 신체 & 이미지스타일링

외적이미지를 형성하는 강력한 요소중의 하나가 패션이다. 패션스타일링을 잘하기 위해서는 가장 먼저 인체 체형을 분석하는 것이 선행되어야 한다. 기존의 대중적인 체형을 분석하는 방법으로는 키, 몸무게와 신체 비율 체크, 인체 실루엣(2D진단)과 인체 각 부분별 체형의 체크였다면, **최근에는 근육, 뼈, 몸중심점을 기준으로 분석하는 골격진단(3D진단)과 얼굴사진으로 어울리는 패션이미지을 진단하는 이미지테이스트방법이 새롭게 부각**되고 있다. 또한 패션스타일링에서 색의 조화를 위해, 기본 피부색인 퍼스널칼라를 진단하는 것이 대중적으로 활용되고 있는 방법이다. 기본적으로 체형을 분석해서 패션의 디자인과 소재를 선택하고, 퍼스널칼라를 진단해서 패션의 색을 스타일링하는데 활용하고 있다.

1) 이상적인 체중 검사법

이상적인 체중은 나이와 성별 키, 체중, 근육과 지방비율, 체지방분포등을 고려하여 진단한다.

❶ 체질량지수(BMI: Body Mass Index): 키와 체중(체중÷(키mx 키m))

(허리, 엉덩이, 지방비율과 분포, 근육량비율미고려)

18.5미만(저체중), 18.5-24.9(이상적), 25-29.9(과체중), 30이상(비만)

*과체중은 초과체중으로 비만 전단계, 비만(과체중을 넘어 위험 노출)

❷ 허리대 엉덩이비율 WHR(Waist to Hip Ratio) : 허리둘레 [(배꼽기준) ÷ 엉덩이둘레]

엉덩이에 비해서 허리둘레가 클수록 위험

여: 0.8미만(날씬,안정적) / 0.8-0.89(보통) / 0.9이상(성인병위험)

남: 0.9미만(안정적), / 0.9-0.99(보통), / 1.0이상(위험)

❸ 허리대 키비율 WHtR(Waist to Hight Ratio): 허리둘레÷키

허리둘레로 비만평가하는 방법, 건강상태와 비만의 기준값으로 활용

0.43미만(저체중) / 0.43-0.53(건강한 체형) / 0.50.58이상(과체중) / 0.58이상(비만)

❹ **체지방률: (지방무게 ÷ 전체무게) × 100 − 총체지방(필수+저장)**

남: 17미만(안정적), / 18–25(보통), / 26–37(초과), / 38이상(비만)

여: 24미만(안정적), / 25–31(보통), / 32–41(초과), / 42이상(비만)

TIP **한국인의 남, 녀 평균 키와 몸무게** / 산업자원지원부 국가기술표준원(2022)

전체 평균신장이 남성 : 172.5cm, 여성 : 159.6cm이며 롱다리체형이 증가
20대 평균신장 남성(174.4), 여자(161.3)
키와 몸무게의 증가, 체형의 서구화에도 불구하고 인체비율은 고유의 특성(한국인)을 그대로 유지

TIP **"한국인, 키는 늘리고 몸무게는 줄여 말한다"** / 메디컬투데이(2017.03.19.)

키: 각 0.48cm(남), 0.38cm(여) 크게
몸무게 : 0.74kg(남), 1.23kg(여) 작게

2) 가장 이상적인 미용체중

(단위 : cm/kg)

여자	
키	체중
155	44.5
157	45.6
159	46.8
161	48.0
163	49.2
165	50.4
167	51.6
169	52.8
171	54.1

남자	
키	체중
167	44.5
169	45.6
171	46.8
173	48.0
175	49.2
177	50.4
179	51.6
181	52.8
183	54.1

2-1. 체형 & 스타일링

일반적으로 체중과 키의 비율만으로 비만도를 측정하는 것은 올바르지 않으며, 신체의 각 부분에 대해서 다양한 구체적인 체크를 통해 진단하고, 그에 알맞은 스타일링을 하는 것이 중요하다. 특정한 숫자와 사이즈보다는 입었을 때의 느낌이 중요하며, 입었을 때 스스로 편안한 느낌이 들도록 체크해야 한다

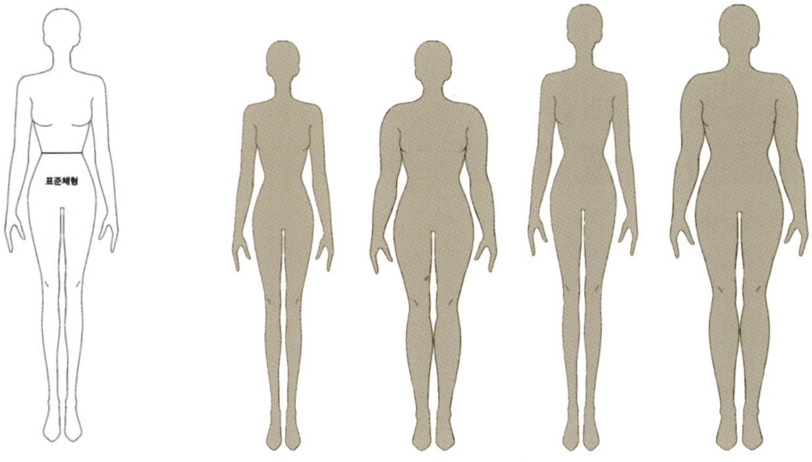

❶ 키 & 스타일링(작은, 큰)

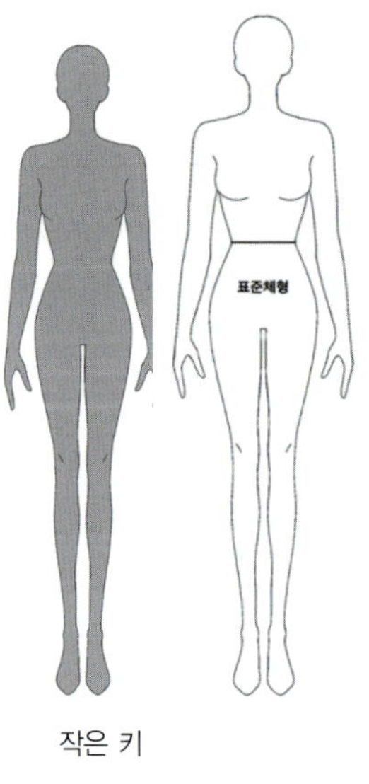

작은 키

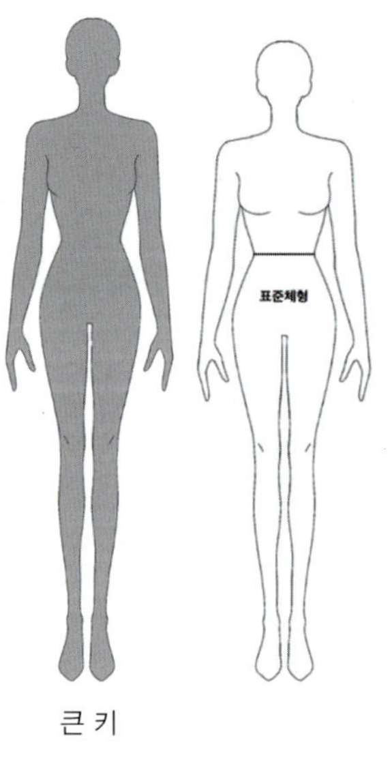

큰 키

❷ 몸무게 & 스타일링(마른, 통통한)

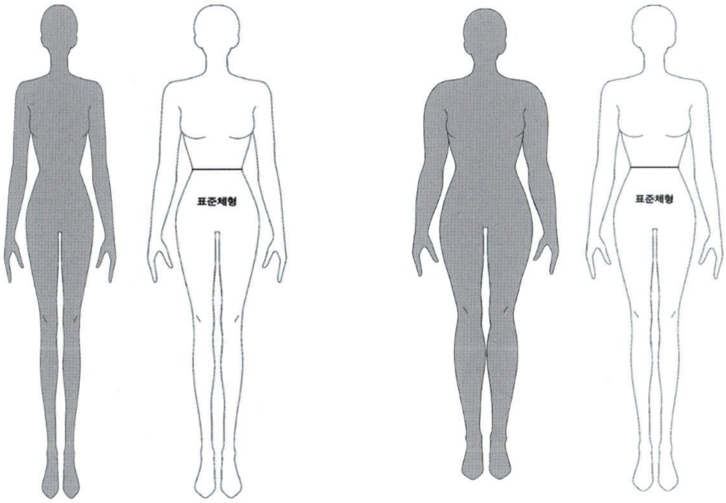

마른 체형 통통한 체형

❸ 키 + 몸무게 & 스타일링

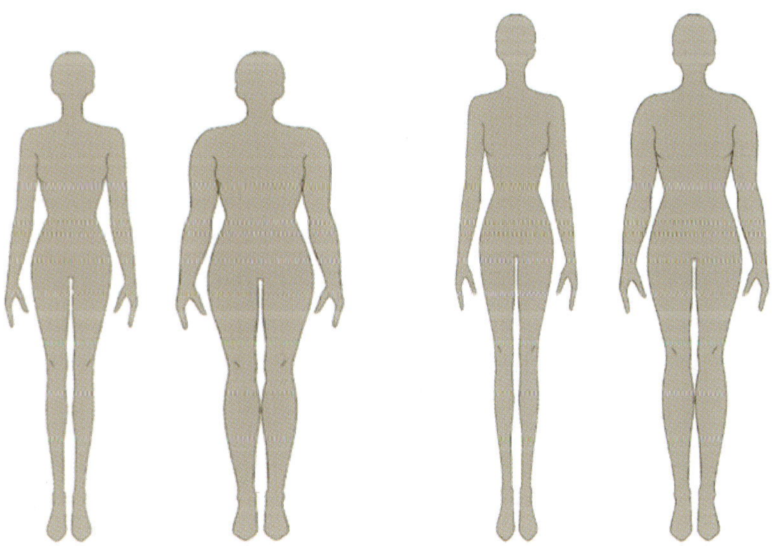

작고 마른 & 통통한 크고 마른 & 통통한

❹ 신체비율의 부분적 특징적인 체형

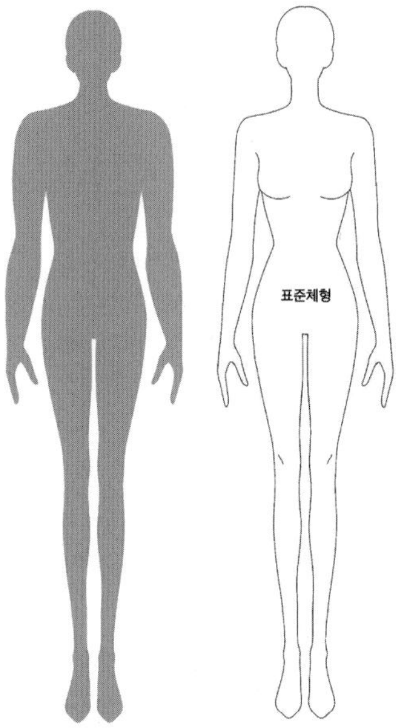

상체 통통, 하체 마른

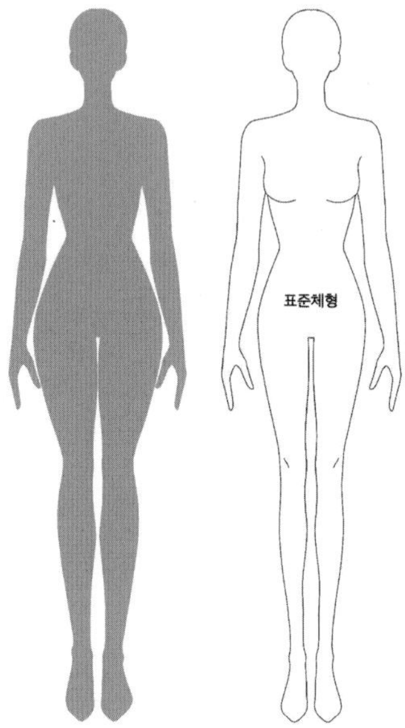

상체 마른, 하체 통통

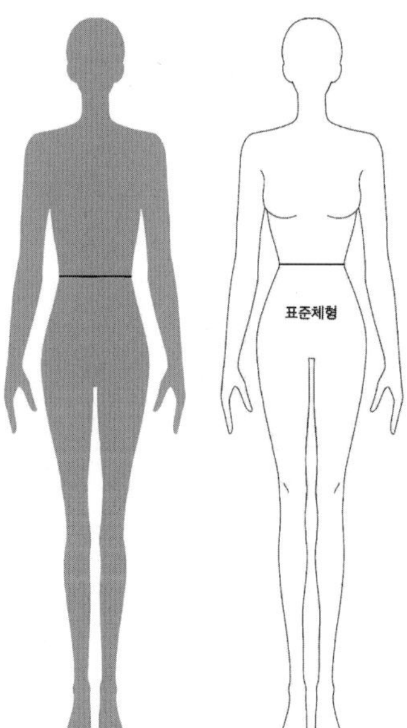

상체 길고 하체 짧은

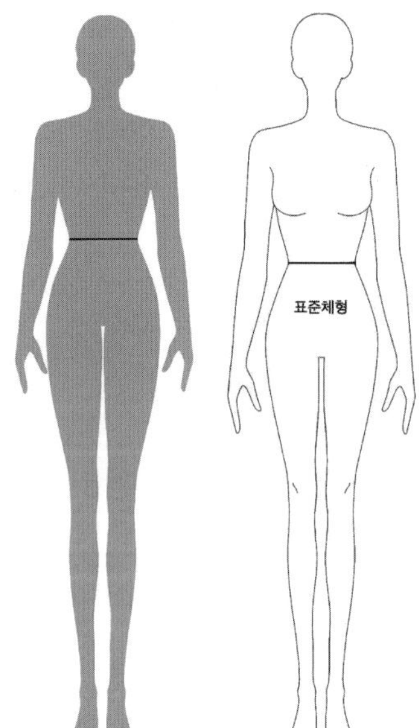

상체 짧고 하체 긴

1) 작은키

수직감을 강조(길이감 길게, 시선연장의 착시 이용),
수평감(장식, 무늬, 부피감)을 감소 / 상의 짧게, 상의 시선집중 디자인

GOOD 스타일링

상·하의가 같은 색(+신발), 전체 유사색 스타일링 / 세로선의 장식, 세로 줄무늬
짧은 상의 + 긴일자 바지 + 높은 구두 / 하이웨이스트, 밝은 이너웨어

상의: 상의에 시선이 집중되는 장식이나 색
하이웨이스트, 밝은 이너웨어, V네크라인, 수직방향 장식

하의: 스커트보다 바지에 굽높이 있는 구두, 미니스커트

소재: 작은 문양, 평범한 질감 소재 & 강조되지 않는 악세서리

헤어: 단정한 헤어스타일(가로로 부풀리거나, 화려하지 않은 스타일)

BAD 스타일링

상·하의 다른색, 대비색은 삼가 / 가로선 절개를 삼가
가로로 퍼지는 실루엣 디자인, 큰 무늬, 큰 장식, 여러 가지 색 사용 삼가
레이어드룩, 큰 부피감의 디자인 삼가
광택소재, 지나치게 화려한 장식, 큰 무늬 소재 삼가
너무 큰 악세서리나 가방, 화려하거나 부풀린 헤어스타일 삼가

GOOD 스타일링

같은 색상 하의(신발), 밝은 색상 이너 / 하의웨이스트 원피스 /
짧은 상의+긴일자 바지+높은 구두

BAD 스타일링

상·하의 다른색X, 가로선 강조X, 레이어드룩

2) 큰키

수직감을 감소, 수평감을 강조하는 스타일

가로선 길이 분할의 레이어드룩, 가로방향 장식

GOOD 스타일링

상, 하의 다른 색이나 소재를 사용 / 가로 줄무늬

상의: 벨트, 베스트로 길이 분리!

가로 효과 장식(보트넥, 폭넓은 케이프) / 긴 재킷, 포켓뚜껑, 폭넓은 벨트

하의: 통바지, 카브라 팬츠, 긴 플레어스커트, 무릎길이 스커트, A라인 스커트

소재: 크고 대담한 문양, 독특한 질감소재

악세서리: 눈에 띄는 것 / 하의나 구두, 스타킹에 포인트

BAD 스타일링

전체 한가지 상·하의색 / 수직선의 세로선 디자인은 삼가

긴 원피스, 슬림되는 라인은 더 크게 보이므로 삼가

너무 큰 패턴, 너무 작은 디테일 & 무늬, 액서서리는 삼가

GOOD 스타일링

상·하의 다른색 소재 / 큰 허리 벨트 / 레이어드 / 가로줄 무늬

BAD 스타일링

상·하의 같은색 / 세로선 무늬
짧은 상의+긴 하의

3) 마른 사람

키를 고려해서 디자인, 색, 소재 선택, 전체 부피감 확대

가로선 라인(줄무늬)강조 디자인, 레이어드 스타일, 명채도가 높은 밝은색,

GOOD 스타일링

상·하의 대비되는 색

상의: 기본핏, 세미나 일반 오버핏사이즈로 부피감 확대

싱글보다 더블자켓, 라운드나 스퀘어넥, 여러겹으로 겹쳐서 여유있게 연출

하의: 와이드핏 바지, 카브라(롤업) 있는 팬츠, 폭넓은 벨트

소재: 부피감 소재, 재질감 큰 거친 소재, 부드러운 소재의 넓은 폭

볼륨감의 스웨터 니트, 벨벳, 트위드, 골 넓은 코듀로이, 큰무늬 사용, 체크, 스트라이프(가로)

장식: 가로선 강조 디테일

부피감 주는 장식(프릴, 레이스 개더)

BAD 스타일링

많은 세로선 사용을 삼가, V넥 / 몸에 너무 꼭 끼거나, 너무 큰 의복을 삼가

너무 얇고 심플한 디자인, 달라붙는 소재 / 명도, 채도가 낮은 어두운색

GOOD 스타일링

세미오버핏 사이즈, 명채도 높은 밝은색 / 부피감있는소재 / 레이어드스타일 / 가로선 무늬

BAD 스타일링

너무 피트, 너무 큰스타일 / 명도, 채도가 낮은색

4) 통통한 사람

체형 커버 가능한 실루엣을 고려하여 자신감 연출(무조건 가리려는 것에서 탈피)
세로선 라인(줄무늬), 전체 한색이나 유사색으로 통일
목이나 쇄골부분에 시선집중, 명채도가 낮은 어두운색

GOOD 스타일링

캐쥬얼보다 정장이 효과적, 얇은소재보다 스트레치성소재

상의: 허리선 살짝 들어간 신체를 감싸는 듯한 스타일
각잡힌, 세미오버핏(어깨선보다 살짝 넓은 핏) / 짙은 색 상의에 밝은색 이너웨어, 원색으로 포인트 / V넥, 무늬없는 차분한 단색 / 팔 벌려서 앞여밈이 벌어지지 않는 사이즈

하의: 원피스보다 투피스가 효과적
몸에 적당하게 맞는 스커트나 바지 / 하의 허리부분은 고무밴드(부분적활용) / 여유있는 테이퍼드핏바지, 밑위길이가 긴바지(특히 배나온 경우)

소재: 프린트무늬, 얇은조직의 니트나 도톰소재

악세서리: 머리에서 발끝(신발, 양말)까지 한 가지 또는 유사색으로 조화
악세서리 단순, 1~2개만, 너무 크거나 작지 않은 것

BAD 스타일링

부피감 장식 삼가, 폭넓은 가로 절개선 디자인 / 상·하의의 색이나 재질이 대비되는 것
너무 크거나 몸에 꼭 붙는 스타일의 의복(스키니 : 더 부각시킴)
부드러운 소재, 큰무늬 옷 / 박스스타일, 과도한 장식이나 굵은실니트x
얇은 소재, 부피감있는 소재(모피, 케이프)

GOOD 스타일링

S세로선 무늬 / 전체 한색, 유사색 통일 / 명채도 낮은 어두운색 / 짙은색상의+밝은색 이너

BAD 스타일링

너무 피트, 너무 큰스타일,X / 명도,채도 낮은색X

5) 상체마른 & 하체 통통

상체마른(어깨, 가슴 작은) + 하체 통통(힙, 허벅지가 큰)

상체를 크게(볼륨화), 하체를 작게(단순화), 상반신에 악센트로 시선 집중

GOOD 스타일링

상의(확대, 장식이 화려한 것) + 하의(축소, 심플한 디자인)

상의: 빈약하지 않게 약간의 여유 있는 사이즈(어깨, 가슴부분)

가슴선에 절개선, 러플, 개더, 플리츠 장식

하의: 하이웨이스트 원피스

힙, 허벅지 부분은 장식없은 심플한 디자인

소재: 빳빳한 느낌의 개버딘, 데님같은 소재

남성: V존에 밝고 따뜻한 색의 베스트나 니트 타이나 화려한 나염타이

BAD 스타일링

상체축소, 하체강조디자인

빈약한 상체 들어낸 타이트한 상의

하의부분에 부피감 장식이 들어가 시선집중되는 디자인

상체 크게, 하체 작게 / 상반신에 악센트 / 어깨 크게, 힙 작게

상체 축소X, 하체 확대X,

6) 상체통통 & 하체 마른

상체통통(어깨, 가슴이 큰) + 하체 마른(힙, 허벅지가 작은)

상체를 작게(최소화), 하체를 크게(볼륨감있게), 시선은 앞중심, 허리부분에

GOOD 스타일링

상의(축소, 심플한디자인) + 하의(확대, 볼륨주는 디자인)

상의: 전체 심플한 슈트나 원피스류의 디자인

어두운색의 상의에 밝은색의 하의

앞트임을 오픈해서 입을 수 있는 튜닉, 가디건, 재킷

하의: 힙, 허벅지 부분을 확대해주는 디자인(일자나 통넓은 바지)

힙부분 볼륨주는 장식첨가된 디자인

소재: 빳빳한 소재보다 아래로 늘어지는 소재

남성: 하반신에 악센트

살짝 긴 길이의 상의(하프코트, 롱재킷)으로 허리, 힙의 빈약한 부분 커버

BAD 스타일링

상체확대, 하체축소디자인

통통한 상체를 부각시킨 디자인

빈약한 하의부분이 타이트하게 더 축소시킨 디자인

GOOD 스타일링

상체 작게, 하체 크게 / 허리, 하반신에 악센트 / 어깨 작게, 힙 크게

BAD 스타일링

상체 확대X, 하체 축소X / 오버사이즈X

7) 상체길고 & 하체짧은 체형

긴상체(밝게, 짧게, 악센트로 시선집중) + 짧은 하체(단순하게, 시선분산)
상의, 얼굴로 시선유도 / 하이웨이스트 원피스, 허리선 감추는 약간 루즈한 스타일

GOOD 스타일링

상의(확대, 장식이 화려한 것) + 하의(축소, 심플한 디자인)

상의: 허리까지 오는 짧은 상의, 이너웨어는 하의안으로 넣음
어깨, 목, 앞중심에 절개선이나 장식 / 상의에 라펠, 포켓, 장식등의 가로절개선
타이트한 상의, 많이 파진 네크라인

하의: 하이웨이스트 하의 디자인, H라인 스커트, 세로선장식
슬림바지 길게(신발덮게), 부츠컷 / 힙, 허벅지 부분은 장식없은 심플한 디자인

소재: 빳빳한 느낌의 개버딘, 데님같은 소재

악세서리: 비지, 스타킹, 신발색 길게 부츠컷, 키높이구두, 하이힐

남성: V존에 밝고 따뜻한 색의 베스트나 니트 타이나 화려한 나염타이

BAD 스타일링

상체축소, 하체강조디자인 / 프린세스라인, 몸에 꼭 피트되는 코트
힙행거나 로우웨이스트 하의, 폭넓은 허리밴드 / 빈약한 상체 들어낸 타이트한 상의
하의부분에 부피감 장식, 통넓은 바지 / 발목위 짧은 길이 바지, 카브라, 롤업

GOOD 스타일링

긴상체(짧게, 밝게, 악센트로 시선 집중)+짧은 하체(길게, 단순하게, 시선 분산)

BAD 스타일링

상체 길게X, 하체 짧게X, 레이어드스타일X

8) 상체짧고 & 하체긴 체형

짧은상체(상의 길게) + 긴 하체(시선집중)

H라인의 무허리선 원피스, 로우웨이스트 하의

GOOD 스타일링

상의(길게) + 하의 심플한 디자인

상의: 허리에서 내려간 긴 길이의 상의

하이넥, H라인, 허리선없는 드레스 / 오우버블라우스, 블루종 튜닉

하의: 루즈하게 내린 폭좁은 벨트나 노벨트의 하의

BAD 스타일링

가로절개선 장식이 들어간 상의, 짧은 베스트

시선집중시키는 허리선장식이나 벨트

하이웨이스트 바지나 스커트

허리선아래 부풀려진 스커트

GOOD 스타일링

상체 길게+짧은 하체 짧게 / 로우웨이스트 / 긴 상의 길이

BAD 스타일링

상체 짧게X, 하체 길게X, 하이웨이스트X

이상적인 인체 프로포션

• 본인의 각 신체사이즈를 체크하여 이상적인 사이즈과 비교

신 장 (cm)			
NO.	구분	이상적인 수치	실제 측정 치수
1	체중	(신장 – 100) × 0.81 = (kg)	(kg)
2	바스트	신장 × 0.52 = (cm)	(cm)
3	웨스트	신장 × 0.37 = (cm)	(cm)
4	하복부	신장 × 0.46 = (cm)	(cm)
5	힙	신장 × 0.54 = (cm)	(cm)
6	팔뚝	신장 × 0.15 = (cm)	(cm)
7	넓적다리	신장 × 0.31 = (cm)	(cm)
8	종아리	신장 × 0.2 = (cm)	(cm)
9	발목	신장 × 0.12 = (cm)	(cm)

(PCA)

본인신체 체크 & 스타일링 특징 체크

• 본인 신체사이즈를 체크하여 신체비율의 특징에 따른 스타일링의 특징을 정리해보세요.

내 체형 스타일링 특징
1) 키에 따른 스타일링 (작은, 큰) • 스타일링 특징
2) 몸무게(살찐 정도)에 따른 스타일링 (마른, 통통한) • 스타일링 특징
3) 키와 몸무게(살찐 정도)에 따른 스타일링 (작고 마른 & 통통한/ 크고 마른 & 통통한) • 스타일링 특징
4) 상·하체 신체 체형과 비율에 따른 스타일링 (해당되는 경우만 체크) (상체 마른, 하체 통통/ 상체 통통, 하체 마른/ 상체 짧고 하체 긴/ 상체 길고 하체 짧은) • 스타일링 특징

2-2. 퍼스널실루엣(2D) & 스타일링

신체실루엣(2D)은 인체의 외형윤곽선 형태에 따른 분류법이다. 이 분류는 옷을 입었을 때 인체실루엣 라인을 표현할 수 있는 디자인을 고려할 수 있다는 장점이 있다. 하지만 몸의 입체적인 두께감을 고려하지 않은 방법으로 옷의 디자인을 활용하는데 한계가 있다.

실루엣에 따른 분류 유형

1) 여성실루엣(6가지): X, Y, A, H, O, ◇

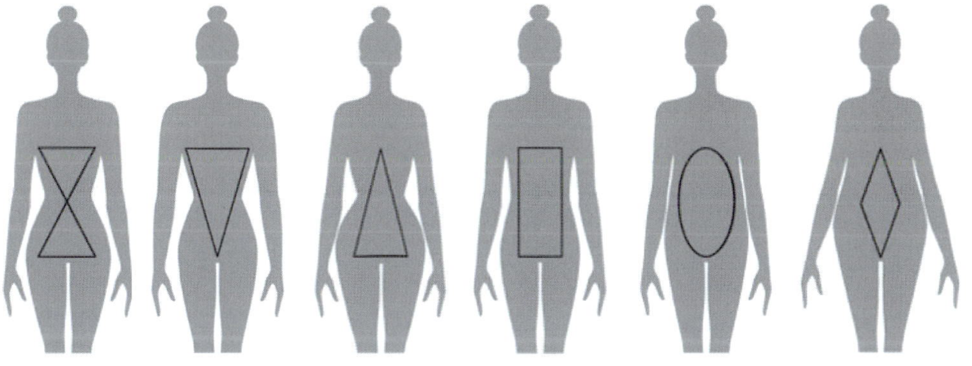

2) 남성실루엣(3가지): T, H, O

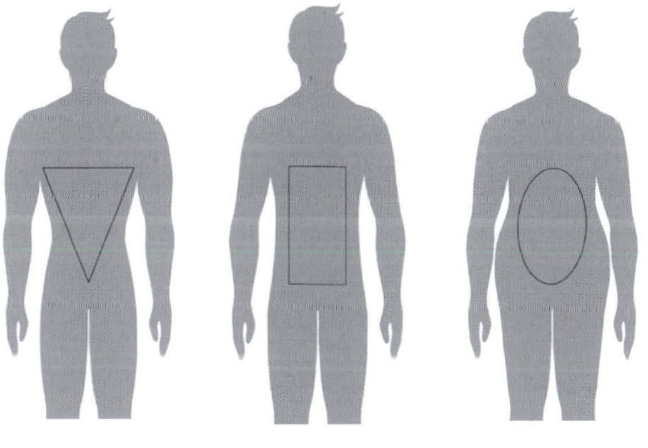

＊V존?

(목부분에서 상의 칼라가 모아지는 가슴중심선까지의 V형태의 영역)

1) 모래시계형(=X자형)

현대여성의 가장 이상적 체형 / 잘록한 허리의 균형 잡힌 체형(보완불필요)

체형이 길어보이려면 곡선을 감소하여 직사각형에 가까운 형태로 연출

- **스타일링:** 모든스타일 다 가능, 단 부분체형(목, 팔, 다리)의 장,단점을 활용한 스타일링
- **디자인:** 들어간 허리라인으로 여성적 곡선미를 살린 디자인
- **색:** 상체를 돋보이게 하는 퍼스널컬러 선택
- **소재:** 목적, 이목구비와 골격 분석에 따른 소재 종류와 두께, 무늬를 선택

GOOD 스타일링 : **허리곡선을 이용!**
전체적인 상하의 조화로 인체 곡선미를 부드럽고 자연스럽게 표현

상의: 라운드넥, 오프숄더, 뷔스티에, 스퀘어, V넥, 넓은넥

- 핏되지 않는 허리라인이 자연스럽게 들어간 싱글 브레스트 재킷, 끈이나 밴드로 조이거나 벨트있는 상의
- 페플럼 있는 재킷 + 로우 웨이스트에 플레어바지
- 벨트형의 코트나 상의, 랩 스타일의 상의 + 팬슬 스커트

하의: 폭 넓은 벨트를 약간 루즈하게 연출

- 펜슬스커트, A라인스커트
- 스트레이트, 부츠컷, 여유있지만 슬림한 바지, 하이웨이스트

BAD 스타일링 : **볼륨감이 강조되는 장식, 레이어드가 많은 디자인**

- 엠파이어라인, 너무 타이트한 실루엣(오히려 더 뚱뚱해보일수 있음 주의)
- 아래로 퍼지는 부피의 상의
- 박스형 재킷과 일자바지, 헐렁한 스웨터, 스포츠웨어는 삼가
- 허리선 없이 가슴과 힙의 볼륨이 강조된 것(몸이 확대, 키작아보임주의
- 힙주변의 주름, 다트, 장식의 볼륨이 많은 것 주의(너무 헐렁, 극도로 넓은 것삼가)
- 뻣뻣한 박스형, 일자형, 로우웨이스트 스커트 삼가, 허리주름잡힌 볼륨감하의

GOOD 스타일링

여성곡선미 연출 / 모든게 다 가능 / 허리라인 자연스런 스타일

BAD 스타일링

박스스타일X / 레이어드스타일X / 지나친핏스타일X

2) 역삼각형(=Y/V자형)

상체발달 & 하체빈약한 체형/ 어깨가 넓고, 골반과 힙이 작은 체형

어깨보다 엉덩이 비율이 더 좁고, X자가 허리선아래서 교차하는 체형

어깨가 넓고 허리가 굵고 짧으며, 상반신이 무겁게 둔함

- **스타일링:** 상체(넓은 어깨)축소, 하체(좁은 골반)을 넓혀주는 스타일링
- **디자인:** 넓은 어깨로 남성적이미지, 시선을 아래 하의로 유도
- **색:** 상의는 어둡고 하의는 밝은색 또는 컬러풀한 색, 시선 허리선 아래 유도
- **소재:** 중간두께 천, 니트, 상의는 광택없고 무늬가 없거나 중간무늬 소재, 하의 무늬있는 소재

GOOD 스타일링 : **하체를 강조!**

힙부분을 강조해서 균형 조절!(예쁜다리를 강조!)

상체볼륨최소화(피트, 심플), 하체볼륨확대(부피감 장식)

상의: 여유있게 흘러내리는 심플한 디자인, 시선을 아래로 유도

- 어깨볼륨은 최소화, 목선은 얇고 길게 연출(U,V, 스쿱넥), 홀터넥
- 어깨부피감 적은 레글런, 돌먼 슬리브 활용(살찐 경우는 제외)
- 정어깨선, 상의 분할디자인, 긴목걸이로 시선유도 및 상의 축소

하의: 허리부분 포인트배색, A라인, 로우웨이스트, 아래로 흐르는 원피스

- 볼륨주는 플레어, 개더, 벌룬, 플리츠장식 스커트, 티어드스커트
- 포켓장식의 넉넉한 바지, 부츠컷, 와이드 등 헐렁한 청바지
- 슬림핏바지, 짧은 스커트/ 하반신 날씬하게, 다리를 드러내도록 유도

BAD 스타일링 : 어깨, 목이 넓게 보이는 디자인, 어깨드러내는 네크라인 자제

- 어깨장식(어깨패드, 견장), 오프숄더, 폭 넓은 칼라 등 가로선 디자인
- 상의(가슴선에 셔링, 프릴) 강조, 볼륨, 부피감소재, 풀리있는 뻣뻣한 소재 삼가
- 화려한색, 더블자켓, 크롭자켓등 삼가, 무릎아래길이 스커트 삼가
- 타이트한 바지와 스커트상의 가로줄무늬나 두꺼운 니트 삼가
- 목위로 올라오는 단추, 적거나 큰 옷, 프릴, 레이스, 큰 단추, 포켓삼가
- 상의 무늬는 광택, 볼륨감, 두꺼운 소재 삼가, 레이어드하는 것은 삼가

GOOD 스타일링

긴상체(짧게, 밝게, 악센트로 시선 집중)+짧은 하체(길게, 단순하게, 시선 분산)

BAD 스타일링

상체 길게X, 하체 짧게X, 레이어드스타일X

3) 삼각형(△=A자형)

한국 여성에 가장 많은 체형/ 작은상체에 큰 하체(엉덩이)가 특징

어깨폭이 힙보다 좁고 엉덩이와 넙적다리에 살많은 체형

앉아서 일하는 시간이 많은 사람, 수험생, 운동량이 부족한 여성에게 많은 체형

스타일링: 빈약한 상체(어깨, 가슴)에 강조하여 볼륨을 살리고, 큰 힙부분을 축소(감추는 디자인)

디자인: 어깨와 네크라인으로 시선을 강조하는 X형 균형 유지하는 디자인

색: 즉 밝은 상의 확대와 어두운 하의 축소,

선명한색, 밝은톤, 대비강 강한무늬를 허리선위에 배치해서 시선을 상반신으로 유도

소재: 상의는 하드, 비치는 소재, 하의는 중간두께 부드러운 천. 실크, 조젯

GOOD 스타일링 : **상체를 강조!**

하반신최소화(힙작게), 상반신강조(확대)

상하의 균형 유도, 눈에 띄는 목걸이나, 장식있는 상의, 엠파이어스타일,

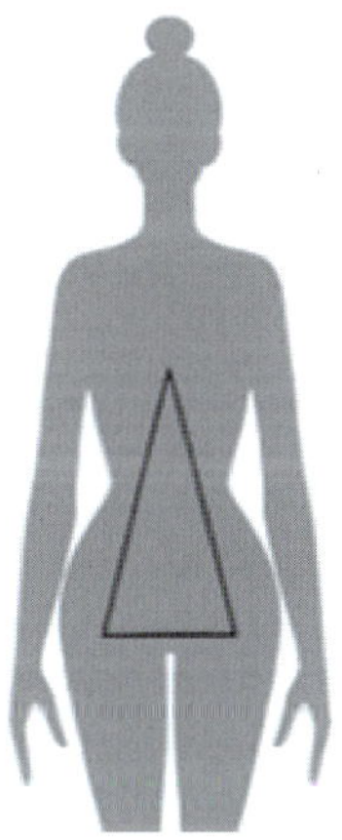

상의: 밝은색과 패턴, 소재, 장식으로 시선유도,시선을 끄는 네크라인

- 확대 장식(어깨패드, 견장, 셔링, 퍼프소매, 큰 칼라, 가슴포켓, 러플)
- 목선이 넓고 짧은 넥인 보트넥, 스퀘어넥, 오프숄더 티셔츠나 니트
- 가슴과 어깨에 밝은색, 대담한 패턴, 가로줄무늬
- 하이웨이스트, 엠파이어스타일, 롱원피스, 슬림한 A,H라인

하의: 어두운 색상을 선택, 세로절개선 디자인/하체곡선 매력을 잘 드러냄

- 허리밴드가 있는 일자바지나, 부츠컷, 하체 심플한 디자인
- 굵은 힙과 허벅지를 감출 수 있는 A라인 스커트, 원피스, 코트
- 바지보다 스커트가 효과적, 벨트로 상체에 볼륨을 준 스타일

BAD 스타일링 : **전체적으로 타이트한 것 삼가, 로우웨이스트, 돌먼슬리브상의**

- 상체 타이트, 홀터 네크라인는 삼가, 힙중간까지 오는 루즈한 상의
- 상의밑단과 긴소매 아랫부분에 볼륨장식(셔링, 프릴) 삼가
- 하의는 타이트한 스키니나 바지, 큰 문양, 광택이 있는 것은 삼가
- 엉덩이 확대장식 주름, 개더이나 타이트핏도 삼가

GOOD 스타일링

어깨 볼륨확대, 하의볼륨 축소 / 밝은 상의와 어두운 하의

BAD 스타일링

하체 강조디자인X / 상체타이트X

4) 직사각형(=H자형)

어깨, 허리, 힙의 폭이 거의 비슷한 일자형 체형/ 허리라인의 굴곡이 없는 체형

평균체중보다 통통한, 허리선이 굵어 보이고 전체적으로 살이 있는 체형

스타일링: 상의 가슴 장식과 하체에 힙에 풍성한 볼륨으로 허리라인을 만들어 인체에 곡선미를 연출

디자인: 시선얼굴유도, 전체 여유있고 루즈하게 허리와 복부를 자연스럽게 흘러내리게 하는 실루엣

얼굴로의 시선유도를 위해 목걸이, 귀고리, 스카프로 포인트장식

색: 밝고 선명한 색, 강한대비의 무늬를 어깨와 힙에 배치, 허리부분은 어두운색(벨트나 배색)

소재: 착시고려한 기하학적인 선 패턴, 두께있고 볼륨감 있는 천, 얇은 천은 주름, 개더로 볼륨감 연출

* 관형체형: 전체적으로 마른 몸매(호리호리한 체형)

곡선적디자인, 적당히 주름있고 느슨한 스타일과 부드럽고 부피감있는 소재로 체형을 보완

* 큰 사각형 체형: V, U자형 장식 디자인이나 악세서리로 연출

GOOD 스타일링 : **허리 곡선라인을 만들어라!**

어깨와 엉덩이를 강조하여 시각적인 X자 형태로 허리라인을 연출

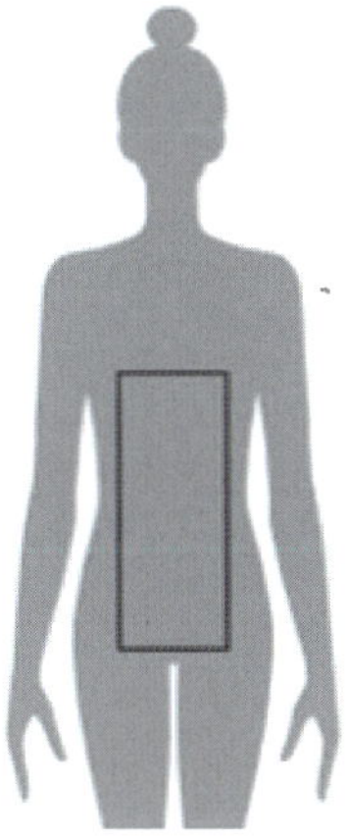

상의: 허리라인 드러내기(코르셋디자인과 넓은 벨트로 허리곡선 만들기)

• 허리선이 약간 들어간 오버블라우스와 프린세스 라인의 원피스나 코트
• V네크라인, 하트넥, 직선적몸매를 감출 수 있는 레이어드룩
• 어깨와 힙을 볼륨감을 주는 퍼프와 프릴, 플리츠가 들어간 디자인
• 소매장식(롤업, 커프스), 볼륨으로 느슨한 소매(플레이, 퍼프)
• 넓은 벨트의 허리/ 랩원피스, 허리 페플럼스타일원피스

하의: 곡선과 볼륨을 주는 풍성한 스커트와 플레어형 바지(부츠컷, 와이드)

• 하반신으로 갈수록 굴곡을 더할수 있는 것(트럼펫, 플레어와이드팬츠, 주머니, 주름으로 볼룸잡은 장식치마, 밝은색치마)

BAD 스타일링 : 사각형, 직선적인 넥 삼가, 박스형태실루엣 삼가

• 많이 파인 목선, 허리주변장식, 굵은 벨트나 허리선 강조하는 스타일 삼가
• 직선라인의 핏되는 바지, 길이가 긴 스커트, 벨트있는 바지
• 너무 얇은 천, 큰 무늬, 세로 줄무늬 삼가, 많은 주름장식 스타일 삼가
• 허리길이 상의, 허리장식삼가, 상의에 하의(바지, 스커트) 집어넣는 것
• 스트레이트형 스커트

* 큰 사각체형: 밝은 색상과 장식이 많은 디자인은 삼가/보트 네크라인, 스퀘어 네크라인은 삼가

GOOD 스타일링

상의, 하의 볼륨으로 허리라인 곡선미 연출 / X형실루엣 / 하이, 로우웨이스트

BAD 스타일링

박스, 스트레이트형X, 허리강조X

5) 둥근형(=O자형)

복부중심의 체중증가로 전체 살이 많은 비만체형/ 사과모양

어깨좁고 둥글며, 허리경계선이 없이 통통하고 복부가 큰 체형

스타일링: 어두운색, 수직선의 착시현상을 활용하여 세로로 길고 가늘게, 전체 부드럽고 느슨하게 연출

디자인: 직선적인 라인으로 선명한 인상유도, 시선을 얼굴로 유도, 어깨와 목선부분을 강조

색: 얼굴부근에 밝은색, 그 외 부분은 어두운 색

소재: 부피감없는 소재, 적당히 힘과 매끈, 두껍지 않은 천, 개버딘, 플라넬등

GOOD 스타일링 : **전체 몸의 볼륨을 직선으로 강조하여 슬림하고 길게 연출**

가슴, 복부 볼륨 최소화, 시선을 가슴과 어깨로 유도, 상의 오픈

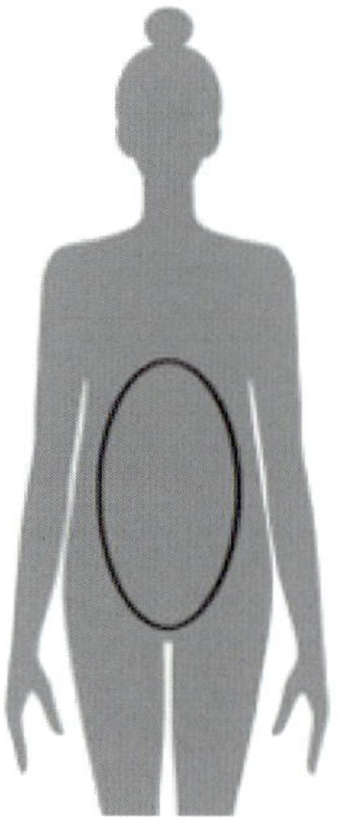

상의: 넓은 어깨와 낮은 네크라인, V넥, 일반소매, 테일러드 칼라

- 랩, 테일러드자켓, 원버튼 자켓, 베스트활용
- 앞여밈은 목아래에서 허리부분까지, 코트원피스, 긴조끼가 유리
- 보정 속옷등을 이용하여 체형을 보완
- 앞부분에 긴 수직선의 트리밍, 세로로 긴 목걸이등을 이용하면 효과적
- 소매 장식(슬릿, 주름, 포프, 루즈, 플레어)소매와 어깨패드, 캡소매

하의: 하체최소화: 폭넓은 바지, 로우웨이스트바지, 허리옆쪽 여밈바지

- 스커트는 티어드, 플레어, 버블스커트로 무릎, 무릎위, 종아리기장
- 원피스는 엠파이어 & 랩스타일, 장식은 어깨, 목선, 소매로 유도!

BAD 스타일링 : **많은장식, 짧은 상의, 타이트한 상의와 소매, 핏되는 니트, 복부 줄무늬 삼가**

- 벨트, 더블 자켓 삼가
- 높고 좁은 넥, 둥근 네트라인, 둥근 목걸이, 퍼프소매, 곡선 장식과 악세서리
- 밝은색, 배기슬림바지, 스키니, 하이웨이스트바지, 바지앞 핀턱,주름있는 것
  배부분확대되는 레이어드, 주름진 스커트, 짧은 길이 삼가
  짧고 타이트한 반바지, 너무 많은 장식과 주름있는 바지
- 전체적으로 밝은색보다 수축색을 사용, 너무 얇거나 광택, 두꺼운 소재는 삼가
  너무 부드럽거나 부피감 있는 소재, 광택, 밝은 색상, 큰 무늬는 삼가

GOOD 스타일링

세로선 / 심플, 스트레이트형 / 가슴,복부축소
긴베스트, 어깨, 얼굴로 시선유도

BAD 스타일링

많은장식X, 둥근카라, 퍼프X ,부피감소재X

6) 다이아몬드형(=◇자형)

중년여성들에게 많이 보여지는 체형/ 몸통과 허리부분이 굵은 체형

- 어깨와 엉덩이가 비슷하고 허리가 가장 넓은 체형/ 수직선으로 체형을 길게!
- 연출 어깨와 힙 가슴, 가는 다리에 비해 허리가 제일 넓은 체형

스타일링: 시선얼굴로 유도, 전체 길고 가늘어 보이도록 허리부분을 최소화, 어깨와 다리 볼륨감
굵은 몸통의 시선배제, 눈에 띄는 목걸이와 가느다란 스카프 활용

디자인: 팔과 다리가 강조된 장식있는 디자인, 일자로 좁게 알맞은 사이즈선택

색: 상의 목부분과 하의 무릎아래는 밝은색, 허리와 배부분은 어두운색

소재: 중간두께의 가벼운 소재로 레이어드 룩을 연출

GOOD 스타일링 : 팔과 다리를 강조/ 허리바로위라인(하이웨이스트라인)

전체적 위에서 아래로 자연스럽게 흐르는 느슨한 형태의 스타일링

시선을 상하로 유도하는 수직의 장식(봉제선, 지퍼, 주름)이나 무늬 활용

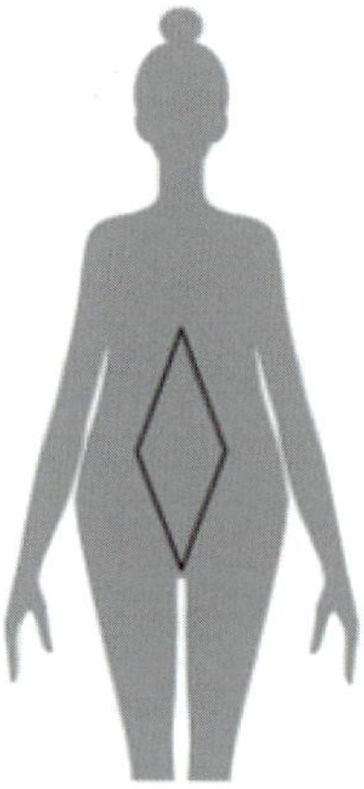

상의: V넥/ 어깨와 가슴을 강조하는 네크라인

길어보이는 스트레이트 실루엣의 긴셔츠나 오버 블라우스, 재킷

- 굵은 몸통을 가려주는 중간 두께 소재의 레이어드 룩
- 어깨와 가슴을 강조하는 넥, 하의 웨이스트원피스

하의: 일자로 좁게! 길어보이게/ 하의를 보완해주는 일자바지나 나팔바지

- 플레어 스커트, A라인스커트 같은 볼륨있는 스커트

BAD 스타일링 : 허리강조나 체형에 밀착되는 의복 삼가

- 튜브타입 원피스(가로확대)
- 허리가 강조되는 굵은 벨트, 아래로 좁아지는 바지

GOOD 스타일링

수직선 체형길게 / 스트레이트형 자켓, 긴오버블라우스 / 팔,다리장식

BAD 스타일링

허리, 복부 강조X / 핏되는것X

남성실루엣

1) 역삼각형(=T자형)

어깨가 넓고 상체가 발달한 이상적인 남성 체형/ 골반, 허리가 좁아보임

• 남성적인 매력과 건강미가 돋보이는 체형, 가슴둘레가 힙보다 넓고 목짧고 어깨 수평선체형

• 가슴둘레과 허리둘레가 18cm이상

스타일링: 키가 작지 않으면 모든 스타일의 의복 가능, 전체 상하의 균형을 맞출수 있는 스타일링

디자인: 상의는 적당하게 맞고, 하의는 조금 넉넉한 디자인, 암홀과 소매통이 약간 큰 디자인

색: 어두운색 상의와 밝은색의 하의, 하의와 신발이 동일색이거나 유사색

소재: 고품질소재, 작은 무늬, 너무 복잡하거나 큰 무늬는 자제

액세서리: 적당크기선택, 너무 크거나 작은 것 삼가 넥타이는 기하학적무늬나 사선스트라이프
포겟치프나 안경, 선글라스로 얼굴 강조, 얇고 심플한 벨트

GOOD 스타일링 : **트임없는 슬림한 실루엣의 투버튼의 싱글 브레스트 슈트**

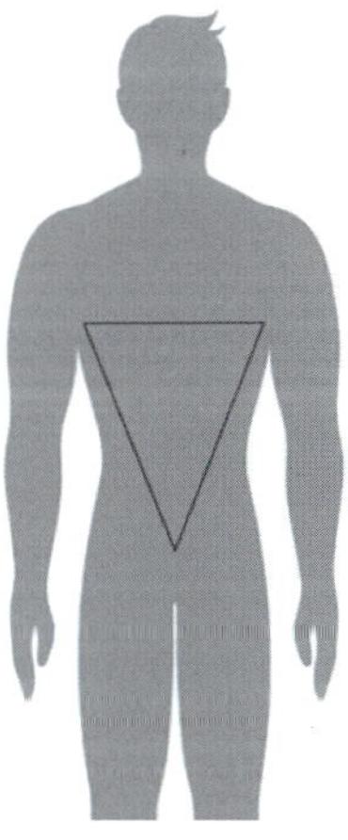

상의: 짙은 상의와 밝은 하의/ 원버튼, 투버튼 슈트

• 뾰족한 칼라나 탭칼라에 수직선 문양이 있는 드레스셔츠

• 어깨를 좁아 보이게 하는 조끼

• 가는 허리를 강조하는 벨트 있는 재킷이나 코트
체격이 커 보이지 않게 하는 얇은 니트
셔츠는 슬림핏셔츠, V넥셔츠, 키가 작은 경우에는 V존을 좁게 하여 강조

하의: 일자형의 일반핏 바지매치가 커보임, 허리선 높은 바지

• 밝은색 벨트로 시선 강조

• 작은 물방울 무늬 넥타이 자제

BAD 스타일링 : **지나친 어깨 강조로 체격 확대되는 것을 삼가(큰어깨강조 패드)**

• 더블 브레스트 자켓, 몸에 피트되는 슈트은 삼가

• 선명한 스트라이프 슈트는 너무 위압적이므로 삼가

• 깊은 네크라인 상의, 스키니진 삼가

• 작은 물방울 무늬 넥타이 자제

GOOD 스타일링

짙은 상의와 밝은 하의 / 어깨 좁아 보이게 하는 조끼 / 가는허리강조 자켓,코트

BAD 스타일링

지나친어깨강조X / 더블, 핏되는 자켓X

8) 직사각형(=H자형)

가장 일반적인 슬림한 직선형 체형/ 왜소해보이는 체형, 키가 크거나 마른체형에 많음

- 가슴들레과 허리들레가 15cm이하
- 날씬한 형태를 띠며 매끈한 직선형/ 가슴과 힙이 일직선에 놓인 형태
- 어깨에 볼륨을 주고 허리를 가늘게 보이게 해 남성적인 매력을 연출

스타일링: 몸에 굴곡이 없으므로 옷으로 시각적 균형이 생기도록 연출

디자인: 어깨강조디자인, 허리들어간 재킷이나 셔츠

하의는 테이퍼드핏이나 스키니핏

색: 상하의 대조적 색으로 균형유지

소재: 너무 얇은 소재보다 트위드처럼 부피감이 있는 직물

헤링본이나 글렌체크 무늬, 세로줄무늬페턴으로 날씬하게 연출

악세서리: 너무 크거나 작은거 삼가, 체형에 맞는 적절한 크기 선택

넥타이는 스트라이프, 간격이 좁은 체크무늬

GOOD 스타일링 : **어깨강조, 라운드넥, 포켓등의 장식많은 상의, 더블 브리티쉬 코트나 재킷, 베스트의 3'PS 정장, 사파리 재킷, 뒤트임슈트**

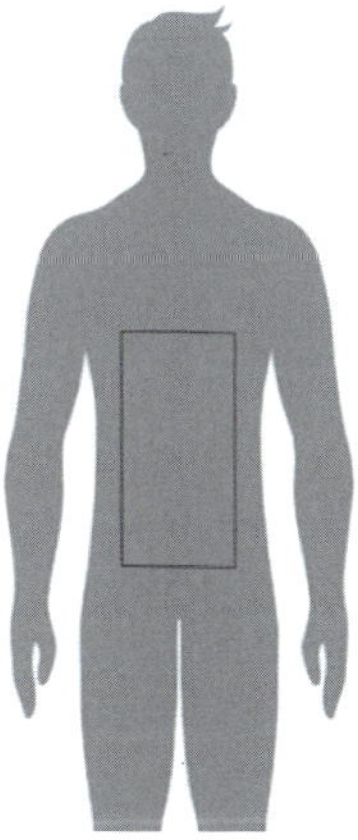

상의: 큰 어깨 패드, 견장 장식, 가슴 주머니가 달린 재킷 등 상의 강조 자켓
- 마른 직사각형 체형에는 밝은 색의 상의 & 풍성한 스웨터
- 너무 슬림보다 루즈한 실루엣, 가로스트라이프, 반팔 + 긴팔 레이어드룩
- 밝은 색 셔츠에 넥타이에 포인트, 칼라가 있는 티셔츠
- 빈약하게 왜소한 경우 아두운색보다 회색, 갈색계열의 중간색을 선택

하의: 허리를 적당히 핏하여 가늘어 보이게 함
- 테이퍼드핏이나스키니핏

*키크고 마른 H형: 상하의 다른 색으로 레이어드. 효과적, 밝은색상의, 부피감있는 소재

BAD 스타일링 : **어깨가 빈약해보이는 칼라가 없는 (라운드 네크라인의) 의복**

- 체격이 왜소해 보이는 어두운 색이나 얇은 소재의 의복
- 축처지거나 흐물거리는 원단 상의
- 다정하게 붙이는 머리를 작게 만드는 헤어는 어깨가 더 넓어 보이므로 삼가

어깨볼륨, 더블여밈 / 베스트 쓰리피스정장 / 견장, 포켓등장식많은 상의　　빈약한 어깨X / 어두운색, 얇은소재X

9) 오벌형(=O자형)

전체적으로 둥글며 통통한 체형/ 운동이 부족한 중년이후 남성에게 많은 형

- 어깨 둥글고 가슴둘레과 허리둘레차가 13cm이하
- 목이 짧은 형이 많고, 허리둘레가 가슴둘레보다 큰 스타일

스타일링: 전체 세로로 길고 가늘게 직선적인 실루엣의 스타일링이 포인트
둔해보일 수 있는 인상을 당당하고 활력넘치게 보이게 연출

디자인: 적절한 핏, 체형의 장점을 강조, 상의 네크라인부분강조디자인, 두톤색의 셔츠
불필요한 이목집중을 피하는 디자인 선택

색: 상, 하의 진한색, 상하의 동일색이나 유사색으로 통일

소재: 가볍고 부피감이 없는 부드러운 소재, 세로줄무늬 페턴 활용, 크고 복잡한 패턴은 삼가

넥타이: 기본적인 무늬(줄무늬, 도트무늬, 체크무늬)로 넥타이로 포인트를 연출

GOOD 스타일링 : **단순한 디자인, 길고 가는 직선적인 실루엣 되도록 스타일링**
싱글브레스트, 장식최소화(특히 몸통부분 자제)

- 비슷한 색톤효과/ 복부를 제외한 다른부위 시선강조
  체형이 드러나지 않는 길고 여유 있는 재킷과 바지

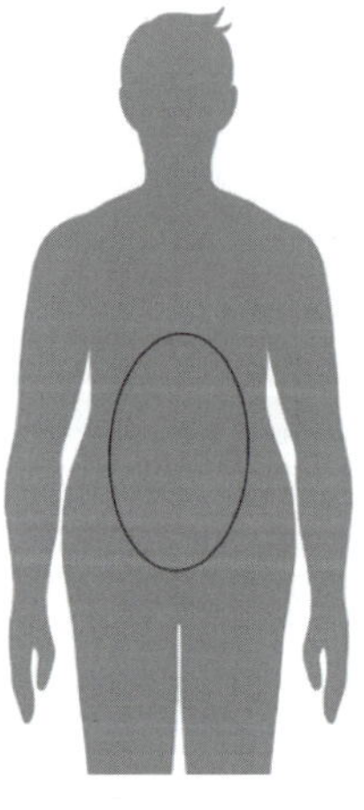

상의: 피크드라펠의 테일러드칼라 재킷+V존 깊고 어깨 각진 상의!

- 수직 스트라이프 넥타이에 포인트, 수직효과가 큰 드레스셔츠,
- 싱글 브레스트의 윗단추만 채움, 입술포켓과 뒷중심 벤트
- 스트라이프(세로) 패턴 재킷, 셔츠, 슈트

하의: 유사색의 캐쥬얼 길이 강조/ 벨트대신 서스펜더를!

- 보통은 자연스런 허리선바지선택, 배가 많이 나온 경우 아래 바지 허리선을 사용

BAD 스타일링 : 큰 어깨 패드, 더블 브레스트 재킷은 삼가, 상하의 대비색 삼가

- 부피감이 있는 소재나 체형 보이는 너무 부드럽거나 얇은 소재는 삼가
- 증간 넓이 이상의 스트라이프, 헤링본
- 바지 주름을 바깥쪽으로 향하게 하는 것'
- 가로스트라이프, 밝은색 벨트, 목길게 올라오는 부츠(다리 짧게X)

길고 가는 직선적 실루엣 / 단순, 길고 여유있는 자켓,바지 / 넥타이에포인트　　더블자켓, 허리조이는것 X / 얇고부드런소재

10) 기타

삼각형: 어깨가 좁고 골반, 엉덩이가 넓은 체형

O: 평소 어깨가 축쳐진 분, 허리둘레가 두꺼운 중년남성에게 많은 체형

어깨를 강조, 화려한 패턴 상의, 짙은색 슬림 크롭팬츠

X: 가로스트라이프 상의

사다리꼴형: 어깨와 가슴도 적당, 골반도 좁지 않은 이상적인 체형

O: 특정부위 과장하지 말고 자연스러운 비율 그대로 입기

밝은색 상의, 약간 어두운 색상 하의

X: 끝이 뾰족한 신발

2-2-1. 본인 신체실루엣(2D) 체크 & 스타일링 특징 체크

• 본인 신체실루엣을 사진찍어서 체크 & 스타일링의 특징을 파악해보세요.
(전체모습 사진 촬영시 정확하게 진단하기 위해서 되도록 핏되는 옷차림 준비)

1) 신체실루엣 사진 분석

앞모습	옆모습	뒤모습

• 내 실루엣 유형:

• 실루엣 특징:

2) 내 실루엣 유형 스타일링

• 스타일링 포인트 & Good 스타일

• 주의 & 피해야 할 BAD스타일

3) 스타일링 이미지 사진 & 설명(자신의 신체비율 고려)

2-3. 퍼스널 부분체형 & 스타일링

이상적인 완벽한 신체로 모두의 부러움을 받는 사람은 극히 드물다. 흔히 우리가 부러워하는 연예인들 특히 모델들조차도 나름대로의 신체의 콤플렉스는 있다. 우리의 신체는 각각 다 달라서 어떤 정해진 유형에 정확하게 맞는 사람은 극히 드물다. 일반적으로 어떤 특정유형에 속하면서도, 신체의 각 부분의 특징들이 다르게 나타나기 때문에, 반드시 자신의 기본유형을 먼저 체크 한 후에 신체의 각 부분적인 특징을 파악하여 보충하는 것이 필요하다.

부분체형특징에 따른 분류

부분체형을 분석하기 위해 일단 신체를 상의와 하의로 나누고, 신체의 장점이 될 수 있는 부분들은 제외하고, 주로 **단점인 부분들에 대해 보완하는 방법 중심으로 스타일링**을 제안하였다. 키와 몸무게, 실루엣, 골격특성을 제외하고 단순히 신체의 각 부분별 특징에 맞춘 것이므로 여러 가지를 다 조건들을 잘 고려해서, 자신의 이상적인 이미지가 될 수 있는 최고의 스타일링을 위한 내용을 정리해두면 효과적이다.

부분체형특징에 따른 분류

1. 상의

1) 목: 정상/ 짧은, 굵은/ 길고, 가는

2) 어깨 : 정상/ 좁은, 넓은/ 오른, 처진

3) 가슴: 정상/ 작은, 큰

4) 허리: 정상/ 가는, 굵은/ 짧은, 긴

5) 팔: 정상/ 가는, 굵은/ 짧은, 긴

2. 하의

6) 다리: 정상/ 짧은, 긴

7) 힙: 정상/ 작은, 큰/ 볼록한, 납작한

8) 배: 정상/ 똥똥하게 나옴

1) 목부위

길이와 두께의 결점: **목선과 칼라깃**에 연관

해결점	GOOD 스타일링	BAD 스타일링
짧고 굵은목	**목주변 노출, 목선길게 연출** • V, U자형 네크라인 • 오픈칼라 상의(셔츠, 카디건, 재킷, 스웨터) • 폭 좁고 길게 내려온 라펠 상의 • 긴 목걸이와 펜더트형의 목걸이 • 짧거나, 옆 붙이고, 뒤나 위로 올린 헤어 • 얼굴형: 둥근형, 사각형, 역삼각형에 많음 • 신체실루엣체형: 역삼각형과 둥근형에 많음 * 이중턱은 더 짧아보임에 주의	**목을 감싸는 하이넥, 터틀넥 삼가** • 스카프, 리본, 프릴의 목장식 • 너무 큰 어깨패드, 견장장식은 삼가 • 주름장식이 많은 목둘레선 • 부피감있는 큰 목걸이, 꼭 끼는 목걸이(쵸커) • 짧고 큰 귀고리 삼가 • 밑으로 처지거나 넓은 챙모자 삼가

해결점	GOOD 스타일링	BAD 스타일링
길고 & 가는	**목주변 감싸서 목짧게, 볼륨감 연출** • 하이넥, 터틀넥, 스텐드 & 타이칼라, 보우, 프릴 • 스카프, 머플러로 목주위를 감싸서 장식 • 재킷, 칼라의 깃을 세우고, 수평적 보트 네크라인, 견장장식으로 시선을 가로로 분산 • 쵸커, 목근처 볼륨감을 줄 수 있는 액세서리 • 수평감을 주는 크고 흔들리는 귀고리가 효과적 • 길고 풍성한 머리로 목주변을 채울 것	**목주변 노출, 깊게 파인 네크라인 삼가** • V넥, 칼라없는 옷 • 깊게 파인 네크라인, 지나치게 꼭 맞는 터틀 넥 • 위에서 아래로 연결된 수직선 장식과 여밈 • 목 강조하는 목걸이, V네크라인 장신구 • 길고 좁은 형태 귀걸이

2) 어깨부위(어깨폭)

어깨넓이: **얼굴크기**, **전체실루엣체형**과 연관

해결점	GOOD 스타일링	BAD 스타일링
좁은 어깨	**수평선 장식으로 어깨 넓이감 연출** • 어깨 좁으면 머리 커보이고, 체격이 왜소하게보임 • 어깨패드, 견장장식, 어깨요크 • 보트넥, 세일러칼라, 수평적 넓은칼라 • 어깨 풍성하게 하는 퍼프, 케이프 • 캡소매, 오프숄더, 스트랩리스 톱 • 살짝 헐렁한 재질의 소재	**수직선 장식으로 어깨 넓이감 축소 삼가** • 좁은 V,U자형, 깊게 파인 네크라인 • 어깨형태가 드러나는 늘어지는 느낌의 소재 • 래글런, 기모노 슬리브, 꼭 맞는 긴 슬리브 • 텐트, 트라페즈 스타일 드레스 • 큰 스카프, 부피가 큰 목걸이 착용

해결점	GOOD 스타일링	BAD 스타일링
넓은 어깨	**어깨 장식 최소화로 어깨 좁게 연출** • 어깨시선을 다른곳으로 유도, 어깨넓이를 최소화 • 무어깨패드, 드롭숄더, 래글런, 돌먼슬리브 • 어깨안쪽으로 달린 소매 디자인 • 래글런, 슬리브리스(민소매), 돌먼소매 • V, U넥, 오픈 재킷, 길고 좁은 라펠 • 프린세스라인, 플래킷장식으로 세로선연출 • 조끼, 볼레로 레이어드, 대비색으로 분할효과 • 부피감없고 부드럽고 매끄러운 소재, 니트 • 몸중앙 스카프, 눈에 띄는 브로치, 핀 활용	**어깨주위 장식으로 어깨 넓이 확대 삼가** • 보트넥, 큰칼라, 어깨패드, 어깨부위의 장식 삼가 • 하의로 갈수록 좁아지는 테이퍼드형 실루엣 • 퍼프슬리브, 폭넓은 러플칼라 등 장식많은 상의 • 어깨요크, 견장장식 스퀘어 네크라인, 끈없는 톱, 보트 네크라인나 홀터탑 • 어깨부위 가로절개선, 가로줄 무늬 디자인

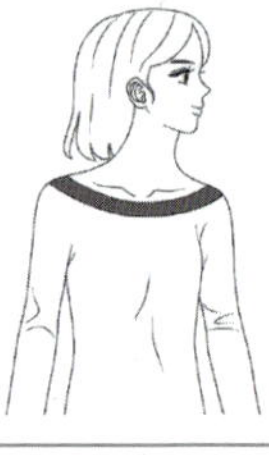

3) 어깨경사정도

어깨 처진, 올라간정도: **얼굴크기**, **전체실루엣체형**과 연관

해결점	GOOD 스타일링	BAD 스타일링
처진 어깨	**어깨패드, 텝장식으로 처진어깨를 높게 연출** • 어깨처짐은 자신감결여, 소극적인 인상 • 시선을 다른 곳으로 유도(허리벨트, 가방포인트) • 퍼프소매, 캡소매처럼 볼륨감 디자인 • 어깨요크에 개더나 셔링를 넣은 블라우스 • 넓고 둥근 목둘레선, 윙칼라, 세일러칼라 • 페전트 블라우스, 드롭쇼로더, 돌먼슬리브 • 빳빳하고 힘있는 소재	**부드럽고 힘없는 소재, 디자인의 어깨노출 삼가** • 머리크고, 몸작고, 구부정해보임 • 어깨라인 그대로 드러내서 시선끄는 디자인 • A라인 실루엣, V넥 세로로 길게 파인 넥 • 쉬폰, 레이온 등 힘없고 부드러운 소재

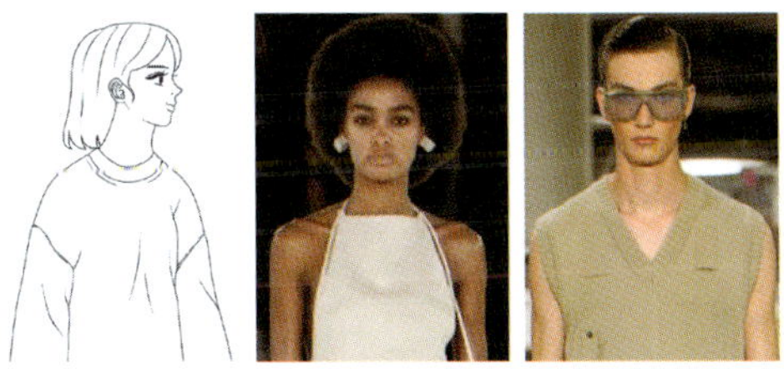

해결점	GOOD 스타일링	BAD 스타일링
올라간 어깨	**어깨시선을 앞중심, 아래로 이동** • 둥근 체형에 많음 • 목이 짧아 보이고 딱딱해보임 • 테일러드자켓, 장식달린 사파리자켓, 트렌치코트 • 스웨터는 약간 큰 사이즈를 선택 • 소매선 내린 돌먼 슬리브, 래글런 슬리브 • 로우칼리,V넥	**어깨장식으로 어깨가 더 부각되는 것 삼가** • 스텐드, 차이나칼라 등 삼가 • 어깨패드, 벌륨감 장식 삼가 • 빳빳한 소재

4) 가슴부위: 가슴크기(볼륨감)

해결점	GOOD 스타일링	BAD 스타일링
작은 가슴	**가슴부위장식으로 볼륨감 연출** • 가슴에 요크 절개선, 가슴포켓 • 가슴부위 프릴, 러플, 셔링 등 볼륨감 장식 • 허리선길이 짧은 자켓, 케이프, 숄칼라 • 레이어드스타일 블라우스+베스트, 베스트+자켓 • 캡소매, 퍼프소매, 어깨패드, 패딩브래지어 • 앙고라, 모헤어등의 부피감이 있는 소재 • 여러줄 큰 목걸이, 스카프로 가슴 볼륨감 유도	**가슴부위 단순한 소재, 장식없이 빈약함 부각** • 캐미솔 톱은 작은 가슴과 넓은 어깨 강조 • 허리선 아래로 낮게 절개선이 있는 블라우스 • 세로줄무늬, 길고 깊게 파인 목둘레선 • 얇고 몸에 달라붙는 소재 • 가슴형태가 드러나는 소재나 니트 • 무거운 목걸이 착용

해결점	GOOD 스타일링	BAD 스타일링
큰 (지나치게) 가슴	**가슴부위 장식 최소화로 작게 연출** • 장식없는 간단한 디자인 • 오픈칼라나 V네크라인, 세로선강조된 블라우스 • 헐렁, 루즈한 스타일, 박스셔츠와 조끼 레이어드 • 힙아래길이 원버튼 싱글재킷, 오버블라우스 • 단색셔츠와 재킷, 진하고 어두운 상의 • 블루종 스타일 + A라인, 로우 웨이스트 스커트 • 균형잡힌 폭넓은 팬츠와 안정적인 굽의 구두 * 배가 안나오면 허리선부위에 포인트	**가슴부위 장식, 핏스타일로 큰 가슴부각** • 가슴주위를 밀착시키는 니트나 면셔츠 • 깊이 파진 V네크라인, 박스형이 옷 • 몸에 꼭 맞거나 달라붙는 원피스 • 더블 재킷, 퍼브 슬리브, 폭넓은 슬리브 • 깊게 파인 , 주름장식 목둘레선 • 가슴선위치 요크, 스모킹 장식, 주름장식

5) 허리부위: 굵기

해결점	GOOD 스타일링	BAD 스타일링
가는 허리	**가는 허리강조 & 여성 인체곡선 강조** • 허리선이 없는 것, 가슴과 힙 사이 여유있는 옷 • 밖으로 내어 입을 수 있는 오우버 셔츠, 상의 • 패턴이 들어간 짧은 재킷으로 발랄한 이미지 • 굵거나 장식성 강한 벨트를 약간 루즈하게 착용	**지나치게 꽉조인 허리벨트 & 박스스타일** • 신체 사각형실루엣의 허리벨트, 허리강조디자인 • 지나치게 박스인 디자인 • 긴허리 사람의 강조된 허리벨트

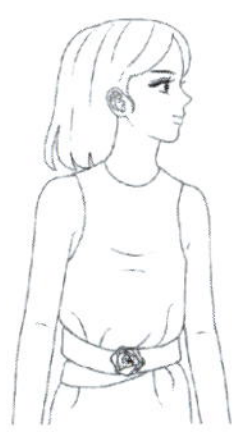

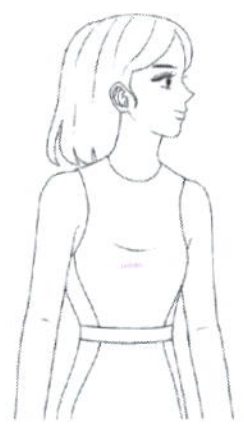

해결점	GOOD 스타일링	BAD 스타일링
굵은 허리	**루즈한라인, 레이어드로 허리라인 노출 최소화** • 살짝 H라인, 슬림스타일, 겹쳐 입는 레이어드 룩 • 허리라인 감출 수 있는 상의, 오버 블라우스 • 느슨한 튜닉과 랩 스타일 긴 베스트 • 수직감 주는 V네트라인, 스카프나 브로치 • 화려한 장식으로 시선을 허리 이외로 유도 • A라인 드레스, 짧은 스커트, 길고 폭넓은 스커트 • 고무줄, 허리밴드가 있는 팬츠, 고어드스커트 • 시원하게 파인 앞여밈 옷	**핏되거나 벨트로 허리 부각되는 디자인** • 지나치게 넓은 일자형, 박스형, 허리선 부각 • 몸에 꼭 맞는 스커트나 드레스 • 높은 허리선, 넓은 벨트, 허리밴드은 삼가 • 짧은 베스트, 스웨터, 프린세스 라인 옷

6) 허리부위: 길이

해결점	GOOD 스타일링	BAD 스타일링
짧은 허리	**무허리선, 로우웨이스트로 허리위치 길게 연출** • 허리선이 없거나, 허리선이 낮게 디자인된 상의 • 원피스형 긴셔츠로 허리를 가려줌 • 벨트를 낮게 매서 허리선위치를 낮게 연출 • 스탠드칼라처럼 목선 높여줌(목짧지않은 경우) • 캐쥬얼이미지의 힙합 스타일바지 연출 • 어깨 살짝 드러나는 상의나 드레스 • 조금 파인 V넥 • 블루종, 프린세스 상의, 엠파이어 상의 • 골반까지 오는 바지	**수평선강조된 상의로 허리길이 더 짧게 부각** • 수평감있는 보트넥은 삼가 • 제허리위치의 벨트(굵은)나 허리장식 • 허리부분의 장식 첨가로 허리강조된 디자인 • 밑위길이가 긴바지나 스커트 • 하이웨이스트의 바지, 스커트 • 볼레로같은 짧은 자켓

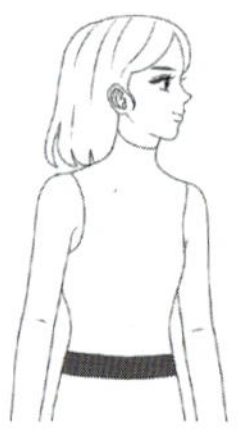

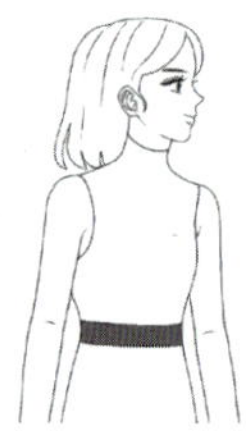

해결점	GOOD 스타일링	BAD 스타일링
긴 허리	**하이웨이스트 디자인으로 허리길이 축소** • 상의짧게, 하의는 길게/ 원피스보다 투피스추천 • 상의 밝게하거나, 화려한 무늬로 시선 위로 유도 • 하의는 어두운 단색 • 수평감을주는 넓은 목둘레선, 네크라인, 칼라 • 적당한 하이웨이스트와 상위위에 벨트착용 • 포켓이나 벨트가 있는 사파리 자켓으로 상의 분할 • 목, 칼라, 앞중심을 강조하여 시선을 위로 유도 • 시선끄는 브로치, 목걸이로 시선 유도 • 짧은 상의와 긴상의를 레이어드시킴 • 벨트강조, 프린세스들어가지 않은 원피스	**수평선강조된 상의로 허리길이 더 짧게 부각** • 수평감있는 보트넥은 삼가 • 제허리위치의 벨트(굵은)나 허리장식 • 허리부분의 장식 첨가로 허리강조된 디자인 • 밑위길이가 긴바지나 스커트 • 하이웨이스트의 바지, 스커트 • 볼레로같은 짧은 자켓

7) 팔부위: 두께

소매통과 길이와 연관

해결점	GOOD 스타일링	BAD 스타일링
가는 팔	수평의 착시를 유도하는 디자인 • 적당한 소매 볼륨으로 확대(퍼프소매, 프릴소매) • 소매통이 너무 크지 않은 것 • 짧은 소매의 끝이 여며지는 튤립소매 • 팔의 윗부분을 덮어주는 디자인(가장 굵은 부분	핏되는 소재와 실루엣으로 가는팔 부각 • 타이트한 스판 소재 [의 소매 • 너무 끼는 셔츠나 블라우스는 가는 팔 강조

해결점	GOOD 스타일링	BAD 스타일링
굵은 팔	굵은팔 감추고 포인트를 다른 곳으로 유도 • 어깨덮고, 진동과 소매통이 적당히 여유있는 것 • 팔꿈치 위길이, 7부나 손목뼈까지 길이 • 소매와 몸판의 색과 무늬를 배색(몸판강조) • 시선을 팔로부터 분산시킬 수 있는 액서서리 • 어깨선 없는 래글런, 돌먼, 비숍, 벨소매 • 어깨, 팔목을 쉬폰, 실크등 쉬스루소재 • 여름에 민소매보다 어깨 살짝 덮는 캡 슬리브, 가디건을 덧입는 것도 효과적	어깨노출, 피트소재로 굵은 팔부분이 부각 • 민소매, 캡소매, 퍼프소매, 프릴소매 • 너무 끼는 셔츠, 블라우스 • 반팔소매 • 가는 어깨끈 디자인 원피스

8) 팔부위: 팔의 길이

해결점	GOOD 스타일링	BAD 스타일링
짧은 팔	**팔길이에 딱 맞는 블루종 연출** • 9부, 캡 달린 짧은 소매, 조금 길게 연출 • 래글런, 기모노 슬리브는 어깨선없이 팔길이연장 • 긴소매 셔츠, 니트를 접어 올려입는 것어	**어깨강조, 타이트한 소매로 팔길이 부각** • 너무 딱 달라붙는 타이트한 소매 삼가 • 어깨 견장으로 가로로 확대 • 힙넘는 길이의 자켓, 코트
짧고 굵은 팔		

해결점	GOOD 스타일링	BAD 스타일링
긴 팔	**가로 볼륨으로 소매길이 짧게 연출** • 퍼프, 드롭 숄더, 짧거나 커프스의 수평적인 장식 • 폭넓은 커프스, 대조되는 색의 커프스 • 7부 슬리브, 가로줄 무늬 슬리브 • 목과 어깨를 드러내는 오프숄더 • 크기가 큰 팔찌	**세로선 장식으로 긴팔이 더 길게 부각** • 래글런 슬리브, 꼭맞는 스타일 • 손등까지 덮는 긴 소매 • 세로줄 무늬의 소매는 삼가
길고 가는 팔		

9) 힙부위: 크기

해결점	GOOD 스타일링	BAD 스타일링
작은 힙	**힙부분에 볼륨주어 힙을 크게 연출** • 힙부분에 주름, 포켓등 장식 첨가 • 패프럼 재킷, 짧거나 엉덩이 중간길이의 상의 • 적당히 뻣뻣한 소재의 플레어 & 개더스커트 • 엉덩이 부분에 가로선을 넣어 확대 • 개더스커트와 앞 주름잡힌 바지, 부피감 소재 • A라인, 플레어, 플리츠 스커트 • 뒷주머니가 작은 바지/ 무늬, 스티치장식등 첨가 • 주머니뚜껑과 단추 장식 • 힙뒷부분 요오크의 중심이 수평으로 디자인	**타이트, 심플해서 작은 힙이 부각** • 타이트한 바지나 스커트. • 몸에 달라 붙거나 얇은 소재로 된 하의

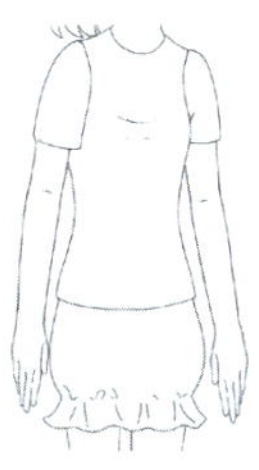

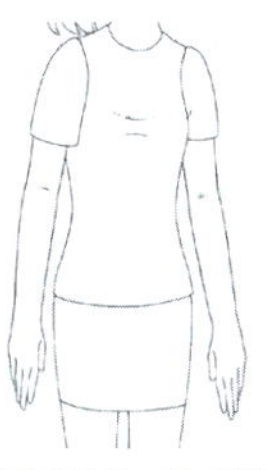

해결점	GOOD 스타일링	BAD 스타일링
큰 힙	**힙을 덮거나 피트하게 입어서 작게 연출** • 엉덩이를 덮는 길이의 상의 • 상체를 포인트 주어 시선을 유도 • 엉덩이 감추는 일자형 원피스, 바지, 스커트 • 어깨패드와 폭넓은 칼라사용, 앞중심의 주름 시선을 위로 유도 • 꽉 끼지 않는 여유있는 바지, 스커트, 부츠컷바지 • 모자, 귀걸이, 목걸이 착용 • 허리위는 밝은색, 아래는 어두운색	**힙부분 볼륨이나 장식으로 힙부부을 더 부각** • 타이트한 바지나 스커트는 삼가 • 엉덩이 선상의 요크나 포켓 • 너무 꼭맞는 팬츠, 짧은 재킷 • 엉덩이 부분에 가로선이나 강조된 장식선 • A라인, 플레어, 테니스 스커트 • 굵은 체크무늬, 플리츠들어간 스커트 • 뒷주머니 무늬, 굵은 스티치 들어간 디자인

10) 힙부위: 처짐 정도

해결점	GOOD 스타일링	BAD 스타일링
처진 힙	**힙부위 장식으로 볼륨감 연출** 재킷이나 베스트로 힙을 살짝 덮는 게 좋음 • 시선을 상승시키는 상의의 장식, 액서서리/ 힙을 덮는 제킷이나 베스트 • 시선을 위로 올려주도록 귀고리와 목걸이, 모자, 선글라스를 스타일 연출에 추가하는 센스가 필요 • 뒷주머니끝 위치 높게(허벅지와 힙경계보다 위) • 주머니윗쪽에 장식(스티치, 무늬) • 무릎이 살짝보이는 정도길이 스커트 • 힘있는 A라인스커트, 세로절개선 A라인 • 짧은 베스트로 허리라인 정리 • 낮은 허리선으로 상체 윗부부넹 시선집중 • 어두운하의, 긴자켓으로 커버	**힙부위 단순한 소재, 장식없이 빈약함 부각** • 너무 꽉 끼는 타이트한 바지나 스커트는 삼가

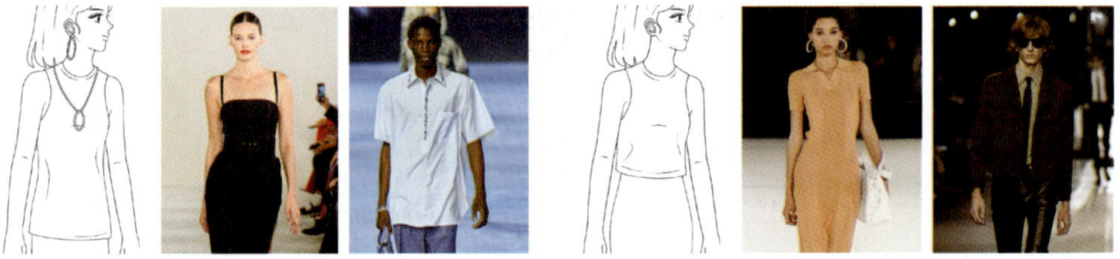

해결점	GOOD 스타일링	BAD 스타일링
솟은 오리 힙	**힙부위 장식 최소화로 작게 연출** 뒤 허리선에서 가파르게 올라온 힙라인으로 신체의 후면을 굴곡져 보임 • 상의 기장은 힙선 위쪽으로 멈추도록 하고 가능하면 상체쪽으로 시선을 유도! • 바지보다 스커트(A라인, 플레어)가 유리함 • 뒷주머니 위치를 낮게(힙과 허벅지 경계 아래로!)	**힙부위 장식, 핏스타일로 올라간 힙부각** • 니트, 꼭맞는 바지, 밝은색의 하의는 결점을 강조. 삼가

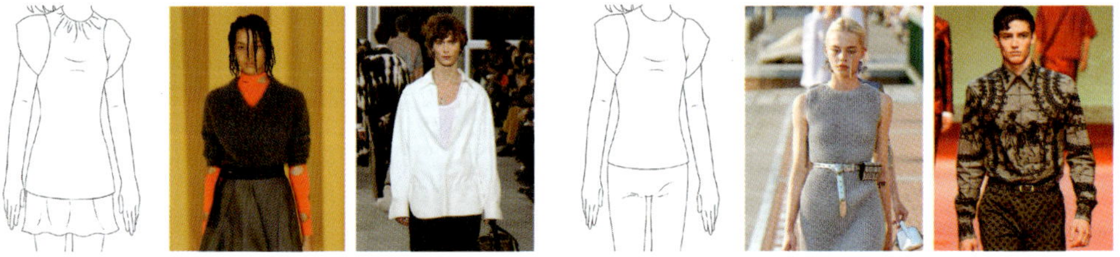

11) 다리부위: 길이(짧은, 긴)

해결점	GOOD 스타일링	BAD 스타일링
짧은 다리	**짧은 상의와 하이웨이스트하의로 길게 연출** 하이 웨이스트의 상의, 하의, 원피스 • 상의 박시하고 짧게, 하의도 짧게, 상하의 다른색 • 셔츠,블라우스는 스커트, 팬츠안으로 넣어 입음 • 넓은 벨트를 허리에 수평으로 분할 • 얼굴근처의 장식으로 시선을 위로 유도 • 스킨톤의 신발, 하이힐 • 하의와 같은 색의 스타킹과 구두 • 수직, 세로디자인이나 무늬의 하의 • 세미나팔바지,(무릎부터넓어짐),세미와이드핏 • 스커트는 아주 짧거나 긴 디자인 • 크롭(복사뼈)슬림핏	**긴 상의, 가로디자인으로 인한 하의길이 부각** • 턴업 스타일(롤업, 카브라), 7부바지 • 밑위가 짧은 바지, 폭넓은 팬츠 • 수눔 많은 팬츠, 발목높이의 부츠 • 무릎아래길이의 스커트 • 가로선 장식(커프스, 요크, 패치 포켓 등)

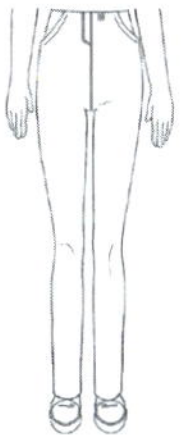

해결점	GOOD 스타일링	BAD 스타일링
긴 다리	**긴 다리의 장점 살린 길이방향 디자인 연출** • 선호하는 체형, 허리길이와 허리라인 고려 • 로우우이스트, 느슨하게 걸치는 벨트 • 프린세스라인, 페플럼자켓, 허리라인 살린 상의 • 넓적다리 중간 정도까지 오는 길이의 자켓 • 미디길이 스커트, 무릎정도길이 바지 • 블루종 스타일의 튜닉 • 허리 가리는 긴 상의와 원피스, 수직연장디자인	**지나친 다리강조로 인한 상의라인의 불균형** • 넓적다리 위치에 걸치는 듯한 의복 • 짧은 재킷, 베스트는 삼가 • 세로줄무늬의 스커트와 팬츠 • 지나치게 높은 굽 구두

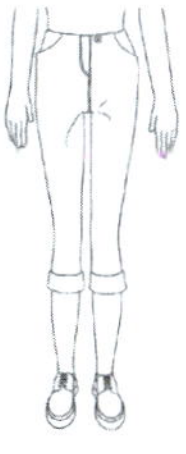

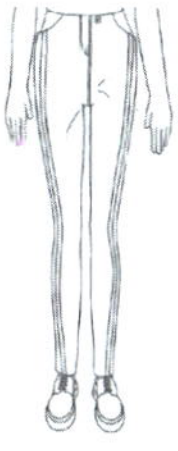

12) 다리 : 굵기(가늘고, 굵은)

해결점	GOOD 스타일링	BAD 스타일링
가는 다리	**가는다리 일부을 가려서 잘 연출** • 헐렁한 바지, 치마로 가는 다리를 가려줌 • 긴부츠, 꽉 끼는 스키니핏보다 여유있는 디자인 • 트위드, 코듀로이 같은 두께감있는 소재 • 대담한 격자, 체크무늬 스커트나 바지, 레그워머 * 휜다리: 헐렁한 치마나 통바지 다리를 감싸는 여유 있는 통 부츠	**가는 다리가 부각되는 타이트, 오픈되는 하의** • 다리형태를 드러내는 짧은 부츠 • 지나치게 타이트한 스키니핏 바지 • 지나치게 짧은 스커트

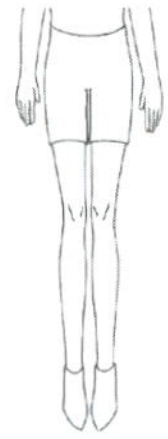

해결점	GOOD 스타일링	BAD 스타일링
굵은 다리	**굵은 부분을 가려주는 디자인 연출** • 롱 스커트, 여유 있는 바지, 어두운색 하의 • 세로절개선(중심, 옆), 스티치선, 분할배색 하의 • 허리에서 구두까지 같은 색 • 피부색보다 짙은 스타킹 • 치마길이는 장딴지를 피한 위나 아래 • 라인없는 기본일자의 면바지 모노톤 블랙, 네이비, 그레이, 베이지색 • 롱원피스, 상의포인트로 시선유도, • 세미와이드, 와이드핏, 레귤러스트레이트 *굵은 허벅지: 테이피드핏, 레귤러핏, 세미와이드 핏, 와이드핏,바지보다 A라인스커트(무릎정도) *굵은 발목: 짧은치마,바지로 허벅지와 다리노출 불투명스타킹, 통넓고긴부츠나 구두	**타이트핏이나 드러내서 굵은 다리를 부각** • 무릎길이의 스커트 • 스커트단이 가장 굵은 곳에서 끝나는 디자인 • 타이트하게 붙거나 두꺼운 소재의 바지 * 굵은 발목과 다리: 발목을 매는 구두, 특별한 디자인, 눈에 띄는 색

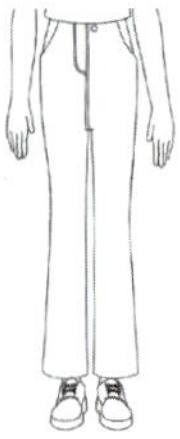

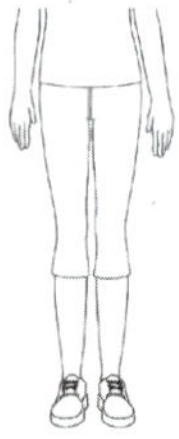

13) 배 (똥똥하게 나온)

해결점	GOOD 스타일링	BAD 스타일링
통통한 배	**배가 드러나지 않게 가려주는 연출** • 허리선이 약간 들어간 싱글재킷 윗단추 채움 • 배를 가려주는 오버 블라우스나 튜닉, 베스트 • 배밑에서 조여주는 길이의 블루종 디자인 • 어깨패드, 어깨요크, 넓은 라펠, 수평적 칼라 • 카디건, 셔츠재킷과 테이퍼드 스커트나 팬츠 • 부드러운 소재로 만든 개더 스커트 • 눈에 띄는 귀걸이, 목걸이 착용 • A라인 상의, 보정속옷착용 • 허리부분이 어두운색으로 된 원피스 • 하이웨이스트, 엠파이어스타일 원피스 • 드레이프의 여유있는 상의	**타이트하거나 얇은 소재로 배가 부각** • 부피가 크고 뻣뻣한 번쩍이는 소재로 만든 하의 • 앞여밈, 전체주름, 팬츠포켓, 폭넓은 벨트 • 볼레로, 몸에 꼭맞는 짧은 베스트나 상의 • 복부에 꼭 맞는 요크 디자인 • 꽉끼는 니트, 허리끈 묶는 풍성한 바지 • 반짝거리는 원피스, 배중앙에 벨트있는 원피스 • 상의를 하의안에 넣는 것 • 긴길이의 달라붙는 티셔츠 • 플리츠스커트

2-3-1. 본인 부분체형 체크 & 스타일링 특징 체크

본인의 각 신체의 부분체형을 정확하게 체크, 그에 따른 스타일링의 특징을 정리해보세요!

1) 본인 신체 부분체형에 체크

1. 상의

1) 목 : 정상/ 짧은, 굵은/ 길고, 가는
2) 어깨 : 정상/ 좁은, 넓은/ 오른, 처진
3) 가슴: 정상/ 작은, 큰
4) 허리 : 정상/ 가는, 굵은/ 짧은, 긴
5) 팔 : 정상/ 가는, 굵은/ 짧은, 긴

2. 하의

6) 다리: 정상/ 짧은, 긴
7) 힙: 정상/ 작은, 큰/ 볼록한, 납작한
8) 배: 정상/ 똥똥하게 나옴

2) 내 부분체형의 특징 정리(정상 부분 제외)

• 부분체형 특징 & 스타일링 포인트

• 주의 & 피해야 할 BAD스타일

3) 스타일링 이미지 사진 & 설명(자신의 신체비율, 실루엣 등 고려)

3. 퍼스널진단 & 스타일링

3-1. 퍼스널 골격(3D) & 스타일링

1) 골격진단

골격진단이란?

골격진단은 사람의 신체를 입체적으로 진단, 분석하는 새로운 신체 분석 이론이다. 기존의 키와 몸무게, 신체실루엣(2D)에서 한단계 더 업그레이드 된 **3D 체형진단의 최신**이론이다. 골격진단의 목적은 살이 찌고 빠지는 것과 상관없이 **타고난 신체의 질감과 바디라인의 특징을 분석**하여 주어진 체형을 가장 아름답게 스타일링하는데 있다. 골격진단을 통해 제안되는 스타일은 패션아이템, 헤어스타일, 악세서리, 가방, 신발 등의 소재와 디자인이며. 그밖에 연령, 체격, 개성, 유행, 선호스타일 등도 반드시 함께 고려해야 한다

골격진단과 스타일링의 효과?

백화점에서 같은 옷을 각기 다른 사람이 입었을 때 전혀 다른 모습과 느낌을 받게 되는 경우가 있다. 어떤 사람에겐 멋진 스타일인데 나에게는 안 어울리는 이유는 뭘까? 그 이유는 골격체형의 타입에 따라서 어울리는 소재와 스타일이 다르기 때문이다. 동일한 옷의 착용에도 불구하고 멋스러운지? 초라해보이는지? 뚱뚱해보이는지? 날씬해보이는지? 그 연출되는 이미지는 사람마다 다 다르게 나타난다.

골격진단의 좋은 점은 본인 **신체의 장점을 살린 디자인과 소재, 패션스타일로 멋지고 세련된 이미지연출이 가능하다는 점**이다. 또한 TPO에 맞는 스타일링과정에서 패션아이템 선택이 명확하고 빨라지며, 쇼핑할 때 합리적인 선택은 물론, 반대로 피해야 하는 스타일링도 알게 되므로 매우 효과적이다.

- 골격 & 스타일링 일치(조화): 세련된 인상, 날씬해 보임, 고급, 동안, 호감도 상승
- 골격 & 스타일링 불일치(부조화): 촌스러운 인상, 통통해보임, 저가, 나이들어 보이고 호감도 하락

2) 골격진단과정

최근 골격진단이론이 새롭게 부각하기 시작하면서, 전문가들 사이에서 기본 이론의 시

작점은 같지만, 신체 분석과정에서 차이점이 발생하고 있으며, 이는 많은 진단 경험을 토대로 더 발전해 나갈 것이라고 판단된다. 특히 연예인의 경우 화면상에 다양한 처리 과정을 거치기 때문에 골격진단 분석과정에서 차이가 날 수 있으므로 쉽게 특정 타입으로 단정하지 않는 것이 좋다. 또 단순한 다이어트가 아닌 특정부위를 위한 운동으로 체형의 변화가 일어나는 경우도 약간의 변화를 고려해야 한다.

- **진단의 5요소: 골격, 근육, 질감, 두께, 중심밸런스**
- **진단순서: 전체인상(중심밸런스) – 손 –상체–하체–소재 & 악세서리**

진단과정

1) **전체인상 체크:** 적정거리에서 확인
2) **체크리스트 작성:** 각 신체부분의 특징을 체크
3) **패션스타일링 체크**
   옷아이템(자켓), 소재(질감,무늬), 악세서리(벨트, 목걸이 등)로 확인
4) **최종 타입진단**
   상,하체와 팔다리, 중심밸런스, 피부질감 외 부분체형의 특징을 고려하여 판단

진단시 주의사항

- 반드시 진단 전에 진단을 위한 기본요소를 잘 설명하고 이해시킴
  (1차 진단 : 신체 체크리스트 작성, 2차 진단: 패션아이템을 활용한 체크)
- 사전에 진단에 방해가 되는 외투, 옷, 헤어는 잘 설명하여 정리하도록 이해시킴
  (두꺼운 외투 탈의, 신체라인 판단가능한 옷, 긴머리는 묶음)
- 진단과정에서 신체 접촉이 필요한 경우 대비해서 사전 동의를 구함
- 진단 전 입고 온 옷, 이미지, 대화에 의해 진단이 좌우되지 않도록 주의

골격진단 후 분석과정

모든 사람이 다 정해진 하나의 타입에 딱 맞을 수 없다. 따라서 진단 전 **상의, 하의, 팔다리가 다 다른 혼합된 타입일 수 있음도 예측**하면서, 정확하게 골격진단을 명확하게 분석하는 게 중요하다. 사람마다 타고난 각자의 신체조건과 생활환경이 다 다르므로 다양하게 변화할 수 있음을 인식하고 있어야 한다.(**특히 부분체형 체크는 반드시 필요**)

- **키와 몸무게(살찐정도) 고려:** 같은 타입이라도 신체적인 조건에 따라 스타일링의 차이가 있음

• **신체적 변화 고려**: 운동(의도적변화), 기타 신체상 변화에 따라 스타일링의 변화가 필요

※ 진단요소인 골격, 근육, 질감, 두께, 중심발란스 중 일부 특징이 다르게 나타나는 경우를 고려

1. 기본 1타입인지? 3가지 타입중 하나(스트레이트, 웨이브, 내츄럴)
2. 복합 타입인지? 2가지(상 + 하 다른 타입) / 1가지 골격타입 + 다른 골격 피부 질감
   3가지(상 + 하의 + 팔다리)

예) 2가지 타입: 전체(스트레이트 타입) + 피부질감(웨이브)

골격 체크리스트 진단지

유형		진단포인트	스트레이트(S)	웨이브(W)	내츄럴(N)
전체 인상		전체균형(허리위치)	윗중심	아래중심	위/아래(개인차)
		전체신체느낌	육감적(두툼)	평면적(납작)	뼈확실(힘줄보임)
		피부질감	탄력형(젤리)	소프트형(마시멜로)	골격형, 매트(츄러스)
		목두께, 길이	짧고 굵음	길고 가늠	약간 굵고 힘줄(개인차)
		살찌는 부위(질문)	사과형(복부, 허리)	서양배형(아랫배,허벅지)	몸전체증가(전체사이즈)
상체	손	손바닥두께,손목단면	두껍고 원통형(둥근)	얇고 타원형(납작)	얇고 직사각형
		손등관절, 손목뼈	눈에띄지않음, 작음	눈에띄지않음, 보통	눈에 띔, 큼
		크기, 손등질감	작고, 탄력있음	큰편, 부드러움(소프트)	손가락관절보임, 매트함
	쇄골	쇄골보이는 정도	살짝 나옴	가늘고적당히나옴(사선)	두껍고, 크게 나옴(일자)
	가슴라인	쇄골-BP점 라인	짧고, 직선라인	길고, 약간 휘어짐	중간, 개인차(짧음)
	허리	허리둘레, 허리단면	굵은편, 원형	가는편, 타원형(납작)	보통(개인차),사각
하체	골반	골반옆 튀어나온정도	옆으로 작게 나옴	옆으로 많이 나옴	거의 직사각(개인차)
	엉덩이	힙라인위치	위쪽 볼록(올라간힙)	아래쪽 볼록(처진힙)	곡선보다 납작한편
	다리	허벅지,무릎아래	두꺼-가늘게 쭉 뻗음	가늘-두꺼운 편	허벅지 개인차
	무릎	무릎종지뼈	작고,별로 나오지 않음	둥글게 살짝 나옴	길게 많이 크게 나옴
	발	키에 따른 발크기	작고 발등 높은편	적당, 발등 낮은편	크고 발등 보통
소재		잘 어울리는 스타일	면, 모, 매끈한 조직	쉬폰, 트위스트 조직	삼베, 거칠거나 큰 조직
옷		잘 어울리는 스타일	기본핏(H라인)	슬림핏(X라인)	오버핏(A라인, 박스)
			정길이	짧은상의	롱길이
			노멀(정허리) 웨이스트	하이웨이스트	로우웨이스트 가능
총개수					
진단결과					

3) 골격진단유형

골격진단의 3가지 유형

- Straight(탄력적 근육형): 상체 볼륨, 피부탄력있음, 허리중심높음
- Wave(부드러운 여성형): 하체볼륨, 피부소프트함, 허리중심낮음
- Natural(스타일리쉬한 골격형): 뼈와관절 뚜렷함, 피부질감 & 허리중심개인차(매트 & 보통)

골격진단과 유형별 신체특징

체형 종류		Straight(스트레이트) 탄력적 입체적(굴곡) 바디형 탄탄한 근육(젤리)	Wave(웨이브) 소프트한 평면적(완만) 바디형 부드럽고 얇은 근육(마시멜로)	Natural(내추럴) 스타일리쉬한 골격 관절형 강한뼈, 가죽같은 두꺼운근육 (츄러스)
운동		두께감, 입체감, 탄력적 피부	얇고 가늘고 부드러운 곡선의 바디	골격 & 관절이 두드러지는 바디
신체특징	목	짧고 굵음	약간 길음	약간 굵고 힘줄 보임(길이 개인차)
	쇄골	잘 드러나지 않음	작고 눈에 띔(사선)	어깨넓고, 쇄골, 견갑골 일자 크게
	가슴두께	둥글고 두툼한 가슴두께감	얇고, 평면적인 가슴두께감	가슴두께측면 납작(뼈보임:개인차)
	손	손목단면 둥근형 & 손바닥두툼 손가락 약간 짧고 손등탄력적임	손목단면 타원형 & 손바닥 얇음 손가락 가늘고 작고 손등부드러움	손 큰편이고 손등 피부 매트(개인차) 손가락 마디뼈가 울퉁 불퉁 드러남
	피부	손등, 팔뚝 살 탄력있음(젤리)	손등, 팔뚝 살 말랑(마시멜로)	피부질감 매트한편(개인차)
	허리	허리중심 높고 허리두께 둥근형	허리중심낮고, 허리두께 얇은 타원	허리중심조금높은편(개인차),튼튼해 보임
	힙	볼록하게 윗중심(짧은 허리)	납작하게 아래중심(긴허리)	조금 평면적(납작)한편(개인차)
	허벅지	무릎뼈 잘 안보임 허벅지 탄력감 다리 일자 쪽 뻗은편임	무릎뼈 동그랗게 보임 허벅지 소프트(말랑)함 다리 살짝 휘어 굽은 편임	무릎뼈, 정강이뼈 선명, 길게보임 허벅지 살없이 마른편(개인차) 다리에 힘줄, 살짝 보임
	살	살찌면 상체에(사과형)	살찌면 하체에(서양배)	살찌면 전체적으로 뚱뚱해짐(거대)

(1) 여성 골격진단과 신체특징

골격진단 3가지타입

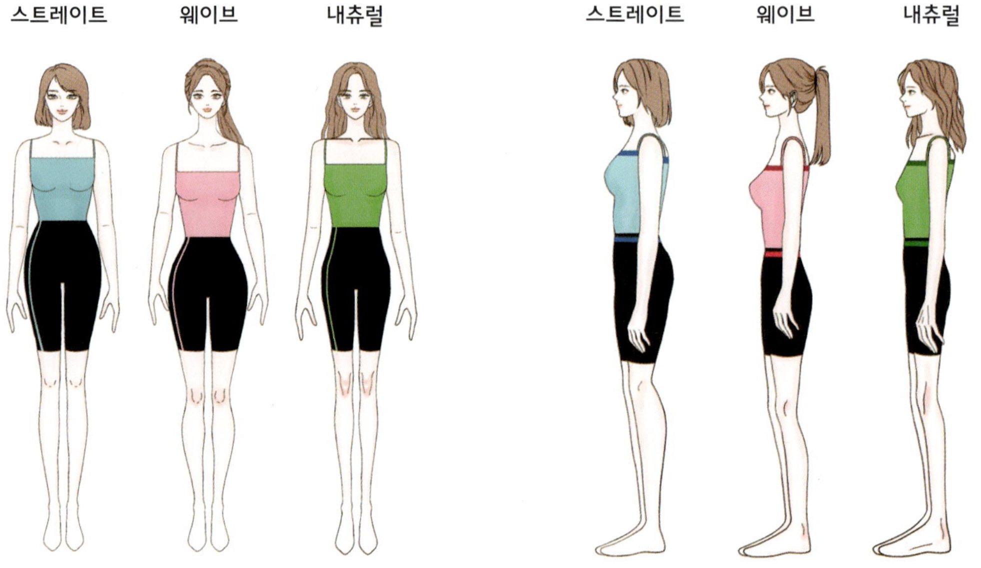

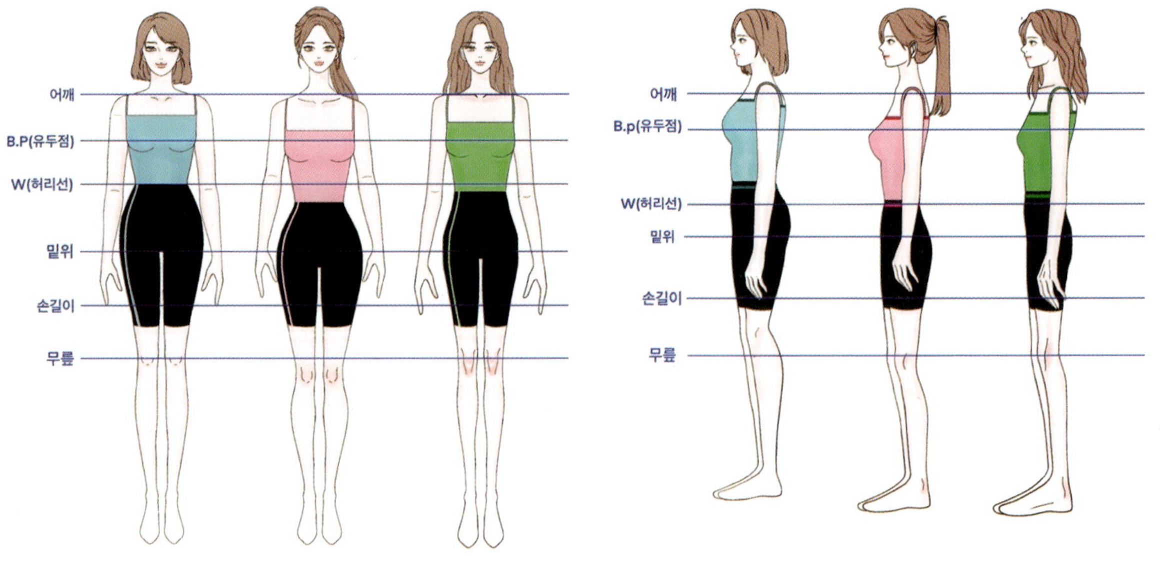

❶ 여성골격 3타입 & 신체

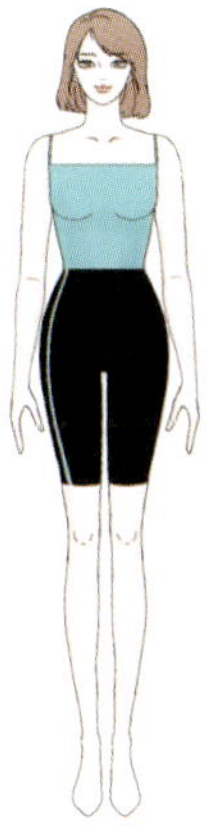
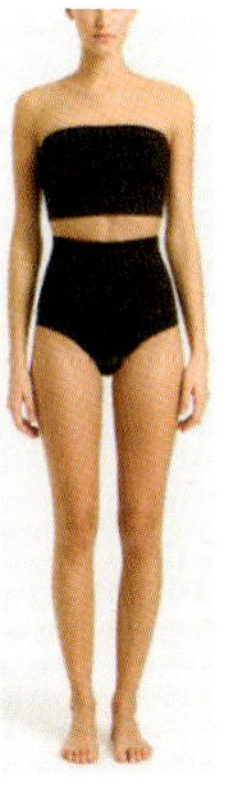

스트레이트

신체특징: 탄력형(젤리)/ 입체적바디형
직선형, 두껍고 탄탄한 근육

이미지: 진지, 남성적강함, 직선적

연예인: 송혜교, 김혜수, 하지원, 조여정

- **골격감:** 뼈 단단
- **근육감:** 근육 잘 발달(탄탄)
- **두께감:** 앞뒤 몸통 두께감(원형)
- **피부타입:** 쫀쫀, 탄력
- **밸런스:** 허리선 위치 높음

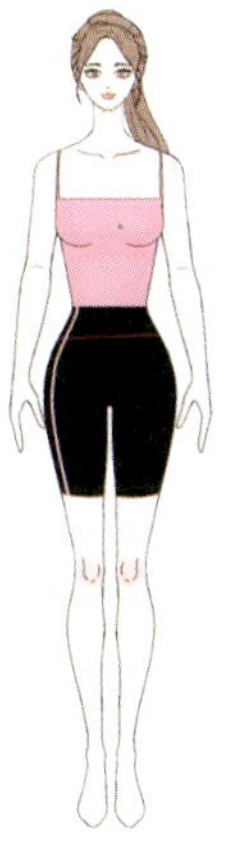
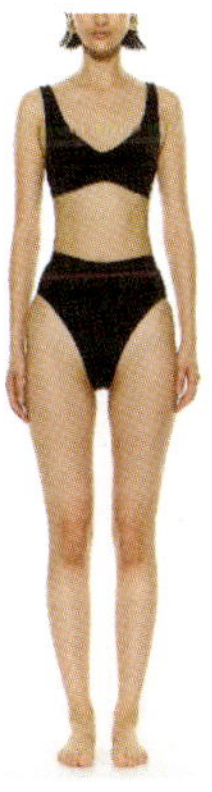

웨이브

신체특징: 소프트형(마시멜로)/ 평면적 바디형
곡선형, 예쁘고 얇은 근육

이미지: 귀여운, 경쾌, 여성적, 소프트, 곡선적

연예인: 윤아, 손예진, 김희선, 장나라

- **골격감:** 뼈의 느낌이 크지 않음
- **근육감:** 근육잘 생기지 않음
- **두께감:** 몸통 앞뒤 두께감 없음(플랫)
- **피부타입:** 부드럽고 얇음, 말랑
- **밸런스:** 허리선의 위치 낮고 하체가 발달

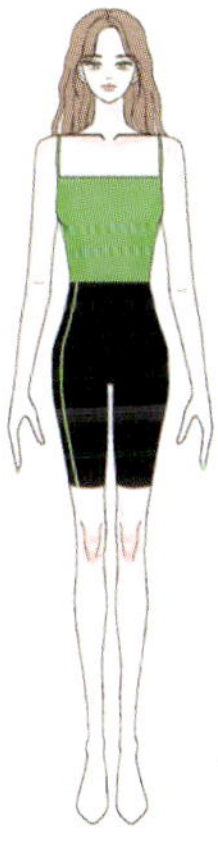
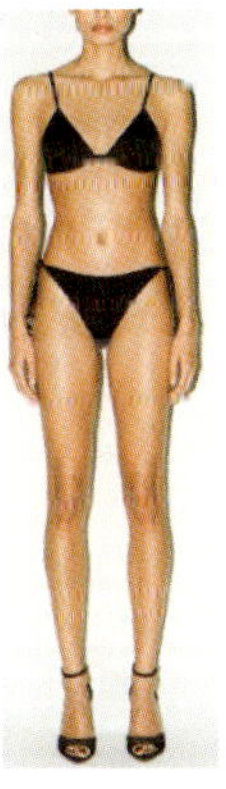

내츄럴

신체특징: 골격형(츄리스)/ 권질 바디형
골격형, 스타일리쉬형, 큰관절

이미지: 샤프, 캐주얼, 중성적, 개성적, 내츄럴

연예인: 한예슬, 공효진, 김서영, 정유미

- **골격감:** 뼈가 길고 크며 단단
- **근육감:** 근육보다 관절과 뼈의 존재감 큼
- **두께감:** 평면적, 전후좌우 탄탄한 느낌
- **피부타입:** 매트하고 두꺼움
- **밸런스:** 허리선 위치 높고 어깨 일직선

❷ 여성골격 3타입 & 스타일링

스트레이트

스타일링 포인트

시크 & 클래스감(미스코리아 스타일)

(−)마이너스 스타일링/ 장식, 디자인 X

S라인 & 예쁜하체(쭉뻗은다리)

살찌면 사과형(허리부위중심)

키: 윗중심, 표준: 본인키대로인식

스타일 핵심

남성적 Classy & Simple(기본핏)

추천스타일 레귤러핏(직선라인, 기본JUST핏)

기본테일러드자켓 + 기본타이트SK

기본핏, 스트레이트, 테이퍼드 팬츠

비추천스타일 오프숄더 네크라인X, 바디피트X

프렌치소매, 좁은넥, 장식 많은것X

기초 스타일링

실루엣 H, I형: 적당히 맞게(슬림/ 노멀웨이스트)

디자인 심플 & 베이직& 고급(기본, 깔끔, 직선)

상의: 기본 테일러링 재킷 스타일(기본핏, 길이, 유행타지 X)

하의: 노멀웨이스트/ 무릎위, 스트레이트

네크라인: V존길게, 짧은 목 길게

아이템 기본라인 재킷, H라인 트렌치 코트, 셔츠, V넥 니트

H라인 스커트, 스트레이트라인 팬츠

디테일 디테일 첨가보다 기본에 충실한 디자인

소재 고급, 탄력감, 플랫(매끈)

울, 캐시미어, 실크 등 데님, 순면 등 탄력있고 단단한 소재

무늬 직선, 스트라이프 & 체크, 무늬대조 강하고 규칙적

상의

코트
H라인
기본 베이직

트렌치 코드
H라인
기본 베이직

원피스
H라인, v넥, 슬림 스타일
랩, 셔츠, 탱크 스타일

재킷
기본 테일러드(1,2 버튼 적당)
V존 깊게/자켓 길이 보통/
허리핏 보통
소매길이와 폭 보통(표준)

셔츠
V넥, 기본 베이직
(기본 어깨, 기본소매,
길이와 폭 기본형)

니트
기본 조직,
고급소재 질감
심플, 베이직, 하이게이지니트
(매끈한 조직),
평직(장식, 디자인변형X)

하의

스커트

H라인, 노멀W/ 무릎위,
스트레이트(H)
발목, 맥시/타이트, 슬림심플타이트

팬츠

기본 베이직, 스트레이트
(레지끼)
슬림, 슬랙스(허리주름X)

소재

면

면(티셔츠)

울

캐시미어

니트

가죽

데님

실크

탄력감, 좋은 질감 & 고품질, 적당한 두께

악세서리

스카프

V넥, 목선 보이게
되도록 일자로 목선
보이게, 기하학적무늬

목걸이

명치길이, 팬던트: 큰 것/
크고 존재감있는 것

악세서리

심플, 직선적, 각진
시계: 심플, 적당크기, 고급, 단정,
원형&사각형
귀걸이: 크지만 흔들리지X, 다이아 &
사파이어
안경: 심플한 메탈소재, 뿔테

가방

직선적, 기본 라인, 사각형
크고 각지고 세워지는 것

신발

구두(뾰족 기본 라인),
스니커즈(캔버스),
로퍼 (기본)

헤어

직선적, 깔끔하게(잔머리X), 심플, 단정

스트레이트
웨이브 X

숏컷
깔끔, 심플

숏컷
깔끔, 심플

업스타일

웨이브

스타일링 포인트

소프트 & 화려함(아이돌스타일많음)

(+)플러스 스타일링, 장식, 디자인, 악세서리 첨가

예쁜상체 & 가는 허리강조

살찌면 서양배형(아래배와 허벅지부위)

키: 아랫중심, 실제 키보다 작게 보임

스타일 핵심

여성적 Soft & Fancy(Skinny핏)

추천스타일 슬림핏(어깨곡선, 약한 타이트/ 작고, 짧게)

노칼라트위드재킷 + 머메이드,플레어스커트

바지 통좁게 스키니, 조거, 크롭 팬츠

비추천스타일 직선X, 기본심플X, 뾰족한 칼라 X

너무 베이직니트X, 네크라인 너무 파지X

기초 스타일링

실루엣 X, 프린세스, 엠파이어(약한 피트/ 하이웨이스트)

디자인 소프트& 장식 &화려(상체 볼륨 첨가, 곡선, 여성적)

상의: 페미닌 상의 재킷(짧고 약한 피트, 어깨풍성, 허리 강조)

하의: 하이웨이스트/ 미니, 무릎아래/ A라인 & 플레어

네크라인: V넥 짧게, 쇄골 오픈(어깨선예쁨)

아이템 노칼라트위드자켓, 블라우스, 트윈세트,

머메이드, 플레어, A라인스커트, 하이웨이스트팬츠

디테일 리본, 레이스, 러플, 개더, 플리츠 등 장식많고 풍성

소재 얇고 부드럽고 신축성, 부풀려진 볼륨감의 부피감소재

쉬폰, 오간자, 폴리에스테, 트위드, 벨벳, 스웨이드

무늬 작고 좁고 섬세, 여성적(작은 플리츠)

상의

코트

허리 강조, 곡선
X형, 여성적

트렌치 코트

상의 풍성, 목 장식, 허리 강조
X형, 여성적 곡선

원피스

허리 강조, 장식 첨가,
레이스 소재
X형, 탱크(핏되게), 색(튜닉)

재킷

라운드넥 트위드, V존 얕게 /
재킷 길이 짧게 / 허리핏 타이트하게 /
소매길이 짧게,
소매폭 좁게 / 라펠크지 X

셔츠X, 블라우스

장식 많고 여성적인 것
셔츠보다 부드러운 블라우스
소매 7–8부 / 캐미솔,
퍼프, 캡소매

니트

크롭 기장, 트윈 세트
여성스런 니트 조직 + 장식첨가
(비침, 앙고라, 라쿤), 크롭기장,
트윈세트

하의

스커트

A라인, 골반 가리기, 하이W/ 미니,
무릎아래, 플레어, 머메이드
팬츠보다 스커트가 더 조화

팬츠

허리 핀턱, 힙주름,
장식 살집커버(골반)
복숭아뼈까지, 발목드러내기
슬림&스키니핏(통좁게)

소재

폴리

쉬폰

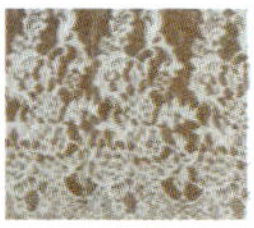
레이스

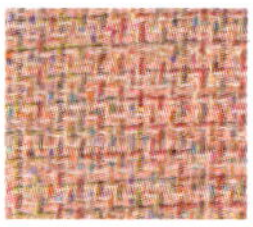
트위드

니트

애나멜 가죽

벨벳

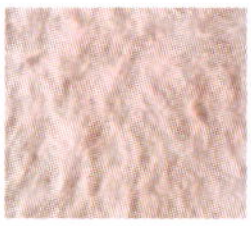
짧은털

소프트, 얇음, 비침, 광택, 스트레치, 푹신,
장식(꼬임) 부푼 볼륨감

악세서리

스카프

목에 딱맞게
작은 사이즈

목걸이

짧게, 초커
가늘게, 펜던트 작게

악세서리

시계: 메탈, 작고 섬세, 원형 & 타원형
안경: 메탈소재, 플라스틱 프레임
귀걸이: 작고 반짝이고 흔들리는 것

가방

곡선적, 동글동글,
귀엽고 작은 것
귀여운것, 광택, 저가가능

신발

앞코 둥근 곡선형,여성적,
캔버스, 스니커즈(장식있는 것)
플랩슈즈, 광택, 어글리부츠X

헤어

곡선컬링, 앞머리짧게, 화려한장식, 애교머리+광택메이크업(+필)

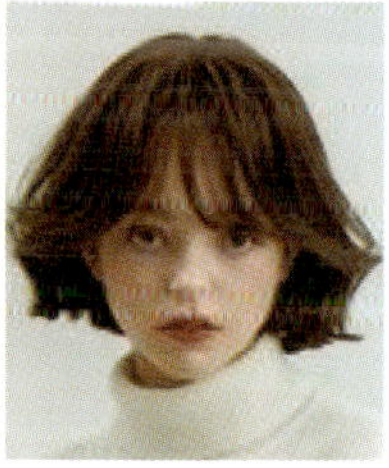

곡선, 웨이브펌 스타일,
목 가려주는 스타일

골격보다 얼굴형에 맞게

땋은 머리

내츄럴

스타일링 포인트

러프 & 캐쥬얼(패션모델스타일)

골격 감추는 넉넉하고 스타일리쉬한 스타일

어깨일자 & 길고 가는 팔다리

살찌면 체형 전체 사이즈 증가

키: 프레임 & 스타일리쉬한라인, 중심(개인차)

스타일 핵심

중성적, 스타일리쉬 Rough & loose(오버&루즈핏)

추천스타일 약한 루즈핏(오버 & 루즈핏/ 크고, 길게)
스타일리쉬, 캐쥬얼 자켓 + 폭넓은 하의
약간여유있게, 카고,배기, 데님 팬츠

비추천스타일 피트X, 목부분파이지X, 비치는 소재X
너무 많은 장식X, 스키니X, 크롭바지X

기초 스타일링

실루엣 ATY형, 여유, 약간루즈핏(로우웨이스트가능)

디자인 러프 & 내츄럴 & 캐쥬얼/ 개성적(롱 & 빅 & 루즈)
상의: 스타일리쉬, 캐쥬얼자켓, 길게
하의: 로우W/ 폭넓은 하의, 무릎아래, 종아리, 발목/ 플레어 & 플리츠

네크라인 V존 짧게(뼈를 덮어주는 볼룸있는 라인)

아이템 오버핏재킷, 오버셔츠, 로우게이지니트, 빅머플러
와이드팬츠, 롱플레어, 플리츠, 카고, 배기, 데님팬츠

디테일 레이어드, 볼륨감 있는 장식, 볼드하고 큼직한요소

소재 도톰, 까슬까슬한 천연, 볼륨감
마, 린넨등 천연소재, 가죽, 코듀로이, 데님, 무스탕등 하드질감

무늬 크고, 불규칙 폭넓고, 뻣뻣한 것/ 곡선 강조X
추상적, 보타니컬, 페이즐리, 카푸플라주(군복), 지브라

상의

코트

ATY형 볼륨, 판초스타일,
어깨 골격 받쳐줌

트렌치 코트

오버핏 & 루즈, 박스, 개성적

원피스

아방가르드/ 루즈, 셔츠
OPS, 색(튜닉: 헐렁, 긴),
탱크(헐렁)

재킷

드롭 숄더, 오버핏, 박스
V존 깊게/ 자켓길이 길게/
허리핏없이 박시
소매길이와 폭 넓게(표준)/
포켓, 소매버튼

셔츠

박스 & 드롭 루즈(오버핏)
소매5, 10부 더 길고 넉넉하게/
벨, 돌만, 기모노 소매

니트

두툼 & 조직, 무늬 큰
굵고 거친 울퉁 불퉁한 조직,
요철무늬, 큰무늬, 빅 & 박시

하의

스커트

풍성 & 치렁치렁 긴
로우W/ 무릎아래,종아리,발목,
롱/ 플레어, 플리츠/ 풍성
과감스타일(롱 & 맥시, PK장식)

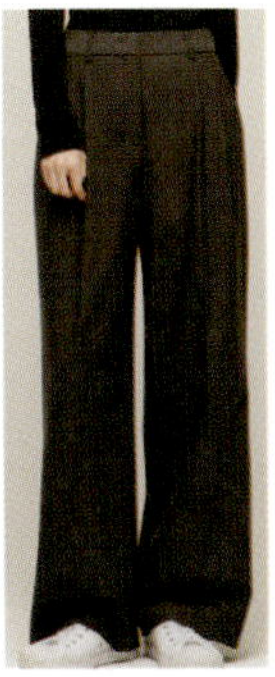

팬츠

와이드 & 핏되지 않게
넓은 스트레이트 &
오버핏(폭넓게)/
와이드핏/ 데님, 카고

소재

폴리 쉬폰 레이스 트위드

니트 애나멜 가죽 벨벳 짧은털

천연, 자연, 러프, 거침, 성글고 큰 조직,
볼륨, 쭈굴, 왁싱가공질감

악세서리

스카프

빅사이즈, 휘두르기

목걸이

롱스타일/
반복(치렁)
볼륨감, 큰팬던트

악세서리

크고, 와일드, 터프한것, 큰 프레임,
캐주얼
팔찌: 여러 개, 볼드/ 롱장갑 좋음
안경: 존재감있는 뿔테 프레임
시계: 임팩트 강한 것, 형태 큰 것, 가죽 듀얼
귀걸이: 볼륨크고 긴 것, 광택없고 천연색, 목재

가방

빅사이즈
크고, 넓고
밑변없이

신발

슈즈 와일드, 어글리 슈즈, 부츠
앞코 사각형/ 가죽, 스웨이드, 태슬

헤어

내츄럴, 루즈, 자연스런, 비대칭, 개성있게 연출

자연스럽게 흐르는 듯한 스타일

너무 단정한 스타일 X

(2) 남성 골격진단과 신체특징

골격진단 3가지타입

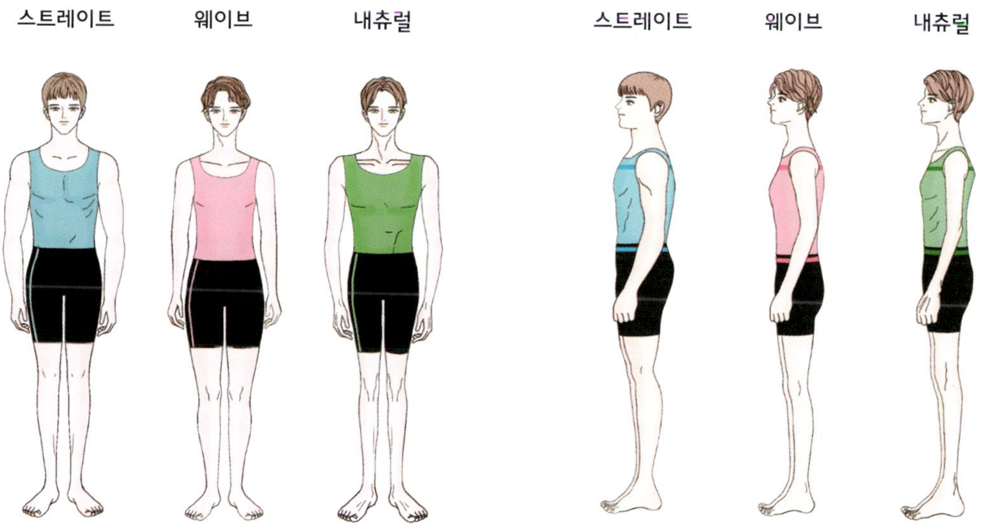

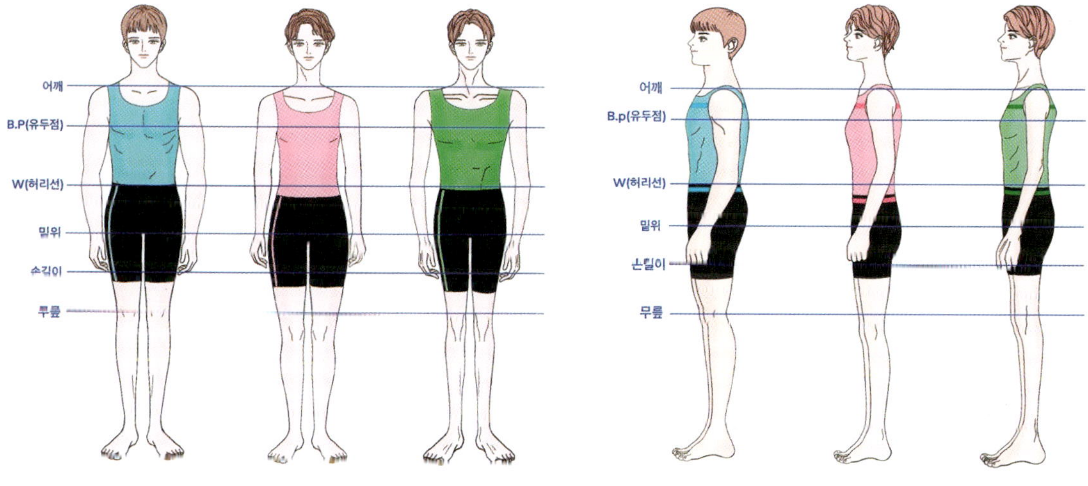

❶ 남성골격 3타입 & 신체

스트레이트

신체특징: 탄력형/ 두께감있고 탄탄한 근육

이미지: 남성다움, 진지, 강함

연예인: 이병헌, 손석구, 송승헌, 조정석

- **골격감:** 뼈 단단
- **근육감:** 근육 잘 발달/ 직선적 이미지
- **두께감:** 앞뒤 몸통 두께감(원형)
- **피부타입:** 쫀쫀, 탄력
- **밸런스:** 허리선위치 높음

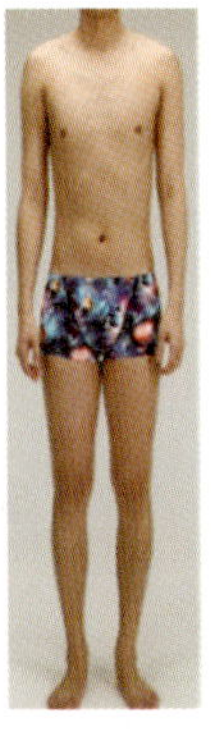

웨이브

신체특징: 소프트형/ 얇고 예쁜 근육

이미지: 귀여운, 소프트, 경쾌

연예인: 송중기, 현빈, 장근석, 박보검, GD

골격감: 뼈의 느낌이 크지 않음

- **근육감:** 근육 잘 생기지 않음/ 곡선적 이미지
- **두께감:** 몸통 앞뒤 두께감 없음(플랫)
- **피부타입:** 부드럽고 얇음, 말랑
- **밸런스:** 허리선의 위치 낮고 하체가 발달

내추럴

신체특징: 스타일리쉬골격형/ 골격 & 관절 두드러짐

이미지: 자유, 무뚝뚝한, 캐주얼, 내추럴, 개성적

연예인: 박서준, 공유, 김우빈, 이민호

- **골격감:** 뼈가 길고 크며 단단
- **근육감:** 근육보다 관절과 뼈의 존재감큼/ 중성적이미지
- **두께감:** 평면적, 전후좌우 탄탄한 느낌
- **피부타:** 매트하고 두꺼움
- **밸런스:** 허리선 위치 높고 일직선 어깨선

스트레이트

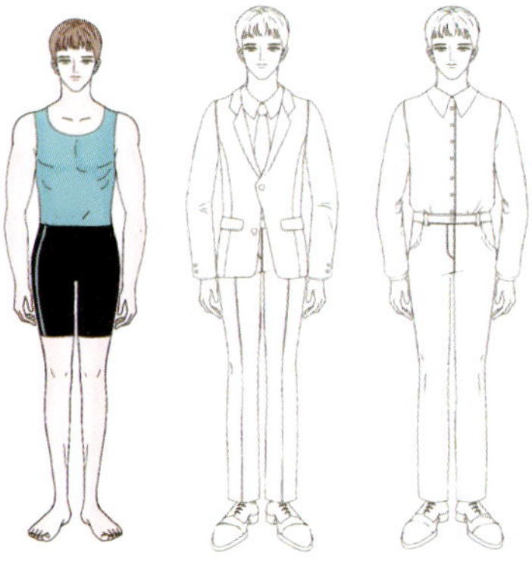

스타일링 포인트

시크& 클래스감(베이직라인슈트/ 슈트발)

(–)마이너스 스타일링/ 장식, 디자인 X

V존 깊게/ 자켓길이 보통/ 허리핏보통

예쁜하체(쪽뻗은다리)/ 살찌면사과형

키:윗중심, 탄력있는바디, 표준: 본인키대로인식

스타일 핵심

탄력형(남성적, 젤리) Simple & standard(기본 Just핏)

추천스타일 레귤러핏(브리티쉬: 클래식, 유행타지X)
기본베이지자켓+기본셔츠+스트레이트 바지

비추천스타일 셔츠밖 내어입기 & 꽉끼게, 라지사이즈
장식많이, 몸에핏, 박스티, 배기(통), 스키니

기초 스타일링

실루엣 H,I 형/ 적당히 맞게, 슬림/ 노멀웨이스트(허리기본선)

디자인 심플 & 베이직(기본, 깔끔) & 고급, 기본길이
상의: 기본테일러링재킷(기본핏, 유행타지X)
하의: 스트레이트, 기본 베이직(레지끼), 슬래스(노턱, 원턱)
네크라인: V존 깊게, 짧은 목을 길어 보이게

넥타이 직선, 규칙, 무지, 스트라이프

아이템 기본재킷과 셔츠, 3피스 정장, 트렌치 코트, V넥, U넥
스트레이트핏 데님 팬츠, 코튼팬츠

디테일 디테일이 적은 기본 디자인

소재 두께감, 탄력있는 고급소재, 플랫(매끈)
면개버딘, 캐시미어, 실크, 울100%, 옥스퍼드, 고급진 폴리혼방등

무늬 무지, 심플무늬/ 명확, 직선
(X) 얇고 부드럽고 터프한 거친소재, 인위적광택

상의

수트
H, I형 기본 양복,
3ps 정장

코트
V존 길게, 기본베이직
체스티(기본),
트렌치(기본)

재킷
V존 깊게 / 길이 보통
허리핏 보통 / 두께감,
탄력감의 고급 울, 면, 심플

니트
심플, 베이직,
원단 매끈, 평직

셔츠
기본 베이직 셔츠(기본어깨) / 레귤러 칼라

티셔츠
기본, V라인

스웻셔츠
기본 사이즈

헤어

직선적(각 잡힌거), 베리쇼트, 쇼트(투블럭): 깔끔하고 단정한 스타일

하의

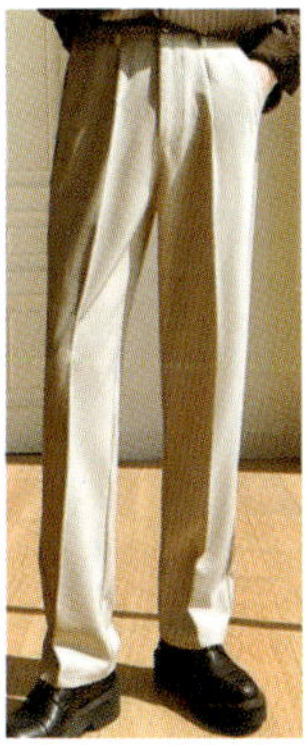

팬츠

스트레이트기본(레지끼)
슬랙스(노턱, 원턱) 일자핏
치노 & 배기 팬츠

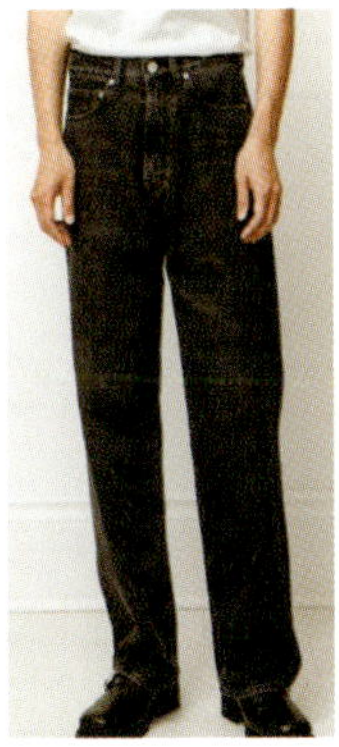

데님

스트레이트핏

소재

면

면(다이마루)

울

캐시미어

니트

가죽

데님

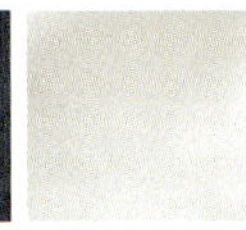

실크

탄력감, 좋은 질감 & 고품질, 플랫(매끈), 면, 울 100%, 캐시미어

악세서리

머플러

울100%, 하이게이지
심플, 고급

넥타이

직선, 규칙, 무지,
스트라이프

가방

베이직 디자인,
가죽 토트백, 직선적

안경

심플, 메탈소재, 뿔테

신발

옥스퍼드 슈즈, 스니커즈,
로퍼, 숏부츠,
첼시부츠(끈X), 깔끔

시계

심플, 적당한 크기

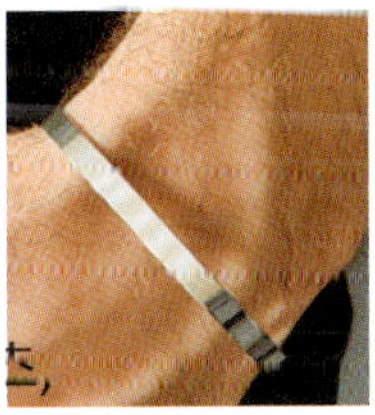

팔찌

심플, 메탈소재, 깔끔

웨이브

스타일링 포인트

소프트 & 모드(슬림슈트스타일), 아이돌스타일

(+)플러스 스타일링/ 장식, 디자인, 악세서리

예쁜상체(목길고)/ 살찌면서양배형(아랫배와 허벅지)

V존 얕게/ 자켓 길이 짧게/ 허리핏타이트하게

키: 아래중심, 소프트한 바디, 작게 보임(어깨 낮아서)

스타일 핵심

소프트형(여성적, 마시멜로)

Soft & Compact(Skinny핏/ 작고, 짧게)

추천스타일 슬림핏(이탈리안:어깨곡선,V존위로,약타이트)
저지자켓, 샤넬트위드자켓+슬림핏(장식)셔츠
+통좁은 바지, 크롭바지(길이 짧),스키니바지

비추천스타일 너무 베이직한 것, 큰것, 가슴들어나는것
(축처진느낌)/ 통넓은 카고바지

기초 스타일링

실루엣 X형, 피트,(하이웨이스트), 부드럽고 곡선적

디자인 슬림 & 장식(화려, 상체 볼륨 첨가) & 소프트
상의: 상체포인트 자켓, 세트업 코디 추천(콤비) 짧고, 좁게
하의: 스키니(통좁게), 스키니핏: (힙밋밋 – 힙에장식, PK) & 슬림

네크라인 V존 짧게, 스텐드 & 쇄골 오픈(목선 & 어깨선이 예쁨)

넥타이 작은무늬(코튼소재가능),곡선, 섬세한 무늬

아이템 봄버재킷, 피코트, 차이나카라, 헨리넥
테이퍼드, 크롭, 밑위 깊은 스키니, 슬림 슬랙스

디테일 입체감 줄 수 있는 장식, 너무 넓지 않은 깃(칼라)

소재 얇고 부드럽고 신축성, 광택소재
폴리, 트위드, 새틴, 앙고라, 저지. 벨로아애나멜(인공광택), 스트레치성 데님

무늬 작은 무늬, 곡선 무늬(도트), 캐릭터무늬, 대비감적고 부드러운것
(X) 두껍고 거친, 탄력적소재

상의

수트

슬림, 핏되게, 세트업 코디
추천(콤비/여유로움, 재치)
기본보다 살짝 짧고 좁게
(약 피티)

코트

핏되게
스텐칼라, 퀼팅
체스터(기본), 피코트

재킷

V존 얕게 / 길이 짧게
허리핏 타이트,
딱 맞는 스트레치성,
저지, 트위드

니트

앙고라,
부드러운 꽈배기,
길고 하드한 거 X
굵은실 X

셔츠

슬림핏, 장식셔츠(어깨, 가슴 앞 부분) /
와이드, 탭칼라

티셔츠

슬림핏, 얇고 부드러운 것

스웻셔츠

짧고 장식 있는 것,
슬림핏

헤어

웨이브, 부드럽고 곡선적 스타일 쇼트(드라이 컬링), 미디엄(피미), 롱

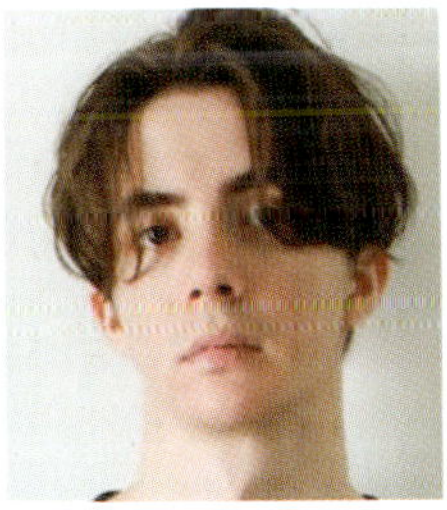

하의

팬츠
스키니핏(통좁게, 짧게)
테이퍼드, 크롭팬츠

데님
슬림핏, 스키니핏,
짧게, 신축성

소재

폴리

공단

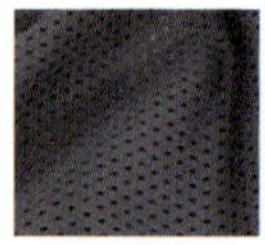

메쉬

트위드

니트

가죽(장식적)

벨벳

앙고라

소프트, 얇음, 비침, 광택, 스트레치성, 푹신, 장식(꼬임)

악세서리

머플러
얇은 울, 나일론, 혼방

가방
곡선적, 둥근 모양, 장식있는 디자인,
나일론, 스웨이드, 가죽(애나멜),
세미 사이즈 클러치백

시계
메탈소재, 작은 사이즈

넥타이
작은무늬(코튼가능),
곡선, 섬세한 무늬

안경
메탈 소재, 플라스틱 프레임

신발
태슬, 스트랩 장식, 애나멜 슬립온,
가벼운 로퍼(스웨이드),
스니커즈, 부츠, 장식적인 신발

팔찌
가늘고 장식적

내츄럴

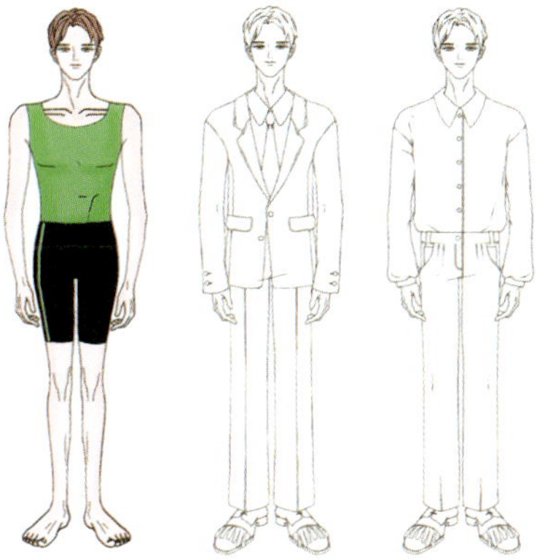

스타일링 포인트

러프 & 와일드(세미정장, 캐쥬얼스타일)

골격 숨기는 넉넉하고 스타일리쉬한 스타일

스타일 핵심

골격형(중성적, 츄러스)

Rough & Loose(오버핏 & 루즈핏 / 크고 길게)

긴 길이(맥시)&헐렁&박시=여유, 캐주얼디자인

어깨일자 & 길고 가는 팔다리

살찌면 전체 체형사이즈(큰체형) 증가

V존 깊게/ 자켓 길이 길게/ 허리핏 박시하게

키: 더크게 보임(의외로 크게)

추천스타일 약한 루즈핏(오버 & 루즈핏/ 크고,길게)

스타일리쉬, 캐쥬얼 자켓+폭넓은 하의

약간여유있게, 카고,배기, 데님 팬츠

비추천스타일 피트X, 목부분파이지X, 비치는 소재X

너무 많은 장식X, 스키니X, 크롭바지X

기초 스타일링

실루엣 A, T, Y형: 여유, 루즈하게(로우웨이스트가능)

디자인 오버핏& 내츄럴, 박시, 롱 , 드롭 숄더, 로우웨이스트

상의: 러프감의 세트업코디추천(무관), 자켓길이 길게/ 허리핏 없이 박시

하의: 스드레이트 & 오버핏(폭넓게)

네크라인: V존 짧게, 뼈를 덮어주는 볼륨있는라인

넥타이: 불규칙(니트), 변형, 무지, 페이즐리

아이템 로우게이지의 풍성한 니트, 카고 팬츠,

오버사이즈 팬츠나 데님, 야상 재킷

디테일 패치, 지퍼, 포켓, 깃 등 와일드한 장식

소재 직조 거친 천연소재, 색바랜 듯 한소재, 요철과 굴곡있는 소재

마, 린넨, 단단한면, 코듀로이, 무스탕, 가죽, 벅스킨, 두꺼운 트위드 등

무늬 큰무늬, 불규칙, 추상적, 페이즐리

상의

수트
여유, 루즈, 롱, 더블자켓/
러프감의 세트업 코디
추천(무광)

코트
오버핏, 박스 & 여유있는
루즈(드롭 숄더)오버,
볼륨, 판초 스타일
체스터(기본)
트렌치, 더플, 야상, 니트,
마운틴(등산)

재킷
V존 깊게 / 길이 길게
박시
거칠고 두꺼운 조직, 마 /
두꺼운 트위드, 스포츠

니트
빅 & 박시, 굵고 거친,
요철 무늬
아방가르드 & 루즈

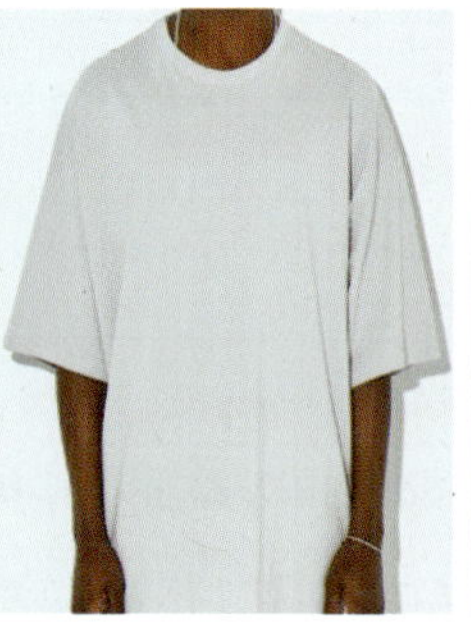

셔츠
박스 & 여유있는 루즈(드롭어깨)
레귤러, 버튼다운칼라

티셔츠
오버핏, 박스 & 여유있는
루즈(드롭어깨)

후디
오버핏

헤어

쇼트(독특), 미디움(묶음), 롱, 베리쇼트(베이컴머리)

하의

팬츠
오버핏, 카고 팬츠, 조거 팬츠,
통넓고 길게

데님
스트레이트 & 오버핏
(폭넓게)

소재

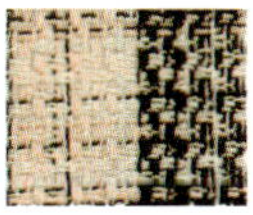

린넨 **울** **코듀로이** **트위드**

니트 **스웨이드** **데님** **모피**

천연, 자연, 러프, 거침, 성글고 큰 조직, 볼륨, 워싱가공, 요철, 캐쥬얼 소재

악세서리

머플러
면, 마, 울,
큰 머플러(프린징장식)

안경
존재감 있는 뿔테 프레임

시계
듀얼 가죽, 큰 사이즈

넥타이
불규칙, 변형, 무지, 페이즐리

가방
캐주얼 디자인, 가죽, 캔버스,
쇼퍼백(빅사이즈)

신발
크고 캐주얼, 하이컷 스니커즈,
웨스턴 부츠
로퍼(광택X), 스니커즈,
워커(군화, 등산화)

팔찌
여러개, 반복, 겹침
천연 & 가죽 소재

3-1-1. 본인 신체실루엣(3D)진단 & 스타일링

- 본인 신체실루엣을 사진찍어서 체크 & 스타일링의 특징을 파악해보세요.
  (전체모습 사진 촬영시 정확하게 진단하기 위해서 되도록 핏되는 옷차림 준비)

1) 내 신체골격부위 사진

전체실루엣(옷 피트한 상태)

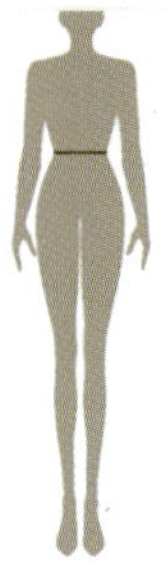

쇄골 · 어깨끝까지 노출
(수영복입은 정도)

손 - 손목 (편상태)

발-무릎(무릎 10cm 위 정도)

손주먹(세로로)

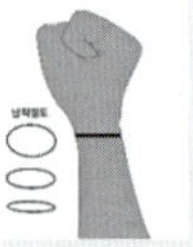

2) 내 골격 유형:

1. **기본3타입(1가지)인지?**– 스트레이트, 웨이브, 내츄럴
2 **복합타입인지?** - 2가지(상 + 하 다른 타입) / 1가지 골격타입 + 다른 골격타입 피부질감
   3가지(상 + 하의 + 팔다리)
3. **내골격타입의 특징 & 스타일링포인트, 참고 스타일링 사진**
   *주의 & 피해야 할 BAD스타일

*골격진단 타입이 망설여질 때 체크하는 방법

- 두가지 타입으로 범위 축소 (특징 확인)
- 허리선기준의 밸런스체크 (윗중심? 아래중심?/ 앞, 뒤, 옆보고 신체라인의 중심확인)
- 패션아이템을 착용하여 체크 (각 타입의 특징적 옷과 소재를 활용, 비교해서 확인)
- 복합유형의 경우는 기본기준형 + ∝서브형으로 체크

내 골격의 특징 정리 & 스타일링 이미지 사진

스타일링 포인트(Good & Bad)

3-2. 퍼스널 얼굴 & 스타일링

일반적으로 사람과의 첫인상에서 제일 먼저 눈에 들어오는 곳은 얼굴이다. 따라서 스타일링에서도 가장 중요한 핵심은 얼굴이라고 할 수 있다. 정확한 얼굴분석을 통해 장점은 부각시키고, 단점은 최소함으로서 자연스럽고 투명한 메이크업을 하는 게 중요하다. 얼굴에서 이미지 표현을 위한 스타일링의 첫 번째는 얼굴과 어울리는 **메이크업과 헤어, 악세서리**이고, 그다음으로는 얼굴로 시선을 이끌어 주는 **목부분의 네크라인과 칼라**이다. **스타일링**을 위한 **얼굴분석**은 크게 **얼굴 골격분석**과 **얼굴실루엣 분석**이다.

얼굴 분석 방법

방법 1. 얼굴골격진단: 이목구비의 모양과 크기 크기에 따른 분류(3유형: 곡선, 직선, 뉴트럴형)
전체와 부분간의 위치, 비율

방법2. 얼굴 윤곽에 따른 얼굴형(6유형: 계란, 라운드, 역삼각, 긴, 사각, 마름모형)

*진단 예) 곡선타입(골격타입)/ 이마좁음형 & 눈간격 넓음(전체구성비율)/ 역삼각형(얼굴형)

1. 얼굴 골격 & 스타일링

대중화된 퍼스널컬러진단에 이어 최근 새롭게 퍼스널골격진단이 부각되고 있다. 퍼스널골격진단은 크게 얼굴부분과 신체의 2가지로 나뉘며, **얼굴골격진단의 경우에는 이목구비의 모양과 크기, 위치, 골격과 살이 위치한 모양, 가로와 세로의 비율 등 전체저인 구성**의 형태를 보고 진단한다.

1) 얼굴 구성요소(이목구비)의 모양과 크기 진단

- **이목구비의 모양과 크기**에 대한 진단 결과에 따라 **옷의 무늬 모양과 크기가 결정**
- 일반적으로 이목구비가 크면 무늬의 형태도 큰 것이, 작으면 작은 무늬가 조화

진단방법 2가지

진단(1) 신체체크방법

- 눈코입의 크기와 모양이 차지하는 비율을 종합해서 판정
- 눈(50%), 코(30%), 입(20%) 이지만 눈비중이 크므로 눈에 따라 많이 좌우

유형별 특징 & 스타일링

분류		곡선형	직+곡선(뉴트럴형)	직선형
전체인상		부드러운 인상	부드럽지도 날카롭지도 않은 보통인상	샤프한 인상
유형				
연예인				
얼굴특징	얼굴윤곽	뼈없이 볼살 많고 곡선느낌	뼈느낌 없고 약간 볼살 (중간정도느낌)	뼈 느껴지고 볼살 없이 직선느낌
	눈(50%)	눈크고 동그랗고 쌍꺼풀라인곡선	눈크기중간, 눈농자약간가려, 홑쌍꺼플	눈가늘고길고 홑쌍꺼풀, 쌍거플 없음
	코(30%)	콧날없이 코끝 동그스름함	콧날 둥글지도, 뾰족하지 않은 중간	콧날 직선적, 코끝이 뾰족한 편
	입(20%)	입도톰 &둥글, 입술산뚜렷, 입이 큼	입술도톰도뾰족X, 입술산살짝,중간크기	입술 얇고 가늠 입술산X, 입작음
무늬형태		곡선스타일+곡선패턴 (곡선중심) 곡선의 부드러운 무늬	직+곡선 혼합 (직선, 곡선, 직+곡선) 직선과 곡선이 융합된 디자인	직선스타일+직선패턴 (직선중심) 기하학적무늬 (체크, 스트라이프)
		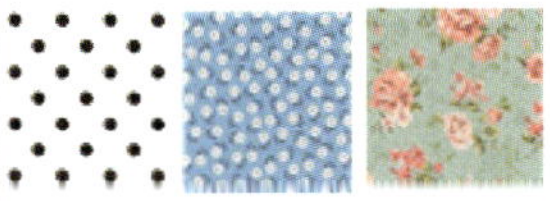		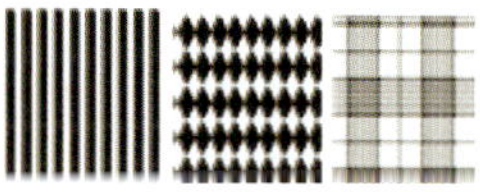
악세서리		곡선형 + 곡선형태	곡선형, 직선형, 곡선 + 직선 혼합형	직선형 + 직선형태

이미지		프리티, 페미닌, 럭셔리	로맨틱, 엘레건트, 클래식	어반, 쿨, 쉬크

진단(2) 천드레이프방법

• 다양한 형태, 크기의 무늬 진단천을 얼굴아래 대어 진단하는 명확한 방법

진단결과와 3가지 유형

• **곡선형:** 이목구비가 크고 둥그런 부드러운 느낌
• **뉴트럴형:** 부드럽지도 날카롭지도 않은 곡선과 직선이 혼합
• **직선형:** 이목구비가 작고 가느다란 샤프한 느낌

2) 얼굴 구성요소(이목구비) 비율 진단

• 얼굴 전체와 부분 간의 위치 & 비율을 진단, 이상적비율을 위한 메이크업을 수정, 보충하는 스타일링
• 얼굴과 구성요소간에 조화를 만들어서 자연스럽게 아름다움을 연출하는게 목적
• 얼굴 구성의 부분적인 크기, 비율보다 전체적인 얼굴의 구성 비율이 가장 중요

진단방법

얼굴전체비율 & 구성요소 부분간의 위치 &비율 체크, 가로와 세로, 눈과 눈, 각 부분적 비율 체크

1) 얼굴가로와 세로 비율= 3:2
2) 얼굴 전체 세로길이와 눈썹-턱까지 세로 길이 =3:2
3) 눈과 눈사이 길이=1:1

진단결과 & 스타일링

• 전체적인 얼굴비율 진단 후 이상적인 기준이외의 특성을 파악, 체크
• 눈간격 정도(가로넓이), 이마간격정도(세로길이)에 따라 메이크업과 헤어로 수정, 보충
• 기본 메이크업으로 비율수정: 볼록하게 나온 것은 쉐딩으로 줄이고, 움푹 들어간 것은 하이라이트로 확대

예) 코가 긴 경우에는 코끝을 쉐딩(쳐줌)으로 어둡게해서 줄여줌

*메이크업 단계에서 이목구비의 윤곽을 선명하게 할수록 성숙된 이미지가 연출되며, 흐릿하게 자연스럽게 할수록 동안이미지가 연출된다.

얼굴기본비율

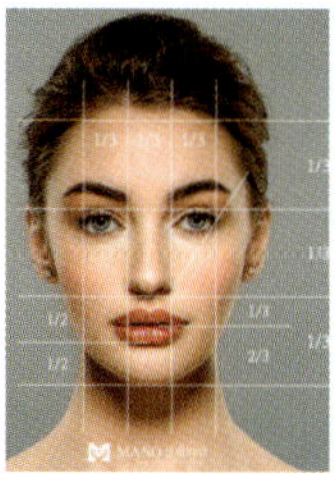

얼굴기본비율		구 분	기준	측정사이즈(?)
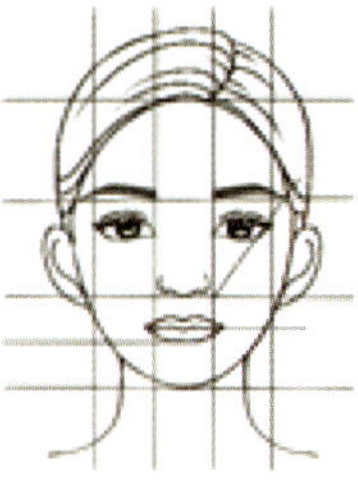	얼굴	세로: 가로	3:2	: cm
		세로: 눈썹–턱	3:2	: cm
	눈	눈길이:눈사이길이	1:1	눈길이 cm 눈간격 cm

비율분석결과 & 핵심 스타일링

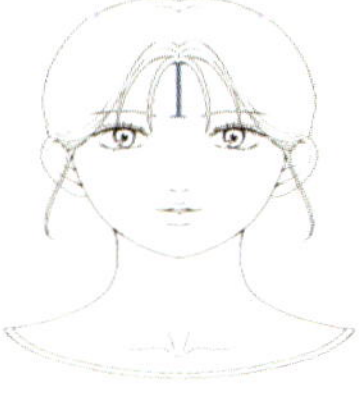

좁은 이마

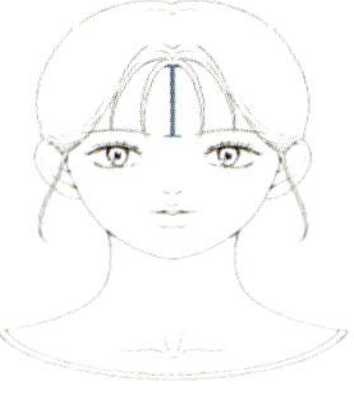

넓은 이마

기본

좁은 미간

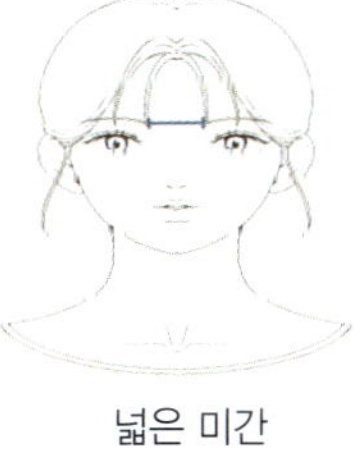

넓은 미간

유형	분석	수정핵심포인트
눈 간격?	간격좁음	눈꼬리부분을 길게 늘림 코세딩 약하게, 눈뒤트임강조
	간격넓음	코 뾰족하게 세워서 폭 작게! 코세딩 강하게, 눈앞트임 강조
중심 어디? (이미 간격)	이마좁음 (눈썹–턱 긴경우)	눈썹 살짝 내려서 그림 이마 가리지X, 드러내고
	이마넓음 (눈썹–턱 짧을경우)	눈썹 일자보다 올려서 그림 이마가리거나 사이드뱅

2. 얼굴형(윤곽) & 스타일링

얼굴 스타일링에서 많은 이미지의 비중을 차지하는 것은 얼굴형태이다. 얼굴형는 일반적으로 크게 6개로 나뉘지만 모든 사람들이 그 정해진 형태안에 모두 포함되는 것이 아니라는 점은 꼭 기억해야 한다. 즉 얼굴형에도 혼합된 형태를 고려한 스타일링이 필요하다. 기본 얼굴형에서 길이와 넓이가 변화된 경우가 있으므로, 특정형태로 결론 내서 맞추 려고 하지 말고, 부분적인 요소들도 함께 고려하는 게 필요하다.

과거에는 정해진 얼굴 기본형에 맞추는 스타일링이었다면, **오늘날에는 각각의 개인의 얼굴형에 맞게 스타일링하여 브랜딩**하는 시대가 되었다.

예: 기본 스퀘어형(얼굴길이 짧음)

이마넓은 스퀘어형 (이마길이 길고, 하악짧고, 각이 두드러진 형)

얼굴형 진단방법

*얼굴형 자가진단 테스트(https://m.blog.naver.com/slbtlab/222103414227)

- 정면에서 머리를 다 뒤로 넘긴 후 사진을 찍어서 분석하는 방법
- 줄자를 가지고 얼굴전체의 사이즈를 재는 방법-오차를 줄이기 위해 여러번 진단해서 평균값 활용
- 거울앞에서 몸을 곧게 세우고 얼굴 윤곽을 거울에 그리는 방법

얼굴형 분석방법

윤곽분석할 때 가장 넓은 부분과 좁은 부분 어디인지? 길이가 긴지, 짧은지? 턱과 이마가 어떤 모양인지?(광대가 있는지?, 턱이 부각되었는지?) 첫인상은 어떤지? (귀여운지, 차갑고 카리스마있는지?)등을 체크

얼굴형 6가지 타입

얼굴형의 스타일링에서 가장 핵심적인 메이크업 수정은 하이라이트와 새딩으로 입체감을 주어 경계선을 자연스럽게 잘 정리하여 가장 이상적인 얼굴형이 되도록 특징적인 부분들을 잘 정리하는게 필요합니다. 제일먼저 자신의 정확한 얼굴형(외곽선)을 파악하는 것이 중요하다.

- **계란형:** 이상적인 얼굴형(가로: 세로= 2:3)
- **둥근형:** 넓이와 길이가 비슷하고 둥근 형(가로: 세로1:1)
- **사각형:** 가로, 세로 길이 비슷, 볼 라인이 직선형 (가로: 세로1:1)
- **긴형:** 얼굴폭이 좁고 긴 얼굴형
- **역삼각형(하트형):** 이마가 넓고 턱이 좁은 V형
- **다이아몬드형:** 광대뼈가 나온 이마 좁고 턱이 뾰족한 얼굴에 군살 없는 얼굴형

여자 얼굴형

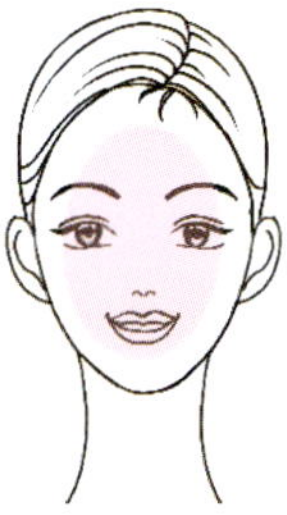
계란형

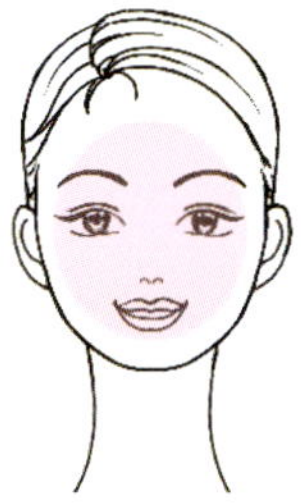
라운드형

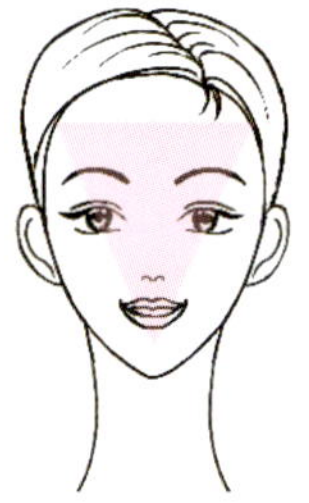
역삼각형

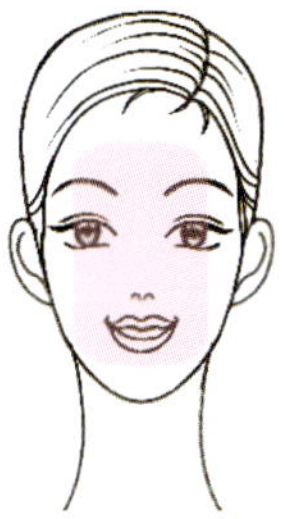
긴 형

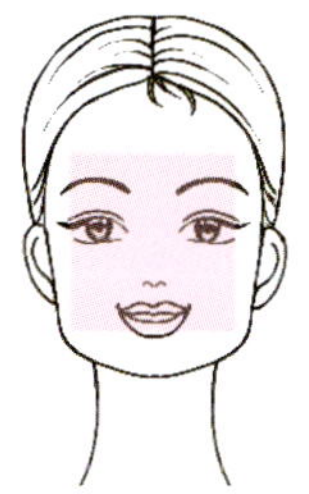
사각형

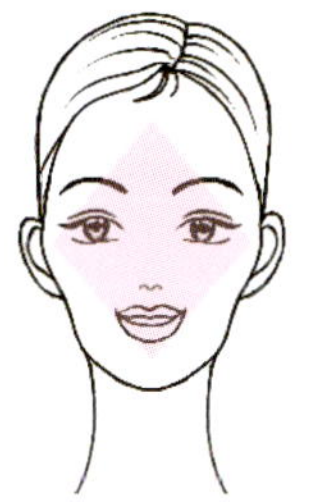
마름모형

남자 얼굴형

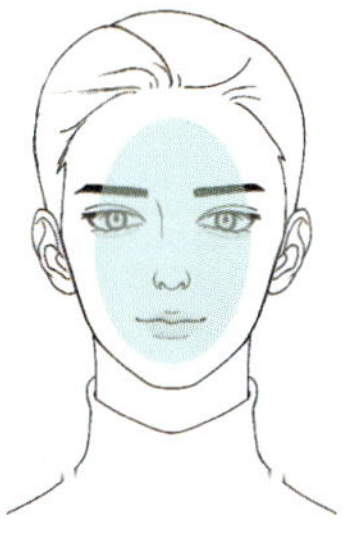
계린형

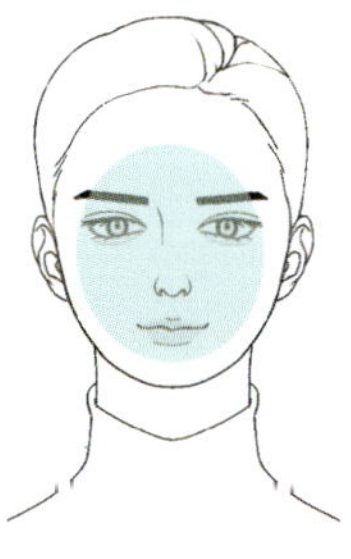
리운드형

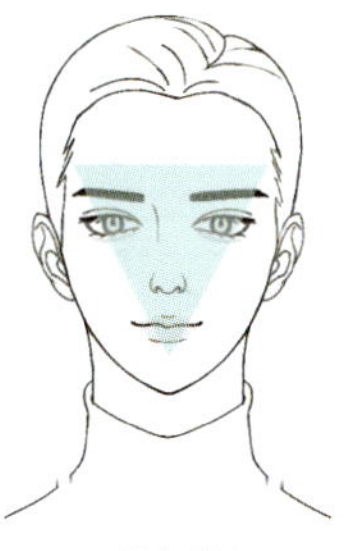
역삼각형

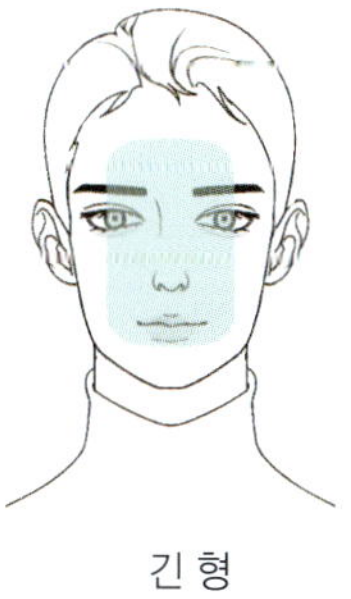
긴 형

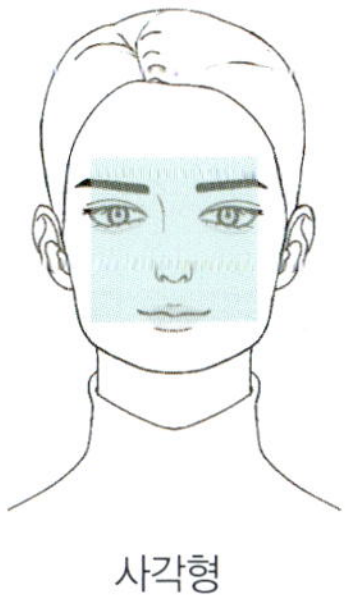
사각형

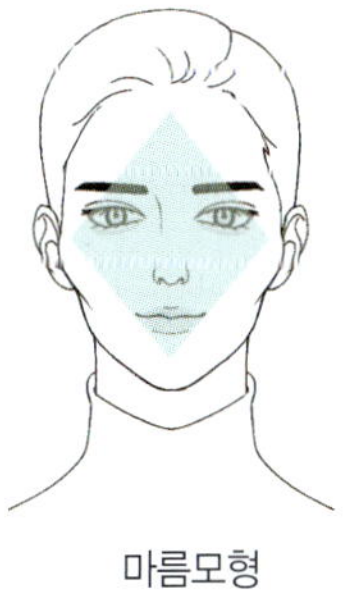
마름모형

1) 계란형

특징		이상적인 얼굴형(가로:세로= 2:3) **이미지:** 단정하고 깔끔함, 어른스런 분위기 **포인트:** 이상적인 비율을 유지 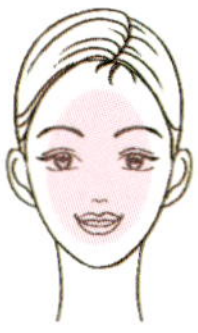 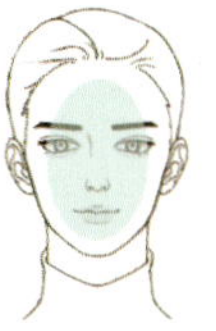
연예인		여: 김태희, 한예슬, 송지효, 윤아 남: 김수현, 차은우, 정해인, 안재현, GD(지드레곤)  
윤곽수정		윤곽수정 필요없는 형 **섀딩:** 코 벽 & 턱라인(갸름하게) **하이라이트:** T존 
부분 메이크업		**눈썹:** 눈썹산, 눈꼬리 부드러운 곡선, 아치형 **눈:** 아이라인을 강조하지 않음 **치크:** 부드러운 느낌의 둥근 곡선형 **입술:** 입술선 유지하면서 부드럽게 표현
네크라인& 칼라		(O): 터틀넥, 보우트넥, 롤칼라, 하트,넥 다 가능(V:성숙/라운드:동안) (X): 앞 깊게 판 넥 & 세로로 깊게 판(V)라인 ○     X
헤어 스타일	여 성	(O): 모든 헤어스타일 가능, 부드러운 웨이브디자인 이상적, 웨이브와 헤어컬러로 포인트 업스타일, 포니테일, 레이어드 S컬파마, 중간 웨이브 보브컷, 짧은커트 베이비펌, 셋팅펌 • 앞가르마 대칭형 스타일, 윗부분은 눌러주는 느낌에 옆은 퍼지는 실루엣으로 퍼머연출 • 롱 웨이브 로맨틱이미지, 짧은 커트와 펌은 귀엽고 발랄이미지, 스트레이트 형은 샤프한 이미지 (X) 이마덮는 무거운 뱅, 너무 긴머리 • **키 큰 경우:** 볼륨, 롱기장 웨이브컬(무거운 인상)   

헤어 스타일	남성	(0): 깔끔하고 스타일리쉬한 댄디컷, 리젠트컷, 댄디컷+볼륨매직 댄디컷(비대칭), 불륨펌, 스왈로펌, 베이비펌 (X): 가로나 세로로 과한 볼륨으로 균형을 깨는 스타일   
악세서리	목걸이	(0): 모든 스타일 다 가능 (X): 지나치게 긴 길이 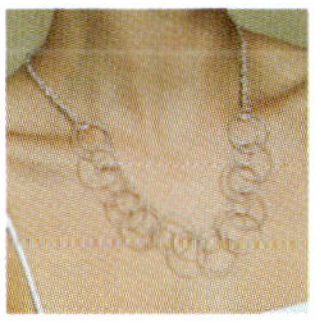 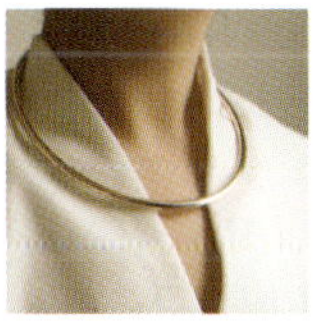 
	귀고리	(0): 일반적 다 가능, 드롭형, 후프형 등 둥근라운드의 부드러운 디자인 (X): 길고 가는 드롭스타일(얼굴 더 길게 보임X) 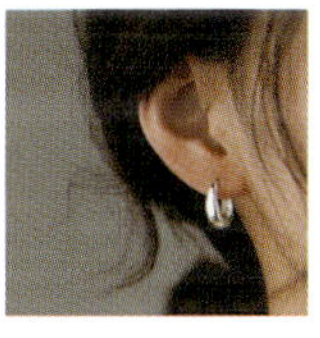  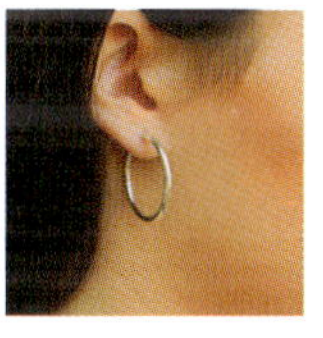
	안경	(0): 모든 스타일 • 웰링턴, 무테, 프론트프레임, 오리지널라운드테 • 오버사이즈, 둥근형(귀여움), 캣츠아이(세련, 노시석) (X): 니무 눈에 띄는 디지인, 너무 좁은 안경폭      

2) 둥근형

<table>
<tr><td colspan="2">특징</td><td>얼굴 넓이와 길이가 비슷한 형(1:1)/ 넓은이마, 볼살, 광대있는 넓적한형
이미지: 귀여움, 건강, 동안, 친숙한 분위기
포인트: 세로로 길고 좁게, 둥근 얼굴을 각지게 연출
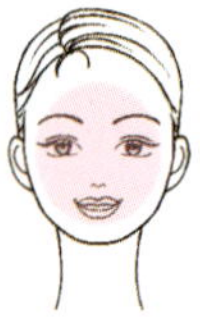 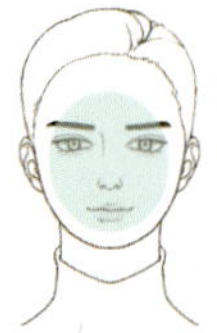</td></tr>
<tr><td colspan="2">연예인</td><td>여: 고현정, 유이, 신혜선, 김다미
남: 정형돈, 조세호, 신동, 조정석, 송중기
 </td></tr>
<tr><td colspan="2">윤곽수정</td><td>세로 길이감 강조(하이라이팅, 셰이딩로 윤곽 포인트)
새딩: 이마양옆-턱까지사선쉐딩 코벽 음영
하이라이트: T존과 눈 밑부분, 턱뼈
</td></tr>
<tr><td colspan="2">부분
메이크업</td><td>피부표현: 20대자기톤보다 한단계 밝게, 30-40대 촉촉윤기있게 파우더로 유분기만 제거
눈썹: 각진아치형, 각진 사선으로 상승형이거나 일자눈썹, 눈썹 끝은 직선
눈: 눈꼬리(진한색) 사선느낌 포인트, 눈썹뼈 중심 하이라이트
치크: 귀에서 광대뼈 아래 사선 블러셔
입술: 립라인 각지고 오똑하게, 입크지않게 둥근 느낌 완화</td></tr>
<tr><td colspan="2">네크라인&
칼라</td><td>(O): V넥, 깊은 U넥, 하트넥, 스퀘어넥, 테일러드 칼라, 셔츠칼라 단추 1-2개 오픈
(X): 넓은 V넥, 홀터넥, 조금파인 라운드 넥
○  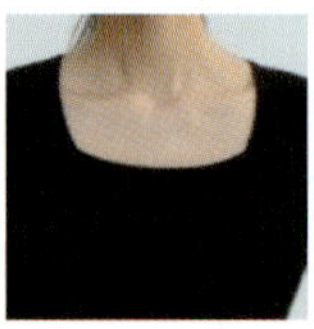  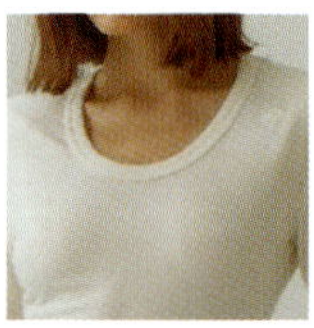 X</td></tr>
<tr><td>헤어
스타일</td><td>여
성</td><td>(O): 이마노출, 옆머리내리기, 위볼륨업, 옆볼륨줄임, 레이어드C컬, 하이포니테일
• 목선드러낸 하이번, 한쪽옆 넘기기, 굵은 웨이브 옆넘김, 가슴중간길이
• 비대칭 보브컷, 레이어드컷단발 턱선길이 웨이브단발(끝뻗침 좋음)
• 앞머리 없거나 짧은 사이드 뱅, 시스루뱅, 옆머리처럼 긴 사이드뱅
• 옆가르마, 비대칭앞가르마, 6:4가르마, 지그재그가능
• 시원한 얼굴 노출에 메이크업 보완의 세련이미지도 연출 가능
(X): 무거운 일자 뱅(볼살 부각주의) / 너무 길거나 짧은 기장 주의
• 양 사이드 부풀림, 올백스타일, 귀 뒤로 머리를 넘기는 것 삼가
• 미디엄길이X, 5:5(X)
  </td></tr>
</table>

헤어 스타일	남성	(0): 가로(옆머리)축소화, 세로(이마보이기, 정수리 위 세우기)길게 연출 • 이마오픈, 윗머리 짧게 층내기, 뒷머리 깔끔 & 짧게, 양옆 헤어는 귀 덮지 않기(=투블럭이 효과적) • 리젠트컷(깔끔), 포마드(가르마사선), 짧은 크롭컷(앞머리 짧게 올린 머리), 올백머리, 가일컷(가로줄,세로늘), 소프트모히칸, 아이비리그 투블럭(소프트), 캐쥬얼 애즈펌, 앞머리가 거의 없는 짧은 느낌의 크롭스타일 (X): 옆, 뒷머리는 어중간하면 둥근 얼굴 부각 주의 • 앞머리 무거운 댄디, 5:5 가르마, 짧은 옆머리 
악세서리	목걸이	(0): 수직선강조 V라인, 곡선최소화 둥근형보다 길게 늘어지는 각진 직선형펜던트(마름모꼴, 역삼각형) (X): 짧은길이(초커), U자형이나 둥근 펜던트 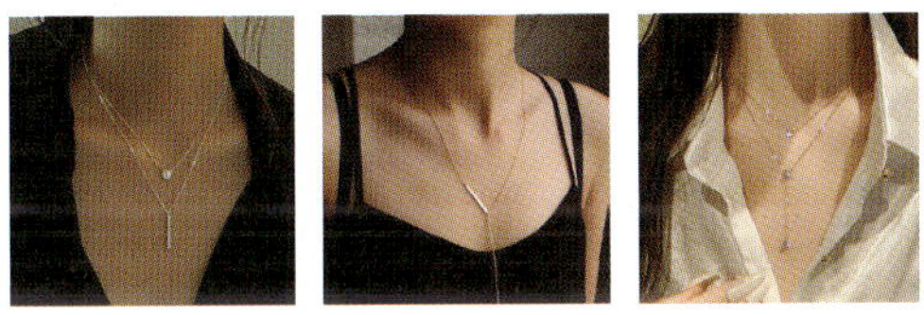
	귀고리	(0): 드롭형. 각진형, 다각형, 긴 길이 귀걸이, 길쭉한 곡선형, 아래포인트장식달린 드롭형 (X): 큰 라운드형, 딱붙는 형 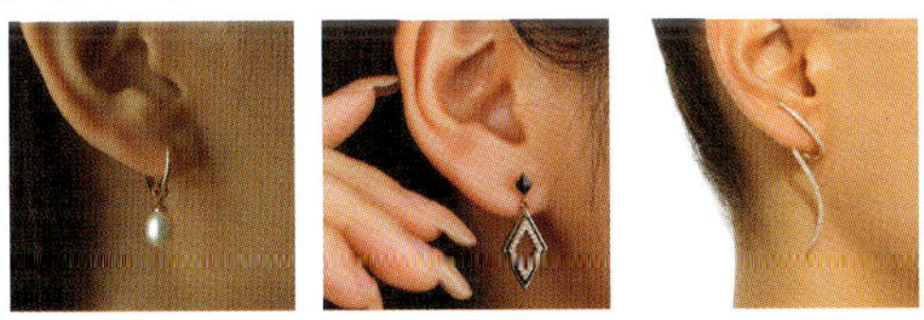
	안경	(0): 각진형, 사각형, 슬림, 폭좁은 직사각형부테, 양끝 올라간 안경테 (X): 폭이 너무 넓은 것, 둥근 것, 윗부분강조, 너무 두꺼운테(강한인상주의) 

3) 역삼각형(하트형)

특 징	현대적인 얼굴형, 얼굴이 작아 보이는 대표적인 V얼굴형, 이마가 넓고 턱이 좁은 형 **이미지:** 섬세. 이지적, 청순, 차갑고 날렵한 인상(날카로와 보일수 있음에 주의) **포인트:** 이마 좁게, 불과 턱 넓게 연출/위, 아래 균형과 V형의 턱을 부드럽게 연출 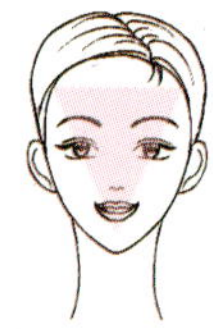 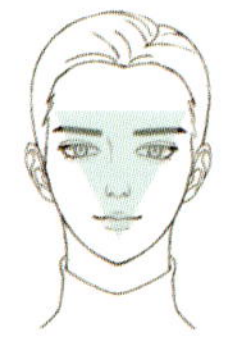
연예인	여: 황정음, 하지원, 수지, 신민아 남: 현빈, 박서준, 주우재  
윤곽수정	이마좁히고 뺨 통통하게 연출 **섀딩:** 이마양끝, 턱끝 가로방향 **하이라이트:** 양볼뺨 밝게, 이마 좁게, 턱양쪽 둥글게 
부분 메이크업	피부표현: 밝은베이지나 핑크계 파운데이션 **눈썹:** 완만한 곡선형, 아치형 **눈:** 완만한 라인형태의 부드러움, 눈앞머리 안쪽과 언더라인앞 연한색 섀도우 **치크:** 눈아래 볼중앙 가로로 넓게 표현 **입술:** 부드러운 곡선으로 길게 표현, 윗입술과 아랫입술 비율 비슷하게 표현
네크라인& 칼라	(O): 부드러운 라운드, 보트, 크루, 드레이프넥 (X): V라인 & 깊은 U라인넥, 각진넥, 하트넥 ○ 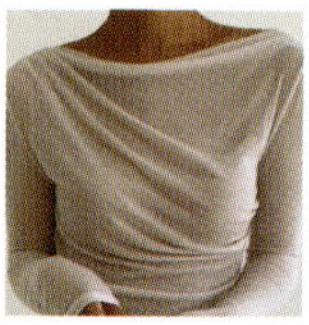    X
헤어 스타일 / 여성	(O): 날카로운 턱선을 헤어컬과 웨이브로 부드럽게 연출 • 앞머리 가볍게 내리고, 위머리 부피감 줄이고, 턱선부위 넓게 • 반묶음 포니테일, 짧은 단발C컬, 귀높이부터 웨이브 들어간 스타일 • 단발 볼륨매직, 굵은 웨이브, 라운드 뱅헤어, 전체 층 준 롱헤어 • 턱아래 내려오는 길이, 무거운 굵은S펌, 한쪽넘긴웨이브 (X): 앞머리일자, 스트레이트, 짧은 숏컷 • 앞이마 들어나는 것, 윗부분의 무거운 스타일   

<table>
<tr><td>헤어 스타일</td><td>남성</td><td>(0): 좁고 뾰족한 턱을 보완, 시선을 분산하는 스타일링이 필요!
옆머리볼륨,부드러운 실루엣과 볼륨
• 정수리, 윗머리에 볼륨, 옆머리는 얼굴밖으로 & 뒤머리는 턱밖으로 살짝 빼서 연출
• 커트보다 펌의 컬넣어 뾰족함을 부드럽게, 이마를 살짝 가려 턱선 강조를 분산
• 윗머리볼륨살려 한쪽 내린 포마드, 가일컷, 볼륨펌, 애즈펌, 소프트 투블럭
• 길이가 너무 짧지 않은 여러 커트, 앞머리 올리거나 내려도 좋음
(X): 너무 짧은 헤어, 이마를 많이 가리는 스타일
* 많이 드러낸 이마, 풍성한 윗머리는 두상이 커보임에 주의
</td></tr>
<tr><td rowspan="3">악세서리</td><td>목걸이</td><td>(0): U자형, 둥근형의 펜던트, 하트나 플라워 펜던트
(X): V자형으로 떨어지는 펜던트, 너무 긴 목걸이
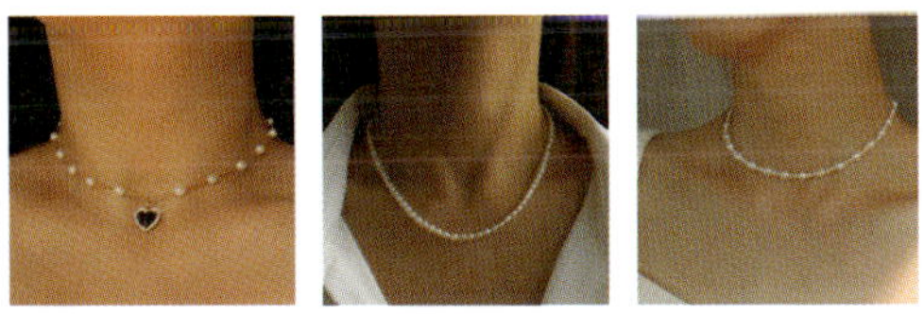</td></tr>
<tr><td>귀고리</td><td>(0): 부드러운 라운드 곡선형, 둥근 링, 아래로 넓거나 볼륨감있는 드롭형
비교적 화려한 디자인
(X): 역삼각형, 각진형
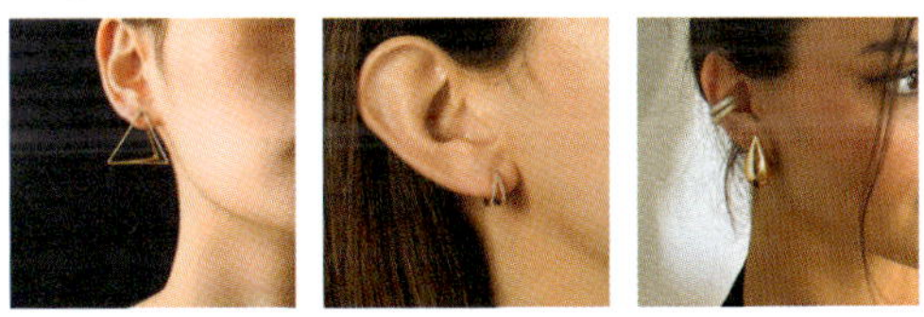</td></tr>
<tr><td>안경</td><td>(0): 직사각형, 부드러운 원형, 얼굴윗부분이 부테거나 가벼운것, 광대가리는 오버프레임, 소프트한 얇은테, 둥근 형태, 오벌형, 디원형, 라운드 스퀘어, 보스돈, 하금테, 아래 빈무테
(X): 윗테가 강조된 각진 프레임

</td></tr>
</table>

4) 긴형

특징	얼굴폭이 좁고 긴 얼굴형 **이미지:** 침착함, 부드러움, 조용함 **포인트:** 세로길이 짧게, 가로로 넓게 연출/가로로 시선분산이 포인트  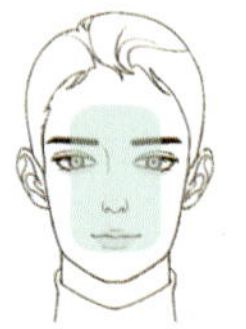
연예인	여: 정려원, 로제, 티파니,김정은 남: 김우빈, 소지섭, 존박  
윤곽수정	가로길이를 줄여주는 연출 **새딩:** 이마, 턱, 광대뼈아래 가로 새딩, 코벽새딩 짧게 **하이라이트:** T존 하이라이트 짧게, 이마 하이라이트는 가로롤 넓게 표현 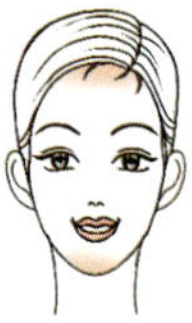
부분 메이크업	* 눈썹, 아이새도, 볼터치는 가로방향 **눈썹:** 완만, 직선적인 일자형, 도톰하고 짧게, 눈동자와 같은색 **눈:** 아이라인과 언더라인을 수평(가로)으로 길게 표현 **블러셔:** 광대뼈중심 가로방향으로 부드럽게 표현 **입술:** 부드러운ㄱ 곡선으로 수평적인 느낌으로 표현
네크라인& 칼라	(0): 라운드, 하이넥, 둥근 보트넥, 오프숄더, 탭칼라 완만한 곡선형의 네크라인, 부드러운 칼라로 여성적 분위기 연출 (X): 깊은 U나 V넥, 하트넥 ○  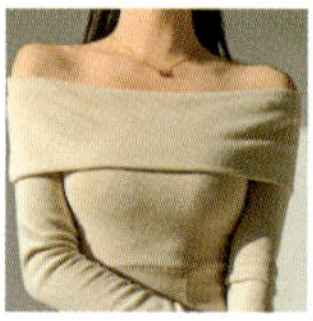  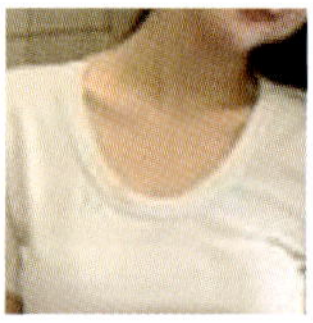 X
헤어 스타일 / 여성	(0): 웨이브단발, 단발형 보브스타일, 시스루뱅, 턱선아래쪽 풍성컬, 옆 S굵은웨이브볼륨, 미디업-롱 루즈S펌, 로우번스타일, C컬단발사이드(옆)볼륨업스타일 • 앞머리 내리고 귀부분, 옆사이드을 풍성하게 볼륨, 웨이브, 턱선정도 길이 층내서 풍성하게 연출 • 앞머리없을 경우 옆가르마(7:3/8:2), 긴머리보다 어깨위 중간길이 (X): 턱선길이 단발형, 앞머리없는 형, 업스타일, 스트레이트 단발, 앞가르마 • 스트레이트 롱, 윗부분에 볼륨, 이마를 드러내고 하나로 묶은 스타일   

<table>
<tr><td>헤어
스타일</td><td>남
성</td><td>(0): 윗부분 낮게, 앞머리 가볍게 내림, 옆머리와 뒷 머리를 퍼트리고 퍼머로 시선을 분산 (긴머리에 효과적)
• 투블럭 댄디컷, 6:4가르마, 소프트투블럭, 댄디컷, 애즈펌
• 커트는 볼륨감있게, 자연스럼 드라이펌이나 웨이브펌
(X): 짧은 투블럭, 귀옆 너무 짧은 머리, 스트레이트, 앞머리가 무겁거나 직선
• 구렛나루길이, 옆머리볼륨없는 것(투블럭, 구렛나루짧음, 옆머리기장 짧은 것)
• 윗머리 모히칸, 뒷머리 샤기컷 앞머리세움, 5:5가르마,

상안부 긴형(라이언고슬링,베네딕트 컴버배치): 이마노출삼가, 가르마 7:3/8:2로
중안부 긴형(준케이,김동헌): 코가 큰편, 옆머리볼륨감, 윗머리컬감
하안부 긴형(김우빈, 시원): 무거운 앞머리, 몸 왜소, 올백스타일 경우 주의
  </td></tr>
<tr><td rowspan="3">악세서리</td><td>목
걸
이</td><td>(0): 초커, 둥근라인유지되는 체인형, 가볍고 작은 펜던트,,쇄골 위아래정도길이
(X): 무겁거나 큰형의 팬던트, 너무 짧거나 긴 목걸이
  </td></tr>
<tr><td>귀
고
리</td><td>(0): 둥근, 넓은, 볼드, 화려한 딱붙는 스터드형, 귀바로 아래 달랑거리는 형, 짧은길이 드롭형
(X): 드롭형,
  </td></tr>
<tr><td>안경</td><td>(0) 소프트한 가로가 넓고 큰 테, 양옆퍼지고 아래쪽 곡선형테
• 상하폭이 넉넉한 안경테, 얼굴폭보다 큰 사이즈, 안경길이, 귀쪽시선 순형태
(X): 세로로 긴 안경

  </td></tr>
</table>

5) 각진형(사각형)

특징	가로, 세로 길이 비슷(넓고)하고 볼라인이 직선형 동양인에서 많이 보이는 형 **이미지:** 쾌활, 다이나믹, 건강, 이지적/남성적,딱딱한 느낌 **포인트:** 이미와 턱옆선에 각을 둥글고, 부드럽게 연출 얼굴이 넓고 평면적느낌 
연예인	여: 정유미, 안젤리나졸리, 미란다커 남: 김종국, 이병헌, 데이비드 베컴 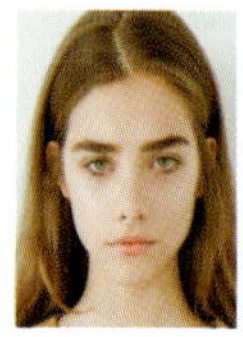 
윤곽수정	얼굴 각을 부드럽게, 너비감을 축소, 길이감 연출 **새딩:** 코벽 새딩길게, 양이마가장자리, 볼가장자리, 턱옆선의 넓이감 축소 **하이라이트:** T존, 눈밑 부분, 턱, t존은 길게, 턱밑은 짧게 표현 이마와 콧등, 턱하이라이트 처리 
부분 메이크업	**눈썹:** 눈썹산 가늘지 않은 아치곡선형, 자연스러운 곡선 **눈:** 수평 길지 않게, 눈꼬리 진한색, 새도는 그라데이션 기법 흰피부는 부드러운 색, 어두운 피부는 브라운, 그레이로 차분하게 표현 **블러셔:** 광대뼈 아래부터 귀 앞쪽-턱끝을 향해 짧게 사선, 턱부위를 어둡게 하여 각을 완화 **입술:** 부드러운 곡선형
네크라인& 칼라	(O): V&U 넥, 스탠드 칼라, 라운드 네크라인, 오프숄더, 숄 칼라 (X): 각있는 칼라, 목 붙는 칼라, 스퀘어, 보트넥, 하이넥, 다이야몬드넥 ○  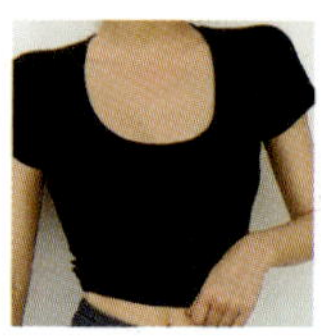 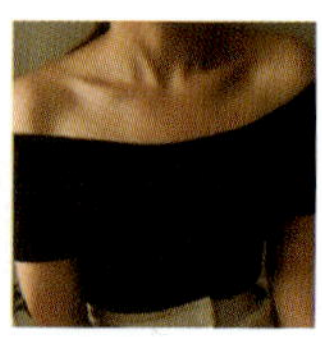  X
헤어 스타일 / 여 성	(O): 턱선이 각진 중성얼굴을 부드러운 곡선으로 연출/윗살린, 층이진, 비대칭커트 컬앞머리뱅, 단발굵은 S펌, 굵은웨이브펌, 레이어드C펌, 업스타일, 옆물결웨이브 레이어드컷, 광대, 턱가려줌, 옆가르마, 옆머리내림(S웨이브) • 앞머리없는 단발 웨이브, 굵은 웨이브나 컬, 층을 준 롱 헤어, 턱아래 사선의 보브해어 뱅헤어, 레이어드컷, 내추럴 웨이브펌, 부피감있는 볼륨파마 • 정수리 볼륨, 앞머리를 짧게, 옆라인은 길게 해서 턱선과 광대뼈를 가려 얼굴을 작게 연출 • 전체적으로 둥근 느낌을 살려 옆머리를 약간 볼륨을 주고 귀를 살짝 가리도록! (X): 단발머리, 수평 보브나 평행 보브 스타일, 쇼트커트, 바깥쪽으로 뻗친 머리 헤어라인 너무 달라붙는 것, 앞머리너무 짧거나 일자머리, 5:5가르마   

헤어 스타일	남성	(O): 광대가 부각안되게 옆머리 최대한 붙이고 시선을 이마나 위로 분산시킴 • 머리길이가 광대가 아닌 광대윗부분에서 멈추도록 조절, 생머리보다 컬감있는것 • 애즈펌, 가일펌, 남성성(블랙), 부드러움(갈색) 이마 전부 드러내는 스타일 : 포마드 스타일, 가일 스타일, 가르마 스타일(광대 위쪽으로 떨어지는) • 광대튀어나온 경우 : 옆머리를 각지게 잘라 얼굴 길어보이게 연출 (X): 머리끝이 광대에서 끝나는 것, 앞으로 내리는 머리   
	목걸이	(O): V, Y자형/ 과감한디자인 팬던트나 롱네클리스, 라운드 펜던트, 부드런느낌의 얇은 체인 패브릭소재 가는 것, 여러줄 레이어드형 (X): 수평선,가로긴 것 삼가, 목에 붙는 초크, 구슬형태의 짧은 길이, 굵은줄, 레더나 볼드한 형 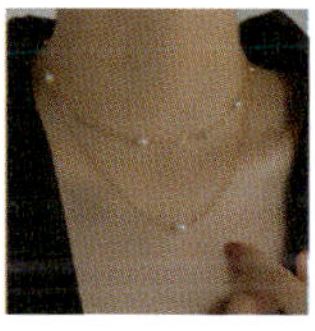  
악세서리	귀고리	(O): 둥근 곡선형의 드롭형, 딱 달라붙는 스터드형, 반짝거리는 작은형, 링, 가늘고 긴 드롭형 (X): 각진형, 넓은형태, 길고 달랑거나 아랫부분 장식많은 링, 아래로 넓어지는 형  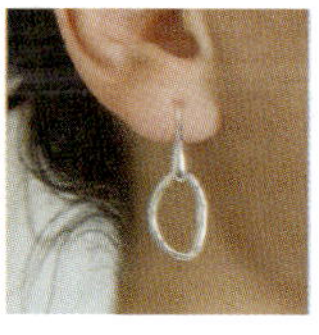 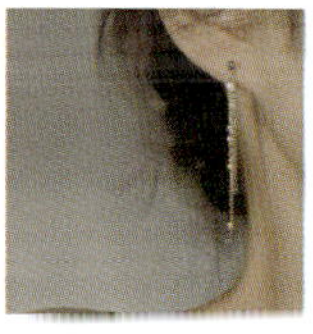
	안경	(O): 심플, 둥근 곡선의 부드러운 형, 밝은 색상테, 타원형 곡선, 동글고 가는 프레임, 캣츠아이형, 보스톤형 둥근, 타원형 (X): 작고 둥근 것, 각진테      

6) 마름모형(다이아몬드형)

특징	광대뼈가 나온 이마 좁고 턱이 뾰족한 얼굴에 군살이 없는 입체적인 얼굴형 **이미지:** 예민 이지적, 도회적, 차가운 이미지 **포인트:** 뾰족한 턱과 광대를 부드럽게 연출, 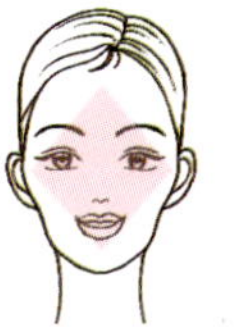 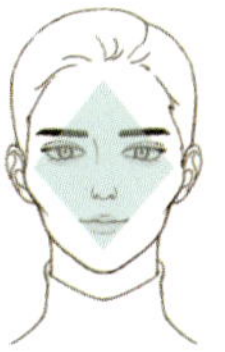
연예인	여: 고준희, 김하늘, 현아 남: 육성재  
윤곽수정	광대뼈와 턱을 부드럽게 연출 **새딩:** 뾰족한 턱끝과 광대 세딩으로 부드러운 타원형 표현, 코벽새딩적당하게 **하이라이트:** 이마는 넓게, 턱양쪽은 좁은 턱선을 완화, 눈밑은 짧게! 
부분 메이크업	**눈썹:** 표준형의 부드러운 곡선형, 너무 길지 않게 **눈:** 눈꼬리를 강조하지 않고 부드럽게 연출 **블러셔:** 광대뼈 바깥부분 – 볼 중간 부위까지, 광대뼈가 좁아 보이도록 동그랗게 연출 **입술:** 부드럽고 동글게 곡선형
네크라인& 칼라	(O): U, 라운드, 스퀘어, 셔츠칼라등 길고 부드럽게 보이는 넥 (X): 보트넥 ○    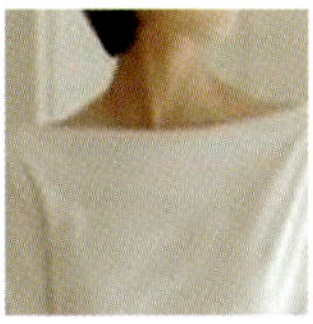 X
헤어 스타일 / 여성	(O): 헤어 부드러운 이미지로 연출 • 옆으로넘긴 웨이브볼륨여신앞머리, 중간길이 층이진머리, 두꺼운 웨이브, 시원한 숏컷 • 굵은 웨이브펌, 단발기장의 히피펌, 러블리펌, 턱선길이앞머리를 사선으로 내림 • 각을 부드럽고 뺨의 넓이를 좁혀주는 스타일로 턱부근 볼륨이나 컬을 주고, 아니면 귀 위로 짧게 컷 • 헤어스타일은 앞이마보다 양쪽 이마부분을 살짝 가려주는 것이 효과적 • 완만한 곡선라인으로 윗부분과 귀아래로 볼륨을 이어 광대뼈와 밸런스를 이루도록 조절 (X): 앞머리를 내리고 이마부분에 불륨감을 주되 이마선이나 귀을 드러내는 스타일은 삼가   

헤어 스타일	남성	(0) 옆머리를 길러 광대뼈를 가리면 더욱 강조되므로 주의 • 돌출된 광대뼈는 자연스럽게 드러내는 게 좋음 • 위쪽의 컬을 넣거나, 볼륨을 넣으면 시선이 위쪽으로 가서 얼굴선이 부드러워 보임 (X): 시선이 광대로 가는 것을 이마로 가도록!: 앞머리 일자로 내리는 것 삼가 
악세서리	목걸이	(0): 아래로 늘어지는 형태, Y자 U자라인, 둥근형태 펜던트 (X): 목에 달라붙는 삼가 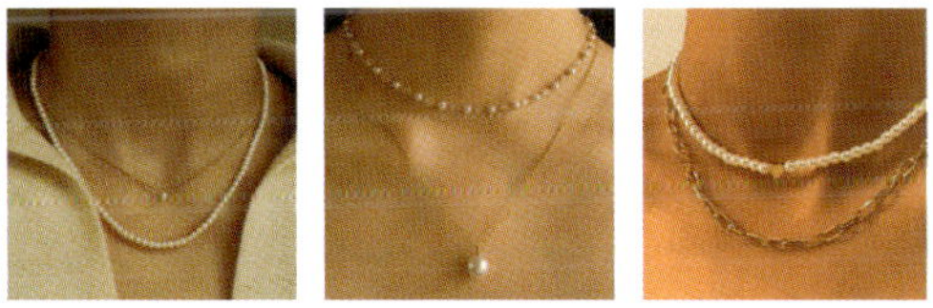
	귀고리	(0): 둥근 형태나 턱선 보충, 짧은, 하단강조, 링, 샹들리에, 크지않은 후프형, 아래쪽이 넓은 삼각형 (X): 드롭형, 상단강조귀걸이, 다이아몬드형 
	안경	(0): 가로로 조금 긴 오버사이즈, 두꺼운 프레임, 부드러운 가장자리, 밑부분은 데가 없는 소프드한 커브, 크고 굵은 사각테, 뉴브릿지테 볼드프레임, 디원형, 캣아이형 위 넓고 아래쪽 가늘어지는 형, 오벌, 보스턴0 (X): 세로폭이 낮은 안경, 각진형, 

3. 피부

최근 깨끗하고 투명한 동안피부는 물론 피부의 건강미를 생각하는 사람들이 증가하면서 피부미용의 트렌드도 변화하고 있다.

자연 친화적인 제품의 활용, 전문가를 통한 맞춤형 관리, 온라인 커뮤니티의 활성화 등 다양한 화장품과 새로운 피부 관리기기의 등장과 새로운 피부 관리 방법에 관심이 집중되고 있다. 또한 남성들도 예전과 달리 외모의 중요성을 인식하면서 피부관리부분의 소비도 증가하고 있다.

1) 피부변화요인

• 연령, 계절, 환경(온도, 습도), 스트레스, 건강영양상태, 내외적요인에 따른 관리방법

*피부가속화 노화원인:** 환경오염, 지나친 업무량과 과로, 다양한 스트레스, 불규칙한 식습관, 흡연

2) 피부관리방법

* 피부관리는 나이, 계절, 피부타입, 현재상황에 알맞은 관리방법이 중요
* 주름살제거나 늙어가는 피부를 멈추게 할 크림은 없다.(단 최소화하거나 감추거나 일시적으로 부드럽게!)

1. **적정한 수면:** 충분한 수면(하루 평균 7-8시간)
2. **건강한 식습관:** 규칙적인 식사 & 균형잡힌 영양섭취
   *흡연, 알코올과 카페인, 정크푸드의 방부제등이 체내 피부의 수분을 빼앗가 치명적임
3. **수분공급:** 최소 8잔 이상 물(여성2100, 남성2600ml) 섭취, 보습 크림이나 로션, 수분팩 사용
4. **자외선차단:** 자외선차단제, 모자, 선글라스, 양산 활용
5. **올바른 세안:** 하루 2-3회 미지근한물에 꼼꼼하게 세안, 노폐물제거(***자외선차단제 제거가 중요**)
   *잦은 지나친 세안은 보호막 유분을 없애 피지분비를 유도할 수 있음에 주의
6. **피부 스트레칭 운동:** 주3회이상 땀흘리는 운동얼굴, 목, 손등 등의 부위 피부 스트레칭 운동
7. **피부탄력 영양제(건강피부위한 보조식품):** 콜라겐, 비타민C, D, 오메가-3(엘라스틴, 히알구론산)

자외선차단제관련

- 자외선 차단지수

  PA: 자외선 A를 차단-피부노화, 기미, 주근깨, 잡티 야기하는 생활자외선 +가 많을 수록 차단 시간이 길어짐

  SPF: 일광화상을 일으키는 자외선을 차단하는 지수, 지수 1이 10-15분간 차단효과

  * 합리적: SPF10-15 제품을 보통2-3시간마다 바르는 게 효과적/지수 높으면 자극, 알레르기 비효율적

- **단시간외출:** 차단지수(SPF10-20, PA+): **SPF10/** 10X15 = 2시 30분-**3시간정도**
- **장시간외출:** 차단지수(SPF20-40, PA++) : **SPF25/** 25X15 = 6시 25분-**8시 33분**
- **바다나 산에서:** 차단지수(SPF40이상 PA+++)

3) 얼굴피부의 자가진단법

- **진단부위:** 얼굴
- 자가진단 피부타입 5가지: 건성, 중성, 지성, 복합성 + 외 1개(민감성체크: 알러지반응)

  *민감성: 알레르기성피부로 여드름, 뾰루지 잘생기거나, 제품사용후 가렵거나 따끔거림, 붉어짐
- **진단법:** 폼크렌징 사용한 세안후 3시간이후(1-2시간) 기름종이나 티슈를 이마, 양볼, 코, 턱에 붙인 후 피지양(유분기)으로 판단
- **진단이유:** 자신의 피부타입을 알고 그에 알맞는 피부관리와 미용제품 선택

  * **하나의 신체에 여러 타입이 존재**할 수 있으며, **계절에 따라 달라질 수 있음**에 주의

진단결과에 따른 피부타입

중성(정상)	유분살짝, 번들거림없음	피지량적절, 수분량적절, 피부결섬세함, 모공상태 미세함
건성	유분기묻지 않고 피부당김	피지량부족, 수분량부족, 피부결얇음, 모공상태 좋음
지성	유분기 많아서 번들거림	피지량과다, 수분량과다, 피부결 두꺼움, 모공상태 넓음
복합성	부위별 유분기 차이남 T존(이마, 코, 턱) 번들 U존(볼, 눈주변) 건조	피지분비량불균형(T과다, U부족)/ 수분량과다(T존), 부족(U존) 피부결T존(두꺼움), U존(얇음)/ 모공상태 T존(넓음), U존(좁음)
민감성	알레르기반응이 생기는 피부	특정성분에 가려움같은 현상 물질자극 테스트검사를 통해 원인 분석

4) 피부유형별 관리법

- 자신의 유형에 따라 효율적으로 관리(건성, 중성, 지성, 복합성피부)
- 피부유형에 적합한 세안제와 각질제거, 기초제품의 선택을 달리, 마사지와 팩의 관리

피부타입	특징 & 관리
정상 피부	**특징:** 유수분밸런스균형, 이상적타입, 피부트러블 없음 피부색맑고, 윤기있고, 매끈, 촉촉하고 부드러움, 색소침착없고, 기미와 주근깨 잡티 없음 **관리:** 영양, 수분의 균형유지, 계절과 연령에 맞는 화장품, 주1회 모공노폐물제거, 자외선차단제 **화장품:** 콜라겐, 비타민E, 비타민C, 레시틴, 히알루론산
건성 피부	**특징:** 수분과 피지분비저하로 밸런스 불균형, 표면건조, 탄력부족함(잔주름많음), 피부윤기없음 파운데이션 쉽게 들뜸, 피부표면 벗겨짐, 갈라짐, 각질주의, 기미와 잡티생기기쉬움 **관리:** 보습좋은 클렌저, 크림, 로션, 영양크림, 무알콜제품, 잔주름관리(아이크림) 건조함해결(잔주름, 피부결이상)미지근한 물, 잦은사우나와 스팀사용자제 **화장품:** 고보습, 고영양의 콜라겐, 히알루룬산, 세라마이드, 알로에베라
지성 피부	**특징:** 유분기많고 번들거림, 표면거칠고 모공 넓고 큼, 여드름과 블랙헤드발생 높음 일반지성(각질층두껍고 피지과다분비로 번들, 모공확장피부) 수분부족지성(땀샘기능저하로 수분부족하여 피부속 건조한 느낌) **관리:** 딥클렌저로 피부정화, 분비조절, 꼼꼼한 이중세안 기름기제거 & 노폐물제거 철저, 각질제거와 자외선차단에 주력 주1–2회각질제거, 주1회 피지흡착마스크팩, 오일프리제품 비타민B2, B6:버섯, 해조류, 녹황색채소, 채소섭취많이, 동물성지방과 초콜릿, 콜라 등을 삼가 **화장품:** 멘톨, 캄푸, 레몬, 유황, 사이프러스, 캐모마일, 알란토안 등 수렴, 소염든 화장품
복합성 피부	**특징:** 부위별 건성과 지성이 혼합: T존(이마, 코,턱)지성, U존(볼, 눈주변) 건성 모공넓고 부위별 타입나눠져 피부결 고르지 못함. T존과 U존의 차이를 잘 정리 **관리:** 두가지타입 화장품사용, 부분적관리: 지성(순하고 가벼운 것), 건성(수분공급) 건성과 지성제품을 부분적으로 사용하여, 다중기능제품 활용해서 피부균형있게 관리 **화장품:** T존(정화 라인 앰플), U존(보습위주), 비타민B2, B6:버섯+비타민C
민감성 피부	**특징:** 예민하고 민감함. 지성+건성+복합성, 피부결 얇고 붉어짐, 알레르기반응 외부환경변화(온도, 습도 자외선등)에 얼굴이 붉게 변함, 일부화장품시 부어오름 **관리:** 전용세안제, 저자극제품 얹듯이 발라주고 눌라줌. 피부자극방지 스트레스관리, 식습관조절 저자극세안제, 미온수 세수, 사우나X **화장품:** 적절한 클렌징(부드런성분), 보습(저자극 보습제품), 성분확인(특정알레르기성분체크), 사계절선크림사용, 저자극과 무자극 화장품, 고농축이나 고기능성제품사용X, 과도한 아이크림 사용삼가, 페이스오일 소량 사용

5) 피부의 증상

(1) 기미

- 후천적으로 피부에 멜라닌 색소가 과다하게 침착되는 현상
- **원인:** 자외선, 임신, 호르몬, 스트레스, 유전적요인, 화장품, 약재, 내분비질환
- **여성:** 20~30내, 눈주위와 광내뼈 중심 발생, 폐경후 생기지 않음
- **남성:** 실외운동 및 활동으로 자외선과다 노출에 의해 생김

(2) 주근깨

- 색소세포가 색소를 과다하게 형성해서 나타내는 질환
- **원인:** 유전적인 요인이 많으며, 그 외 자외선 등
- 흰피부에 많이 발생, 여름에 짙고 겨울에는 옅어지는 계절에 따라 차이남

(3) 여드름

- 지성피부에서 과잉분비된 피지가 모낭속에 축적되어 세균과 작용하여 염증으로 이어지는 피부질환
- **원인:** 유전적, 남성호르몬분비, 여드름균의 모낭침입, 환경요인
- 남성호르몬 안드로겐과 여성호르몬인 프로게스테론의 영향으로 사춘기 청소년에 주로 발생

4. 향수(체취)

오늘날 첫인상의 결정요인 중에 후각 이미지가 사람의 관계에서 긍정적인 호감을 주는 효과적인 요소로 언급되고 있다. 특정인을 기억할 때 그 사람의 향(체취)을 기억하는 경우도 많다고 한다. 누구에게나 존재하는 안좋은 체취를 없애고, 자신에게 어울리는 향수로, 자신의 체취에 맞게 향기를 더한 향기이미지는 사람을 더 매력적으로 보이게하는 장점이 있다. TPO에 맞게, 본인에게 잘 어울리는 향수의 선택은 본인과 타인에게 동시에 좋은 이미지를 줄수 있지만, 과도하게 지나친 향이나 양의 사용은 주의가 필요하다.

향수선택시 고려할 점

- 향수는 향료의 농도에 의한 분류(향 지속시간)
- 향수 지속시간에 의한 분류(뿌린 후 향기 시작하는 시간)
- TPO에 맞게 적절한 용도 향수 선택
- 계절에 따른 향을 잘 알고 적절하게 선택(계절에 따라 향수 냄새가 달라짐)
  향료 물질은 기온 영향받음: 여름철은 높은 온도에 좋은 향료, 겨울철에는 낮은 온도에 좋은 향료 여름은 약하고 겨울은 강하게 만드는 이유는 여름에는 향기 분자가 매우 활발하고, 겨울에는 향기 분자가 잘 퍼지지 않기 때문
  봄, 여름(약하게)엔 가벼운 향을, 가을과 겨울(강하게)에는 무거운 향을 사용
- 날씨에 따른 선택(비오는날과 맑은날): 습도영향으로 낮을 때는 잘안퍼지고, 쾌청한 날에는 더 멀리, 강하게 퍼짐

(1) 향료 농도에 의한 분류(4가지)

구 분	농 도	지속 시간	특 징
퍼 퓸 (Perfume)	15~30%	5~7시간	최고급 제품 가장 진한 깊은 향
오데퍼퓸 (Eau de Perfume)	10~15%	5시간 전후	퍼퓸과 뜨왈렛의 중간, 퍼퓸에 가까운 농도
오데뜨왈렛 (Eau de Toilette)	5~10%	3~4시간	자연스럽고 부드러운 향, 가장 많이 사용
오데코롱 (Eau de Cologne)	3~5%	1~2시간	가벼운 향 샤워후, 실내용사용

(2) 향수노트 지속시간에 의한 분류(3단계)

향수노트: 향을 감지할 때 느낄수 있는 향기층을 의미하며 뿌리고 난후 시간에 따라 향이 변화됨
하나의 냄새에 대한 후각적인 인상으로 발향단계에 따라 3단계로 구분

구 분	지 속 시 간 시간의 흐름에 따른 변화
탑 노트 (Top Note)	첫 향(시작하는 향) 첫인상을 결정, 뿌린 후 5분-30분
미들 노트 (Middle Note)	메인 향(중간향) 뿌린후 30~40분 후 향, 머무는향, 2-4시간지속
베이스 노트 (Base Note)	지속 향(계속향) 뿌린 후 2~3시간 후, 전체적분위기를 좌우

(3) 향수 선택법

구 분	향 수
봄 (Spring)	달콤, 부드러운 플로랄 계열 로즈, 재스민, 라일락, 아이리스
여름 (Summer)	시원, 상큼한 시트러스계열 오렌지, 레몬, 라임, 민트,바다향
가을 (Autumn)	온화, 우아한 시프레 계열 우디향, 스파이시, 흙, 향나무
겨울 (Winter)	따뜻, 관능적인 오리엔탈 계열 머스크, 화이트코튼향,파우더리

(4) 향수사용법

- **향수선택:** 심리적안정, 기분전환용 기후로 선택, 단 타인의 불쾌감도 고려한 향을 선택
- **향수 사용위치:** 상체(귀뒤부분, 목덜미, 손목인쪽)와 하체(무릎뒤부분, 발목: 아래에서 위로 발향) 머리카락(반쯤 마른상태, 하루종일 지속), 화장솜에 뿌려 옷 안쪽부분에 넣어 사용
- **향수 분무시 주의할점:** 흰옷, 실크, 가죽등의 얼룩에 유의, 땀이 나는 부분(겨드랑이)향의 혼합에 주의

  장기간 한가지만 사용시 분무량이 늘면서 진한 향으로 불쾌감 초래할 수 있으므로 유의

  알레르기에 주의, 상처부위 사용 주의

  직사광선, 열을 피해 서늘한 곳에 보관, 1년 이내에 사용하는 것이 좋음

5. 데오도란트

- 사람의 땀냄새를 제거, 억제하는데 사용하며, 불쾌한 냄새를 완화시키는 역할
- 겨드랑이. 생식기, 발처럼 따뜻하고 습한 부위에 사용
- 사용용도에 따른 사용법: 땀을 억제하기 위한 건 밤에, 몸에 나는 냄새방지(차단)를 위한 외출직전 사용
- 피부에 자극적인 ACH(알루미늄), 8가지 유해성분(파라벤6종, 에탄올) 무첨가제품이 안전
- 스프레이, 스틱, 파우더, 롤온(립글로스형식), 티슈 등

* 데오트란트와 드리클로의 차이점

데오트란트: 화장품, 냄새제거가 주목적임(땀분비 억제는 약함)

드리클로: 의약품, 다한증치료제로 땀분비억제

6. 구취관련

- **구취 원인:** 90%가 충치, 구내염, 구강건조증, 잘못된 양치질로 인한 구강 문제
  10%소화기, 호흡기질환, 등 내부 장기로 인한 문제로 발생
  그 외 다이어트, 음주/흡연, 과로/스트레스, 불규칙한 생활, 잘못된 식습관
- **올바른 양치 방법**
  333법칙(하루3번, 3분이내, 3분동안), 단 산성음식, 과일섭취후 30분후에 양치질
  양치질할때 칫솔, 치실과 치간칫솔을 사용, 혓바닥과 입천장을 꼼꼼히 닦음
  물이나 차를 자주 마시고, 음식 섭취 후에는 양치질이나 **가글링(차, 음료 섭취 후 필수임)**

7. 피부 & 미용

• 본인의 얼굴피부를 체크하고 그에 따른 특징적인 관리방법을 정리해보세요!

(1) 자신의 피부유형(중성, 건성, 지성, 복합성, 민감성?) 진단?: 결과 & 관리방법

(2) 피부 증상과 관리:(기미, 주근깨, 여드름 유무? & 자외선차단관련): 결과 & 관리방법

(3) 체취관련: 향수, 데오도란트, 구취관련 사용여부?: 결과 및 스타일링 계획

(4) 종합적인 특징 및 관리방법, 기억하면 좋은 점

3-3. 퍼스널칼라 & 스타일링

첫인상에서 시각이 87%를 좌우하고, 그중 60%가 색에 의해 좌우될만큼, 색은 자신의 분위기를 표현하는 중요한 요소중 하나이다. 사람의 첫인상에서 사람을 기억하는 것과 기억하지 못하는 이유중의 하나가 색과 관련이 있으며, 직업마다 선호하는 색에 차이가 있으므로, 색에 대한 스타일링의 기본을 이해하는 것이 필요하다.

1. 배색

배색이란?

- 원하는 이미지를 연출하기 위해 2가지 이상의 색을 섞거나, 배열하는 것
- TPO의 목적에 따라 다양한 분위기 연출을 위해 조화와 변화를 주는 배색원리

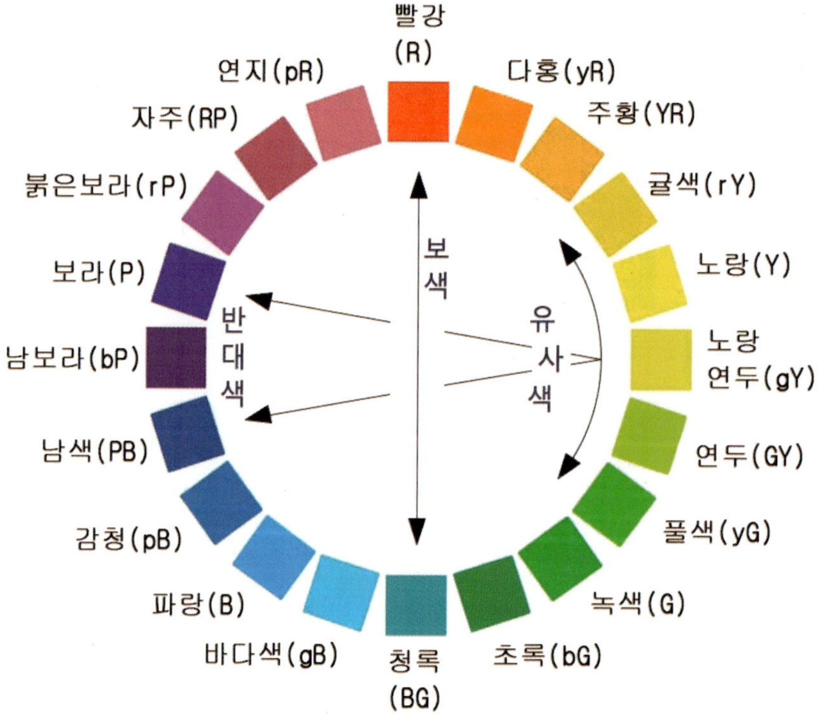

1) 색상 배색

색상 배색		
동일색	**유사색** (인접색,톤온톤,톤인톤, 그라데이션)	**대조색** (보색, 콘트라스트배색)
한가지색톤 배색	색상환에서 60도 안쪽 범위의 배색	색상환에서 마주보는 보색과 보색포한한 대비색의 배색
안정적, 무난 지루할 수 있음	통일, 차분, 안정된 느낌 악센트가 부족해보일수 있음	강렬, 화려한 느낌 색만 부각될수 있음

2) 톤 배색

톤 배색	
톤인톤	**톤온톤**
비슷한 색톤의 결합, 색다름	톤차이를 이용한 결합, 1색, 유사색의 명도차
부드럽고 온화, 평범 지루해 보일 수 있음	세련, 명쾌한 느낌 톤차이에 따른 이미지를 조절

3) 포인트 배색

포인트 배색	
그라데이션	세퍼레이션
점진적인 단계적 변화로 진하게, 연하게 변화하는것	두색 사이에 분리색을 삽입하여 강한 배색효과 연출
시각적 주목감을 유도 톤은 비슷하고 색상이 유사색으로 자연스럽게 변화	색이 선명해져 배색효과가 명확 유채색사이에 무채색 삽입, 무채색에 유채색배색

2. 퍼스널 칼라

1) 퍼스널 칼라(personal color)의 이해

퍼스널컬라는 개인이 태어나면서부터 지니고 있는 피부색에 어울리는 색을 의미한다. 즉 원래의 본인 색에 맞게 색을 응용하고 포인트를 살려서 더 돋보일 수 있는 색을 의미한다. 퍼스널컬러는 이미 대중화되었지만 아직도 명확하게 본인의 색을 모르거나, 잘못된 진단으로 올바르지 않은 정보를 알고 있는 경우도 많다. 그래서 퍼스널칼라를 정해진 계절이나 타입의 색으로 단정하기 보다는 본인에게 어울리는 색상과 함께 명도와 채도의 정도를 알고, 또 반대로 피해야 하는 색도 아는 것이 필요하다. 또한 **퍼스널칼라가 신체 모든 부분에 다 같을 거라고 생각하지만, 부분적으로 조금씩 색의 차이가 나서 어울리는** 색이 다를 수 있으므로 **반드시 활용하는 부위를 정확하게 진단하는 것이 필요**하다.

(1) 퍼스널칼라?

- **나를 가장 멋지게 보일 수 있는 색**
- 개인이 가진 고유색에 **가장 잘 어울리는 색**

(2) 퍼스널칼라와 얼굴변화

어울리는 색	어울리지않는 색
좋은 부드러운 인상	강한인상 또는 아파보이는 인상
젊어 보이고, 밝고 건강해 보임	나이 들어 보이고,혈색없고 생기없어보임
얼굴이 화사하고 투명해 보임	얼굴이 어둡고 칙칙하고 누렇게 보임
이목구비가 선명해보임	이목구비가 흐릿해보임
피부가 균일하게 보임	피부 트러블이 잘 보이고 비균일해보임
잡티와 주름이 약하게 보임	잡티와 주름이 선명하게 보임

(3) 퍼스널칼라와 활용

- 신체색을 기준으로 패션, 헤어, 메이크업의 스타일링에 적용
- TPO의 용도에 맞게 구별해서 선택(이목구비가 선명함 또는 얼굴색 화사함)
- 진단시 객관적인 시각적판단이 중요(좋아하는 색과 어울리는 색이 다를 수 있으므로 진단할 때 객관적인 시각을 갖도록 주의)
- 퍼스널칼라는 색의 온도감(따뜻한 색, 차가운색)을 바탕으로 사계절, 12분류, 15분류까지 분류

(4) 어울리지 않는 색이지만 활용하는 방법

- 어울리지 않는 색은 얼굴에서 먼 곳에 입음
- 어울리는 색으로 메이크업을 함
- 어울리는 색의 스카프, 목도리를 얼굴가까이로 스타일링
- 어울리는 색의 안경, 귀걸이, 목걸이를 착용
- 색을 디자인과 소재로 보충하여 보완함

(5) 퍼스널칼라 변화요인

- **노화:** 연령에 따른 피부색 변화(20~30대, 40-50대, 60대이후)
- **자외선:** 햇볕에 탄 정도에 따른 변화
- **컨디션:** 아프거나 피곤, 과도한 스트레스에 따른 변화
- **식생활:** 먹는 음식종류에 따라 변화

(6) 퍼스널진단 결과에서 주의할점

- 일반적으로 진단결과를 **특정타입으로 단정지어 한정시키지 않도록 주의**
- **어울리는 베스트색**과 **세컨드색** 그리고 **무엇보다 중요한건 워스트색(피해야 할색)**을 아는 게 중요
- 진단결과에서 **특정타입으로 나온 경우에도 그 타입안에서도 어울리는 색과 어울리지 않는 색**이 있음에 유의
- 색상이외에 명도, 채도, 청탁의 차이 정도에 따라 어울리는 색이 달라질 수 있음도 고려

2) 퍼스널 컬러 진단 프로세스

퍼스널 칼라 진단방법은 크게 2가지 방법으로 신체부위분석 & 진단천 드레이핑으로 나누어지며, 천드레이핑이 좀 더 명확하지만 진단 천의 소재색과 광택정도에 따라 차이가 있을 수도 있다.

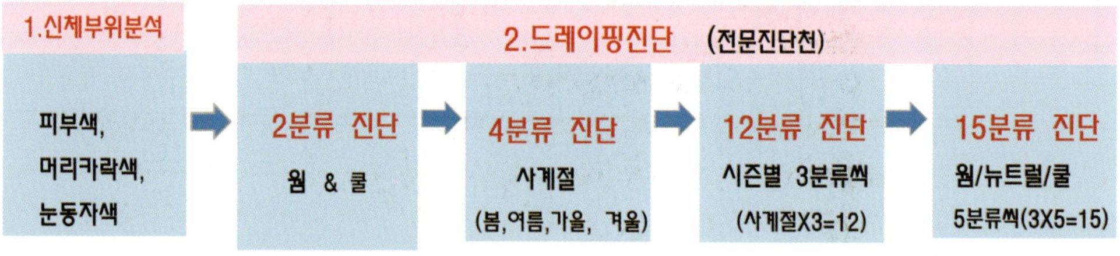

간단한 자가진단 테스트

http://blog.naver.com/romanticroem/220818002479

http://blog.naver.com/vikiblog/220994151456

다양한 퍼스널 칼라 간단 진단방법

- **스카프, 목도리 컬러:** 블루 잘 어울리면 쿨톤, 브라운 잘 어울리면 웜톤
- **손등 활용:** 오렌지와 핑크색에 손등을 대보아 어울리는 톤을 판단
- **립스틱 활용:** 오렌지색이 잘어울리면(Warm톤), 핑크가 어울리면(Cool톤)
- **파운데이션 활용:** 양볼에 핑크(쿨), 엘로우(웜) 크림을 바른 후 어울림으로 판단
- **A4용지 활용:** 피부톤이 핑크, 푸른빛띠면(쿨톤), 피부톤이 옐로, 초록빛띠면(웜톤)
- **골드 실버 테스트:** 금(웜), 은(쿨) 천, 종이로 한손(손목 안쪽)씩 동시에 대보고 선택
- **정맥테스트:** 손목안쪽의 보이는 혈관이 파란색(쿨톤)과 녹색(웜톤) 중 가까운 색으로 구별

(1) 신체 부위 분석

진단부위: 피부색, 머리카락색, 눈동자색+ 뒷머리 두피색, 손목 안쪽색

1.신체부위분석 → 피부색 → 눈동자색 → 모발색 → 기타 (손목안색, 귀뒤 옆목색) → 진단정리

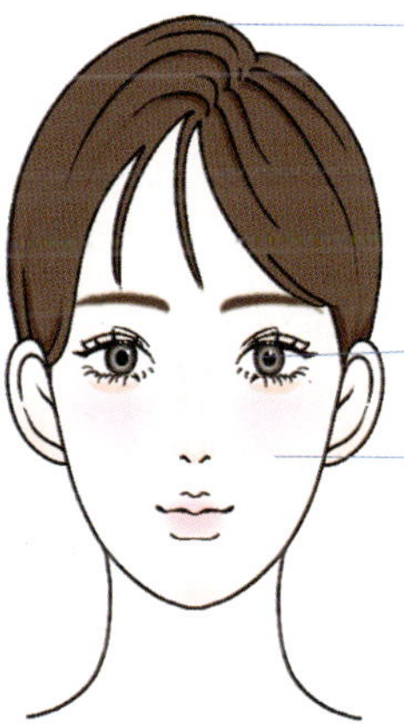

머리카락색 ?
머리카락 숱(많음, 적음)?
머리카락의 윤기(있음, 없음)?

눈동자색 ?
눈동자색 (밝음, 어두움) ?
홍채경계 대비정도(경계뚜렷, 경계비슷함)?

피부색(얼굴, 손, 목)?
질감 & 광택 (윤기유무, 매트)?
두께정도(두꺼움, 얇음)
볼, 귓볼에 붉은끼(있음, 없음)?
햇볕 노출시 타는 정도 ?
(쉽게 잘 타고 갈색으로변함, 잘타지않고 붉다가 얼굴색으로 다시 돌아옴)

본인 퍼스널칼라진단 결과

- 본인 퍼스널칼라를 분석해서 체크 & 스타일링의 특징을 파악해보세요.
  (퍼스널컬러 진단시 주의사항: 반드시 맨 얼굴상태와 자연광에서 진단)
- 퍼스널컬러와 안맞는 기존 보유한 옷의 경우: 활용할 수 있는 방법 참고
- **전문가컨설팅의 다른 결과 주의:** 진단 천, 경험, 색 이해정도에 따른 진단결과에 주의
  (*** 전문가마다 다른 진단이 나올 수 있으므로 전문가 선택에 유의)

퍼스널칼라 진단 체크리스트

계절	봄	여름	가을	겨울
피부	• 노랑기띤 밝은피부 • 윤기있고 밝은 아이보리 피부 • 혈색좋은 건강한 장미색 볼 • 햇볕쉽게, 빨리타고 기미,잡티생김	• 노랑기가 강한 피부 • 골드기 깊은 색가짐, 윤기없고 매트함 • 볼, 귓불에 붉은기 없음 • 햇볕 잘 타는 편, 쉽게 갈색으로 변함	• 핑크기의 밝은 투명감 피부 • 민감한 피부 • 파우더리하며 매트한 피부 • 햇볕에 잘 타지 않고 바로 돌아옴	• 하얗고 두께감 있는 건강한 피부 • 윤기있는 피부 • 볼이나 귓불에 붉은기가 전혀 없음 • 잘타지 않고 쉽게 붉어지지 않음
헤어 (모발)	• 밝은 브라운계열 • 얇고 부드러움 • 윤이남 • 숱이 적음	• 어두운 브라운이나 블랙, (녹색, 갈색) • 무게 있고 매트한 질감 • 모발의윤기가 없음 • 숱이 많음	• 새까맣지않고 에쉬그레이 계열 • 매트한 질감 • 얇고 부드럽고 가벼운 느낌 • 숱이 적음	• 블랙, 다크 브라운 • 윤기 있는 암갈색이나 새까만 머리 • 굵고 단단하고 존재감이 강함 • 숱이 많음
눈	• 밝은 갈색, 흑갈색 • 눈동자 반짝거림 • 홍채가 밝음 • 동공이 아주 잘 보임 • 흰자위와 검은자위 대비 명확	황갈색 빨려 들어갈 듯 안 정, 깊은 인상 홍채 어둠 동공은 잘 안 보임 흰자위와 검은자위 대비 부드러움	• 소프트브라운 • 부드럽고온화한 눈매 • 홍채는 밝음 • 동공이 잘 보임 • 흰자위 검은자위의 대비 부드러움(약)	• 다크브라운, 푸른빛 도는 검정색눈흰자위 눈에 강한 힘 느낌 • 홍채 어두움 • 동공 잘안 보임 • 흰자위 검은자위 대비 명확
립색	코릴핑크 & 오렌지 등 밝은색	브라운. 다크오렌지 등 차분한 색	밝은 핑크로즈계열의 부드러운 색	새빨간 로즈핑크계열 등 뚜렷한 색
악세서리 색	윤기있는(유광) 골드류 잘 어울림	매트한(무광) 골드류가 잘 어울림	실버류가 잘 어울림(무광)	윤기있는(유광) 실버류가 잘 어울림
	볼륨:밝은색(가늘고, 섬세)	볼륨:어두운색(크고, 존재감있는 것)	볼륨:밝은색(가늘고, 섬세)	볼륨:어두운색(크고, 존재감있는 것)
총수				
인상 이미지	• 귀엽, 따뜻, 발랄, 생기있는, 친숙미 • 건강, 경쾌, 큐트, 반짝임.	• 내츄럴, 고전적, 온화, 차분, 이국적 • 안정감있고, 고상, 점잖, 그윽한,성숙	• 우아, 엘레강스, 여성적, 부드러움 • 청량감있고, 지적, 세련, 기품있는	• 쿨, 카리스마, 모던, 도회적, 샤프 • 화려, 개성있고 드라마틱, 당당한

퍼스널칼라 진단 결과 정리

<table>
<tr><th colspan="2">퍼스널진단결과</th><th>분석내용</th></tr>
<tr><td rowspan="4">퍼스널
컬러
진단결과</td><td>웜/쿨베이스</td><td></td></tr>
<tr><td>4계절 & 12타입</td><td></td></tr>
<tr><td>베스트 색 (1, 2 순위)</td><td></td></tr>
<tr><td>워스트 색(피해야할 색)</td><td></td></tr>
<tr><td rowspan="3">색 &
기호</td><td>좋아하는 색</td><td></td></tr>
<tr><td>싫어하는 색(왜?)</td><td></td></tr>
<tr><td>내 옷장속 옷색들은?</td><td></td></tr>
<tr><td>종합
분석정리</td><td>특징적인 사항
개선 & 보충사항</td><td></td></tr>
</table>

(2) 진단천 드레이핑

- 드레이핑천 진단은 제일 먼저 색상 진단을 기본으로 한 후에 명도, 채도, 청탁의 정도까지 진단하여 명확하게 확인
- **진단준비:** 미메이크업상태의 자연광 아래, 흰색상의 착용, 헤어밴드 착용, 거울준비
- **진단방법:** 다양한 색이 진단천을 얼굴에 대보면서 얼굴색의 변화로 확인하는 방법
  3인 이상, 객관적인 시각으로 비교, 분석하는 것이 가장 중요
  (천연 햇빛 있는 오전10시-오후 3시가 적당)

(3) 진단결과 프로세스 (전문가진단)

2.드레이핑진단 전문진단천 → 웜 & 쿨 → 4계절 → 12/15 세부타입 → 타입확인 명도/채도/청탁 → 최종결과

1단계 분류법: 2종류: 웜 & 쿨

- **진단방법**

기본적으로 골드와 실버와 천을 활용하여 각각 동시에 대보고 판단

진단천에서 한가지색(예:빨강, 노랑, 파랑 등)의 서로 다른 톤들을 차례로 드레이핑하면서 웜과 쿨을 구분

- **진단결과**

색상 진단이 명확하지 않은 경우을 대비해서 명도와 채도 진단의 재체크가 필요

색상에서 웜과 쿨의 차이점

기본 노랑색에서 웜은 따뜻한 느낌이 추가되고, 쿨은 시원한 느낌이 추가

웜톤은 따뜻한 핑크가 어울리고 쿨톤은 차가운 핑크가 잘 어울림

최근 웜, 쿨 이외에 중간단계인 뉴트럴의 최신이론도 추가되고 있음

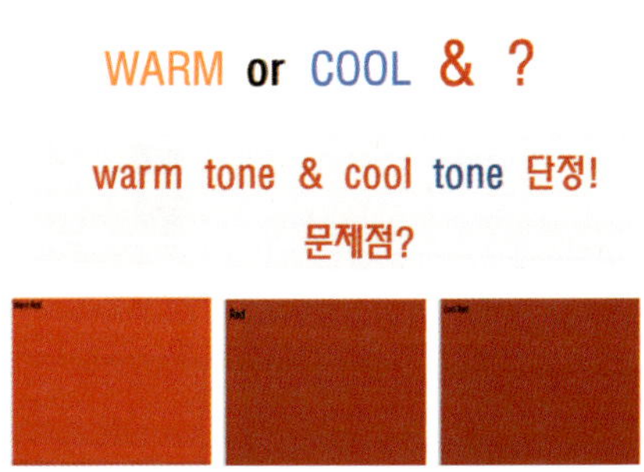

톤		
구분	**웜톤**(따뜻한색) warm tone(yellow base)	**쿨톤**(차가운색) cool tone (blue base)
특징	노란빛이 도는 베이지계 (모든색 + 노란색)	붉고 푸른 빛이 도는 그레이계 (모든색 + 파란색)
	따뜻하고 온화하고 친근한 인상	시원하고 부드럽고 차가운 인상
	오렌지 컬러가 화사하게 잘 어울림	핑크칼라가 화사하게 잘 어울림
	따뜻한핑크	차가운 핑크
	골드쥬얼리가 조화	실버쥬얼리가 조화
얼굴색	 	 
조화	**(O)웜 + 웜/(X) 웜 + 쿨** 	**(O) 쿨 + 쿨/ (X) 쿨 + 웜** 
예)그레이	  **Warm grey**	  **Cool grey**

2단계 분류법: 사계절(봄, 여름, 가을, 겨울)

• 웜은 봄, 가을로 나누어지며, 쿨은 여름, 겨울로 나누어지므로 각각 자신의 사계절을 진단

웜: 봄: 선명하고밝은색상 / **가을:** 부드럽고차분하며 안정감을주는색상

쿨: 여름: 부드럽고밝은색상 / **겨울:** 선명하고강한색상

퍼스널칼라 사계절 기본 특징

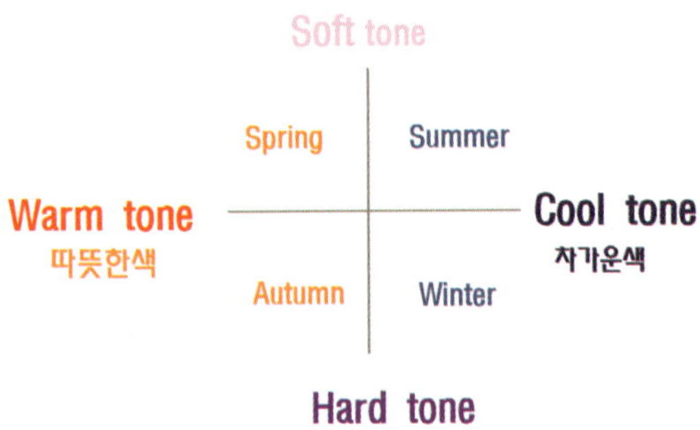

사계절과 그린색

사계절의 특징적이미지 & 퍼스널칼라 색

PCCS색체계

퍼스널칼라 & 사계절

색상(2)	WARM(Yellow)		COOL(Blue)	
계절(4)	Spring	Autumn (+검정살짝)	Summer(+흰색)	Winter
	옐로우계	갈색계(차분, 깊이감있는)	파스텔계(밝은 회뿌연색)	원색& 무채색(흰색, 검은색)

분류(12)	Bright Warm Light	Mute Warm Dark	light Cool Mute	Dark Cool Bright
명도(밝/어)	밝음(고명도)	어두움	밝음	어두움
채도(선/흐)	선명(고채도)	흐린(저채도)	흐린	선명
대비(강/약)	강(크게)	약(작게)	약(작게)	강(크게)
톤	비비드톤, 브라이트톤, 라이트톤	그레이쉬톤, 다크톤 덜톤, 딥톤	소프트, 라이트, 라이트그레이쉬, 페일	비비드톤, 딥톤, 무채색(B/W/그레이)
이미지	알록달록 색색 봄꽃색	가을단풍, 잘익은 과일색	비맞은 수국, 뿌연안개	흰눈과 얼음, 겨울밤 별색

사계절칼라의 특징 & 스타일링 활용

봄 봄 꽃밭의 색 / 발랄, 귀여운 / 로맨틱스타일 & 액티브스타일

인상		건강, 발랄, 귀여운 로맨틱이미지 동안, 생기있고 호감 주는 이미지
신체특징	피부색	혈색 좋고, 윤기있고, 얇은 피부 밝고 투명, 매끄럽, 아이보리피부
	헤어	숱적고, 가늘고, 윤기있음 밝고 연한색, 라이트 브라운계열
	눈동자	라이트 브라운계열 반짝, 홍채밝고, 동공 잘보임 흰자와 검은자 대비가 명확

퍼스널칼라	톤	큐티, 로맨틱, 스포티 캐쥬얼
	어울리는 이미지	큐티, 로맨틱, 스포티 캐쥬얼
	조화색	컬러풀한 색 노란색 가미된 원색, 중간색 베이지 노랑베이스 난색계, 선명하고 밝은 색 주홍색, 연두색, 산호색, 웜 아쿠아
	부조화색	한색계열, 와인색, 무채색, 은색 짙은 톤이나 모노톤

패션스타일링		밝고 낭만적, 경쾌한 스포티스타일 밝은노랑, 밝은오렌지의 가벼운소재 원색그린과오렌지, 밝은색블루진활용
메이크업	피부	맑고 투명하게 표현 큐트, 로맨틱한 밝고 화사한 느낌표현
	블색상	피치 핑크
	아이섀도우	옷, 립에 맞춘 오렌지, 피치, 애플그린
	입술	코릴핑크 & 오렌지 등 밝은색
헤어컬러링		밝고 귀여운, 단발, 층있는 굵은웨이브 밝은 갈색과 오렌지, 그린계의 컬러링 검정색, 와인계열, 블루계열은 삼가
네일		베이비핑크, 산호색, 연두, 피치계열
어울리는 악세서리		유광 골드계 모조 보석(주) 가볍고 작은 스타일

남성 V-zone	슈트	라이트그레이, 브라이트 네이비, 카멜
	셔츠	아이보리, 노랑색 베이스로의 밝은 색 칙칙한 색 삼가
	넥타이	셔츠 맞게, 가을보다 밝고 선명한 색

봄 칼라 & 스타일링

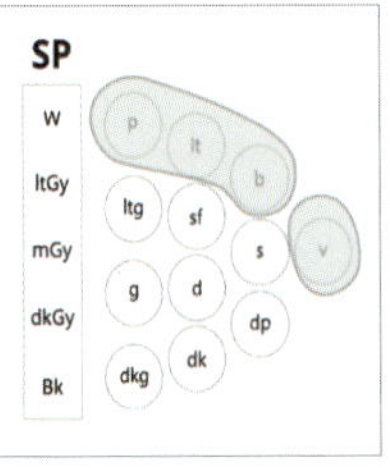

SP-B-01 Bright
화려한/ 씩씩한
옐로우 베이스 밝고 선명한 색
고채도/ 청(淸)색 중심/ 컬러풀

SP-W-02 Warm
젊은/ 건강한
옐로우 베이스 밝고 뚜렷한 색
중~고명도/ 중~고채도/ 컬러풀

SP-L-03 Light
부드러운/ 상냥한
옐로우 베이스 부드러운 색
중·고명도/ 중·저채도/ 밝은 탁색

봄 컬러 & 패션

네일

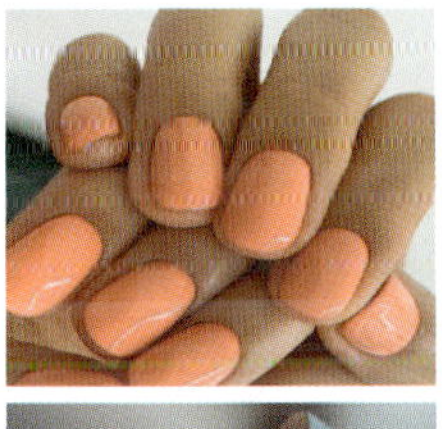

넥타이 & 스카프

봄 칼라 & 스타일링

헤어

봄 컬러 이미지 : 로맨틱 & 액티브

메이크업

악세서리

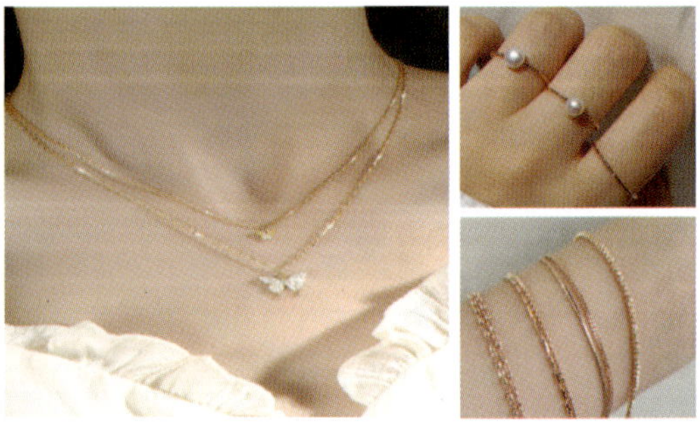

사계절칼라의 특징 & 스타일링 활용

여름 비 맞은 수국꽃 색 / 자연스럽고 여성스러운 / 페미닌 & 엘레강스 스타일

인상		투명, 우아,세련, 고급, 부드런이미지 밝고 깨끗하고 내츄럴한 이미지
신체특징	피부색	혈색좋고 밝은투명감, 얇은 매트피부 희고 푸른빛, 핑크빛, 약간 붉은빛
	헤어	숱적고, 가늘고, 윤기없음, 부드럽,탁한색, 회색빛, 소프트블랙,
	눈동자	소프트브라운 홍채밝고, 동공잘보임, 부드러운, 온화한 느낌 흰자와 검은자 대비가 약함

퍼스널칼라	톤	소프트,라이트, 라이트그레이쉬,페일
	어울리는 이미지	우이한, 세련된, 페미닌
	조화색	부드럽고 우아해보이는 색 핑크파스텔톤, 흰색과 파란색 한배색 푸른빛베이스 파스텔색조 라벤다, 로즈핑크, 그레이 네이비, 스카이블루
	부조화색	지나치게 화려한색,너무 어두운 색 노란빛의 오렌지색, 금색

패션스타일링		부드럽고 페미닌한 스타일 엘레강스한 새미정장, 내츄럴스타일
메이크업	피부	은은한 핑크 빛으로 표현 파스텔톤의 회시함과 내츄럴힘 표현
	블색상	베이비핑크
	아이새도우	로즈베이지, 코코아, 로즈브라운, 스카이불루, 코발트그린, 베이비핑크
	입술	밝은 핑크로즈계열의 부드러운 색
헤어컬러링		우아, 부드러운, 여성적, 긴스타일 블루베이스의 블루계, 자연갈색, 회갈색, 와인색등의 컬러링 검정, 오렌지, 카키계열은 삼가
네일		핑크, 미스티블루, 라벤더,그레이계열
어울리는 악세서리		실버무광 플래티넘계 작은 것(주) 블루계열,핑크, 보라,라이트그레이

남성 V-zone	슈트	네이비블루, 그레이네이비, 로즈브라운
	셔츠	소프트 화이트, 스카이 블루, 베이비핑크등 푸른색이 베이스
	넥타이	소프트한색상 & 겨울색상포인트

여름 칼라 & 스타일링

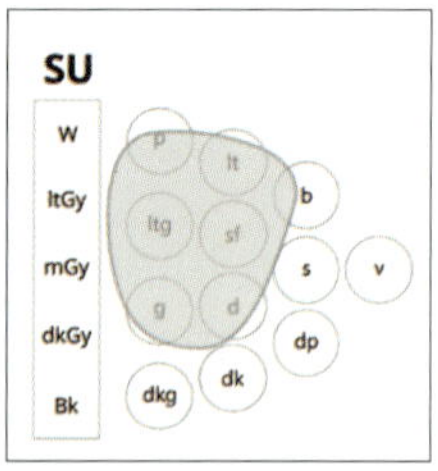

SU-L-04 **Mute**

산뜻한/ 젊은
블루베이스 밝고 소프트한 색
고명도/ 중~저채도

SU-C-05 **Warm**

소프트/ 페미닌
블루베이스 차가운 색
중명도/ 저~중채도 청(淸)색

SU-M-06 **Dark**

섬세한/ 품위있는
블루베이스 섬세한 색
중~고명도/ 저채도

여름 컬러 & 패션

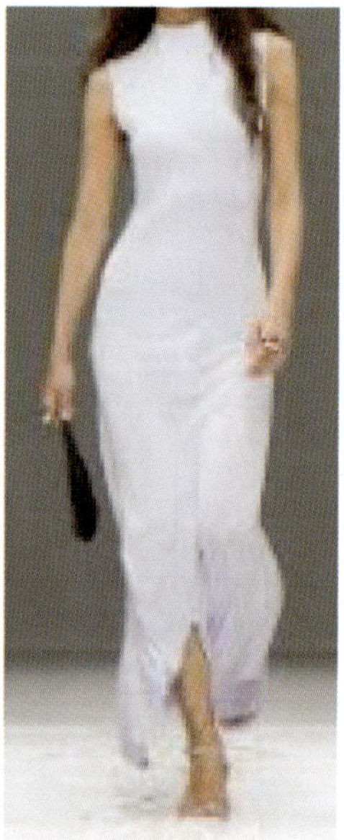

네일

넥타이 & 스카프

여름 칼라 & 스타일링

헤어

여름 컬러 이미지 : 페미닌 & 엘레강스

메이크업

악세서리

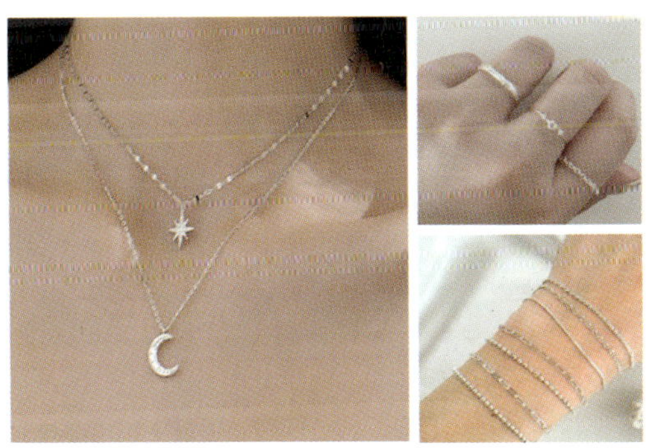

사계절칼라의 특징 & 스타일링 활용

가을 단풍색, 잘익은 과일 / 이국적, 성숙한 / 클래식 & 내츄럴스타일

인상		성숙, 도시적, 차분, 이국적이미지 따뜻하고 깊고 짙은 이미지
신체특징	피부색	혈색없고 윤기없고 두껍고 매트피부 어두운색, 노란빛 띤갈색, 검은갈색,
	헤어	숱많고, 굵고 딱딱하며 윤기없음 어둡고 깊이있는 갈색 다크 브라운
	눈동자	다크 브라운 홍채어둡고, 동공잘안보임 깊이감의 차분한 느낌 흰자와 검은자 대비가 약함

퍼스널칼라	톤	덜톤, 그레이쉬톤,다크톤, 딥톤
	어울리는 이미지	내츄럴, 클래식, 에스닉
	조화색	골드베이스 차분하고 깊이 있는 색 자연색인 베이지, 카키, 올리브, 브라운, 그린 오렌지 등 따뜻한톤 다크브라운, 모스그린, 머스타드등
	부조화색	차가운 계열은 삼가 엷고 희미한 색은 삼가

패션스타일링		클래식하고 내츄럴한 분위기 연출 지적, 도회적인 느낌을 연출
메이크업	피부	내추럴베이즈로 차분하게 표현 클래식, 풍부한 깊은 색감표현
	블색상	연어, 살빛
	아이새도우	차분, 깊이감표현 다크브라운, 모스그린, 머스타드, 딥피치
	입술	브라운. 다크오렌지 등 차분한 색
헤어컬러링		차분, 풍성,복고, 깊이감, 내츄럴웨이브짙은갈색, 카키계, 브론즈계 컬러링 회색, 블루, 밝은황갈색, 와인색삼가
네일		버건디,카키, 브라운, 골드계열
어울리는 악세서리		황금골드계 무광, 에스닉풍(주),큰거 골드브라운계열 짙고 깊이감있는 것

남성 V-zone	슈트	커피 브라운, 다크 브라운, 차콜 브라운, 마린 네이비
	셔츠	오이스터화이트, 웜베이지등 황색베이스, 블루계열의 색은 삼가
	넥타이	명도, 채도 낮은 황색계열, 그린계열

가을 칼라 & 스타일링

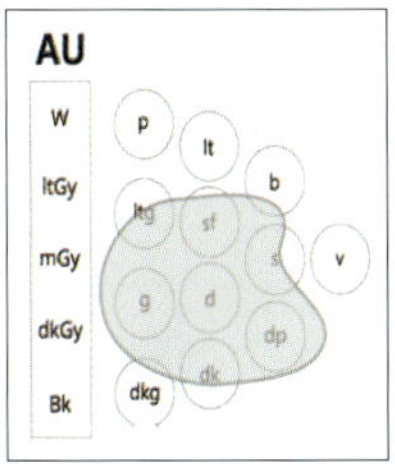

AU-M-07 **Mute**

차분한/ 어른스러운
옐로우 베이스 수수한 색
중~고명도/ 저채도 (탁색)

AU-W-08 **Warm**

성숙한/ 리치한
옐로우 베이스 깊고 따뜻한 색
중~저명도/ 중~저채도

AU-D-09 **Dark**

이국적인/ 화려한
옐로우 베이스 딥한 색
중~저명도/ 암탁색

가을 컬러 & 패션

네일

넥타이 & 스카프

가을 칼라 & 스타일링

헤어

가을 컬러 이미지 : 클래식 & 내츄럴 & 에스닉

메이크업

악세서리

사계절칼라의 특징 & 스타일링 활용

겨울 눈내리는 깜깜한 밤의 색, 흰눈색 / 개성적인 카리스마, 도시적 / 모던 & 쿨스타일

인상		카리스마, 쿨, 개성적, 모던이미지 화려, 차갑고 강렬한 이지적 이미지
신체특징	피부색	혈색없고 윤기있고, 두껍고 건강피부 어둡고, 푸른빛 희고 밝은, 검은 피부,
	헤어	숱많고,, 굵고 딱딱하며 윤기있음 아둡고, 진한색, 푸른빛 다크블랙
	눈동자	블랙다크브라운 홍채어둡고, 동공잘안보임 샤프,깔끔하고 눈에 강한 힘느낌 흰자와 검은자 대비가 명확
퍼스널칼라	톤	비비드톤, 딥톤,무채색(B/W/그레이)
	어울리는 이미지	모던, 매니쉬, 드라마틱
	조화색	푸른빛이 가미된 강렬, 대조적인색 블루 베이스의 비비드, 블랙 & 화이트, 버건디, 감색 로얄블루등
	부조화색	따뜻한 원색, 희미하고 탁한 색 내츄럴하거나 브라운 계통은 삼가

패션스타일링		모던, 차분, 세련된 이미지연출 무채색주조, 낮은명도 회색, 청색계 스포티한 이미지: 비비드로 악센트
메이크업	피부	비비드톤의 뚜렷하고 강렬,인상표현 모던, 원포인트, 명암대비감 활용
	블색상	로즈핑크
	아이새도우	실버그레이, 챠콜그레이, 블루그린, 딥레드, 로얄블루, 딥레드, 퍼플
	입술	새빨간 로즈핑크계열 등 뚜렷한 색
헤어컬러링		샤프, 강한다크계, 깔끔, 심플형 짙은 갈색, 검정색, 불루블랙, 와인계열, 보라계열, 회갈색 조화 밝은 오렌지, 엘로우 계열은 삼가
네일		블랙, 그레이계, 진한블루, 어두운계열
어울리는 악세서리		유광 실버,프레디넉게 극직한것(주) 모던, 심플 블랙, 화이트, 실버 단색

남성 V-zone	슈트	검정색, 회색, 감색
	셔츠	퓨어 화이트, 블루계열, 회색계열 외 푸른색베이스의 핑크, 그린 등
	넥타이	셔츠색에 맞추어 선택 선명한 색상

겨울 칼라 & 스타일링

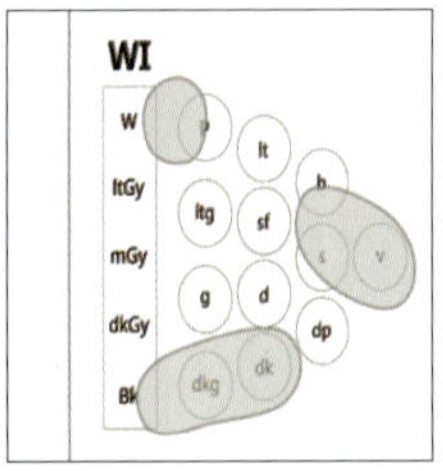

Dark

WI-D-10

확실한/ 개성적인
블루베이스 짙은 색
중~저명도/ 암청(淸)색

Cool

WI-C-11

샤프한/ 뚜렷한
블루베이스 깔끔한 색
중~저명도/ 고채도/ 저채도

Bright

WI-B-12

화려한/ 강한
블루 베이스 선명한 색
중명도/ 고채도/ 컬러풀

겨울 컬러 & 패션

네일

넥타이 & 스카프

겨울 칼라 & 스타일링

헤어

겨울 컬러 이미지 : 모던 & 쿨 & 매니쉬

메이크업

악세서리

3단계: 12분류(사계절 각각 3분류)–드레이프진단천

warm						cool					
Spring			Summer			Autumn			Winter		
Bright	Warm	Light	Light	Cool	Mute	Mute	Warm	Dark	Dark	Cool	Bright

Sping	SP-BRIGHT-01	SP-WARM-02	SP-LIGHT-03
Summer	SU-LIGHT-04	SU-COOL-05	SU-MUTE-06
Autumn	AU-MUTE-07	AU-WARM-08	AU-DARK-09
Winter	WI-DARK-10	WI-COOL-11	WI-BRIGHT-12

12분류(톤 & 색)

(크레비컨설팅)

SP

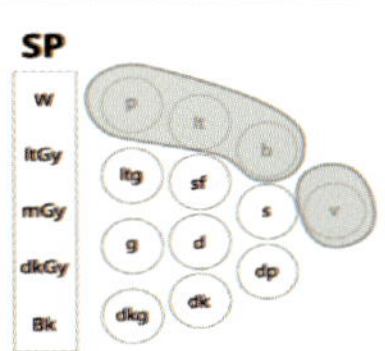

SP-B-01
화려한/ 씩씩한
옐로우 베이스 밝고 선명한 색
고채도/ 청(淸)색 중심/ 컬러풀

SP-W-02
젊은/ 건강한
옐로우 베이스 밝고 뚜렷한 색
중~고명도/ 중~고채도 / 컬러풀

SP-L-03
부드러운/ 상냥한
옐로우 베이스 부드러운 색
중~고명도/ 중~저채도/ 밝은 탁색

SU

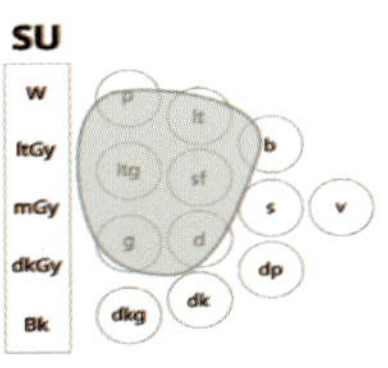

SU-L-04
산뜻한/ 젊은
블루베이스 밝고 소프트한 색
고명도/ 중~저채도

SU-C-05
소프트/ 페미닌
블루베이스 차가운 색
중명도/ 저~중채도 청(淸)색

SU-M-06
섬세한/ 품위있는
블루베이스 섬세한 색
중~고명도/ 저채도

AU

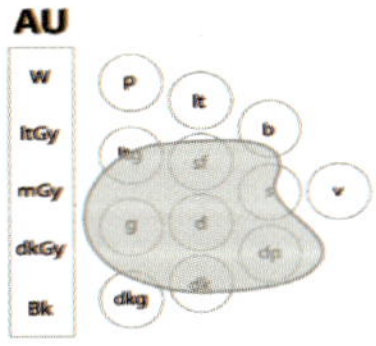

AU-M-07
차분한/ 어른스러운
옐로우 베이스 수수한 색
중~고명도/ 저채도 (탁색)

AU-W-08
성숙한/ 리치한
옐로우 베이스 깊고 따뜻한 색
중~저명도/ 중~저채도

AU-D-09
이국적인/ 화려한
옐로우 베이스 딥한 색
중~저명도/ 암탁색

WI

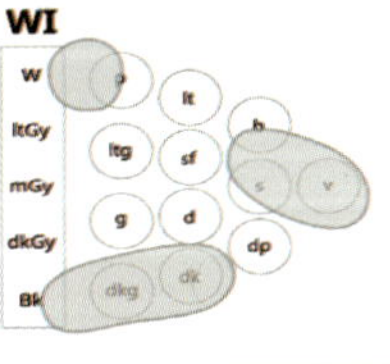

WI-D-10
확실한/ 개성적인
블루베이스 짙은 색
중~저명도/ 암청(淸)색

WI-C-11
샤프한/ 뚜렷한
블루베이스 깔끔한 색
중~저명도/ 고채도/ 저채도

WI-B-12
화려한/ 강한
블루 베이스 선명한 색
중명도/ 고채도/ 컬러풀

4단계: 15분류 수식진단법-드레이프진단천

- 15진단법은 가장 최근에 도입된 방법으로 **웜, 쿨, 뉴트럴** 각 5분류
- 기존 웜과 쿨로 나눈 영역에서 **진단되지 않는 애매한 경우 확실하게 진단**할수 있는 수식진단법

(PCA협회)

옐로우 베이스		뉴트럴	블루베이스	
봄	Y-lt (Light)	N-lt (Light)	여름	B-lt (Light)
	Y-b (Bright)	N-b (Bright)		B-b (Bright)
	Y-V (Vivid)	N-V (Vivid)		B-sf (Soft/Mute)
가을	Y-sf (Soft/Mute)	N-sf (Soft/Mute)	겨울	B-V (Vivid)
	Y-sf (Soft/Mute)	N-sf (Soft/Mute)		B-V (Vivid)
	Y-dp (Deep/Dark)	N-dp (Deep/Dark)		B-dp (Deep/Dark)

15분류(톤 & 색)

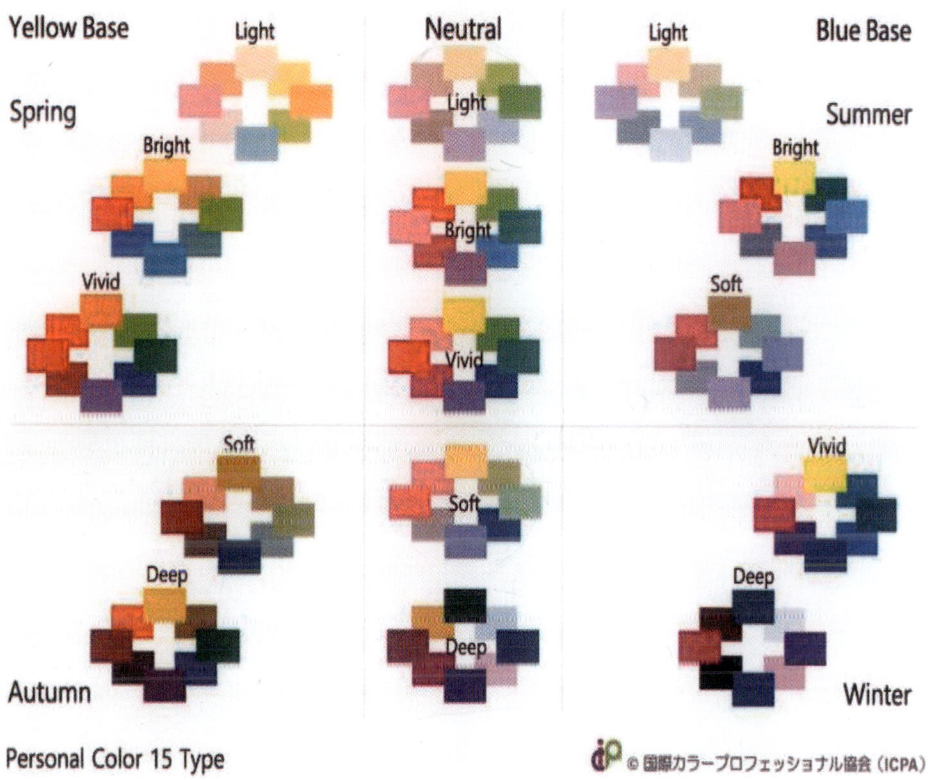

4. 퍼스널악세서리 & 스타일링

패션스타일링의 마무리 단계이며 차별화될 수 있는 스타일의 완성이다. 아무리 멋진 패션스타일링라고 해도 어울리지 않는 악세서리로는 멋진 이미지의 브랜딩을 완성할수 없다.

1) 성별과 악세서리

여성 – **장신구:** 목걸이, 귀걸이, 반지, 팔찌, 브로치(시계, 안경)

패션쇼품: 벨트, 구두, 가방, 스카프와 목도리, 모자, 장갑

남성 – **장신구:** 시계, 안경, 커프스 링크스, 타이홀더 등(목걸이, 반지, 팔찌 등)

패션소품: 넥타이, 포켓치브, 스카프와 머플러, 벨트&서스펜더, 양말, 구두, 가방, 모자

2) 악세서리의 역할

실용적 역할: 기능적 역할과 장식

상징적 역할: 직업, 신분, 종교, 결혼 유무 표현

개성표현 역할: 자신의 개성적인 스타일 표현 역할

3) 악세서리가 활용되는 기능

패션스타일링의 마무리 기능: 마지막 점검으로 브로치, 벨트, 구두 등

선호하는 취향을 표현하는 기능: 선택한 디자인과 색은 착용자의 취향을 표현

강조 포인트을 표현 기능: 악세서리 위치에 따라 그 특정 부분에 시선을 강조

다양한 이미지 표현 기능: 악세서리 선택에 따라 전체 이미지를 연출(모던, 클래식, 내츄럴 등)

(1) 목걸이

목걸이의 크기와 길이, 두께 등의 디자인 선택은 **얼굴형**과 **얼굴구성요소**(눈, 코, 입), **목의 길이**나 **굵기**, **패션이미지**에 따라 달라진다.

❶ 스타일링에서 주의할점

• 얼굴형태, 목길이와 두께를 고려

수평선은 좁고 넓게 보이는 역할: 버튼형귀걸이, 쵸커형 목걸이

수직선, 대각선은 좁고 길게 보이는 역할: 드롭형귀걸이, 세로로긴 펜던트 목걸이

예) 둥근얼굴형, 넓은얼굴형은 수직선, 대각선으로, 긴얼굴형은 수평선으로 연출

- **몸과 비례해서 악세서리를 선택:** 악세서리가 신체에 비해 너무 크거나 작지 않게 선택

  예) 목선 얇고 길면 초커가 좋으며, 굵고 짧다면 프린세스(42-45Cm)가 적당, 50이상 슬림 효과
- 여러개 반복해서 착용할때는 각각의 길이가 다르게 조절
- V네크라인의 중간지점에서 목걸이가 오는 것은 삼가
- 허리가 강조되는 패션의 경우에는 길게 늘어지는 디자인은 삼가

❷ 목걸이 길이에 따른 명칭

- **팬던트:** 목걸이 중심에 다는 장식
- **콜라**(30-33cm): 목 중간에 착용(목이 긴, 마른 체형)

1. **초커**(35-40cm정도): 목에 날라붙는 길이로 가장 짧은 목걸이
2. **프린세스**(43-50 Cm정도): 쇄골-가슴윗부분길이로 우리나라사람이 가장 많이 착용
   목선라인 길게 연출, 펜던트활용에 좋은 길이, 레이어드 시 적당한 길이
3. **마티네**(50-60cm): 가슴중앙라인까지 오는 길이, 다른 목걸이와 레이어드하기 좋은 스타일
   짧은 길이보다 굵은 체인, 큰 펜던트가 잘 조화
4. **오페라**(70-90cm): 배의 윗부분까지의 오는 길이, 드레스나 파티룩에 활용하는 롱한 목걸이
   우아함을 연출하면서 세로 라인을 강조(롱 진주 목걸이가 대표적)
5. **로프**(100cm이상): 여러번 감거나 묶어서 사용할수 있는 긴 길이, 코코샤넬의 대표적 스타일
   목걸이 길에에 따른 분류(그림첨가)

목걸이 길에에 따른 분류

- **콜라**(30-33cm): 목가운데 착용(목이 긴, 마른 체형)
- **초커**(35-40cm정도): 목붙는 가장 짧은 길이
- **프린세스**(43-50cm정도): 쇄골-가슴윗부분길이, 가장 많이 착용
- **마티네**(50-60cm): 가슴중앙라인까지 오는 길이
- **오페라**(70-90cm): 배의 윗부분까지의 오는 길이
- **로프**(100cm 이상): 여러번 감거나 묶어서 사용할수 있는 긴길이

콜라

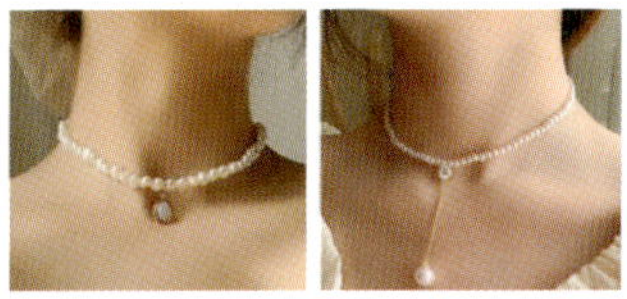

초커

프린세스

마티네

오페라

로프

(2) 귀걸이

귀걸이는 얼굴형태의 단점을 보완하여 다양한 이미지를 연출할수 있는 포인트로 **패션과 얼굴형, 목의 길이, 귀(크기, 두께, 위치, 모양), 피부색, 헤어스타일을 고려**하여 선택한다

❶ 귀걸이 스타일링의 기본방법

- **얼굴형과 귀걸이의 모양이 다르게 선택**

  둥근형얼굴(수직형태 드롭형: 라운드형 삼가), 사각형얼굴(후프형, 드롭형, 클립형 부드럽게 연출)
- TPO에 적절한 것 선택

  비즈니스(단정한 클립형), 파티(화려한 드롭형), 캐쥬얼용(심플한 후프)

❷ 귀모양 및 위치에 따른 스타일링

- **귀가 올라간 경우:** 시선을 아래로 주기위해 드롭형 선택
- **귀가 내려간 경우:** 시선을 위로 하는 작은 후프타입 선택
- **귓불이 두껍고 큰 사람:** 적당한 면적의 아기자기한 것 선택
- **귓불이 얇고 작은 사람:** 금속의 면적이 작은 것 선택(크면 얇은 귀볼이 부각)
- **귀가 정면으로 향한 경우:** 귀에 밀착, 스터드타입으로 시선 유도
- **귀가 옆으로 향한 경우:** 입체적 볼륨있는 특징적인 것 선택(정면, 측면에서 잘 보이는 것)

❸ 귀걸이 착용방법에 따른 종류

■ 귀를 뚫은타입

- **일반형** 귀거리(8mm, 귀걸이클러치): 귀걸이로만 착용－일자침형, 후크고리형, 원터치형
- **피어싱**(12mm, 잠금볼): 눈썹, 코, 배꼽,쇄골, 입술 등 착용부위가 다양함
- **일자침형:** 일자형 침을 꽂고 클러치(마개)로 마무리하여 착용하는 형태
- **원터치형:** 귀볼 구멍에 링형태를 끼운 후 잠금장치로 눌리면서 잠기는 형태
- **후크고리형:** 귀볼 구멍에 걸어서 착용

일자침형

후크(고리)형

원터치형

피어싱(볼사용)

■ 귀를 뚫지 않은 타입

- **귀찌**(귀볼에 착용: 나사형, 클립형, 스프링형), 이어커프(귓바퀴와 연골에 착용)
- **이어커프**(일반귀걸이와 달리 귀의 바깥쪽에 끼워서 착용)

나사형

클립형

이어커프

스프링형

이어커프

❹ 귀걸이 스타일에 따른 종류

- **스터드형**(=핀귀걸이, 침형) 귓불에 달라붙는 귀걸이
- **드롭형:** 아래로 길게 떨어지는 귀걸이
- **후프**(=링): 둥그런 링형태의 귀걸이

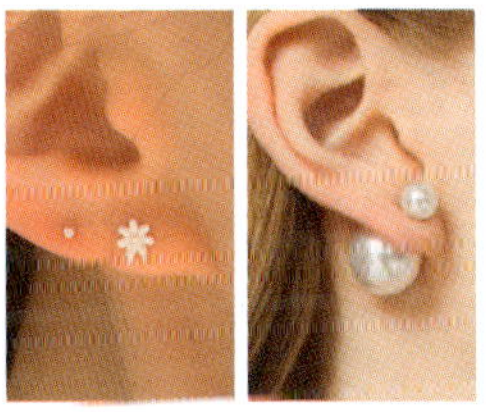
스터드형

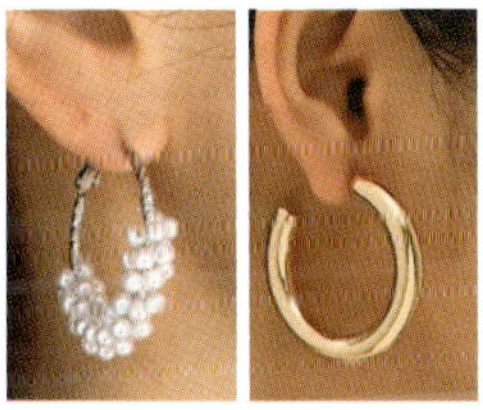
후프링(링형)

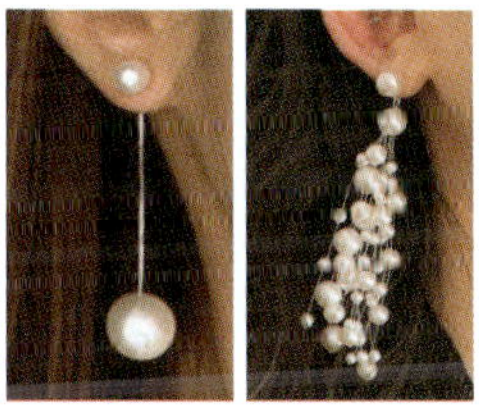
드롭형

❺ 얼굴구성요소와 귀걸이

- **눈코입 크기에 따라 귀걸이 크기도 비례해서 선택**(눈코입 크면 큰 귀걸이, 작으면 작게 선택)
- 작은눈, 쌍꺼풀없는 눈 – 반짝이는 귀걸이/큰코(작게) – 큰귀걸이 연출

■ 눈코입의 크기와 귀걸이 스타일링

Large　　Medium　　Small

■ 눈코입 형태와 귀걸이 스타일링

- 눈코입 형태의 종합이미지(곡선, 직선, 뉴트럴)와 귀걸이 형태를 동일하게 선택
- **형태의 이미지가 곡선이면 곡선형 귀걸이, 직선형이면 직선형 귀걸이, 뉴트럴이면 혼합된 것 선택**

곡선형 눈코입 + 곡선형 귀걸이

뉴트럴형 눈코입 + 뉴트럴형 귀걸이

직선형 눈코입 + 직선형 귀걸이

■ 볼면적 크기와 귀걸이 스타일링 스타일링

- 얼굴구성이미지(곡선, 뉴트럴, 직선)에 따른 귀걸이 형태를 체크한 후, 볼면적크기에 따라 선택
- 정면에서 보여지는 **볼면적의 넓이에 따라 귀걸이 크기와 길이가 다르게 선택**

  (넓은 경우는 크고 짧게, 좁은경우는 작고 가늘게 선택)

면적 얼굴

곡선 이미지

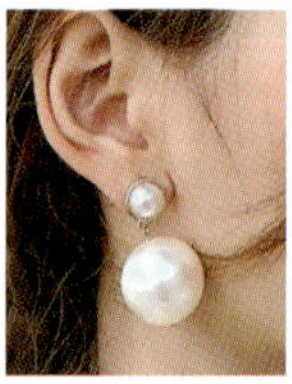

직선 이미지

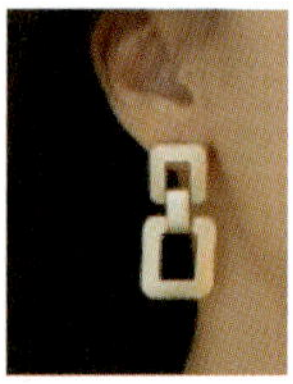

선적 얼굴

곡선 이미지

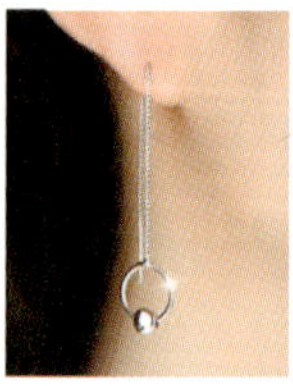

직선 이미지

(3) 반지

반지는 감정표현의 악세서리, 결혼 및 약혼 등 특별한 의미가 부여되는 상징적인 의미로 활용되기도 한다.

❶ 반지 스타일링의 기본방법

- **반지의 색:** 패션색, 퍼스널칼라, 손의 크기에 맞추어서 선택

  손등 흰 스타일: 퍼스널칼라의 쿨톤색 활용(실버, 핑크골드색 조화)

  손등 노르스름한 스타일: 퍼스널칼라의 웜톤색 활용(로즈골드색 조화)

  손등 어두운 피부 스타일: 골드, 실버무광
- 손가락 크기, 길이, 굵기, 모양 즉 손의 균형에 따라 반지디자인의 크기와 두께를 선택
- **반지두께**는 **손가락 두께에 비례**하므로 굵을수록 두꺼운 것 선택
- 손가락 마디가 굵고 울퉁불퉁 할수록 두께감 있는 반지를 선택
- 손가락길이는 반지디자인이 직선보다 사선일때 더 길어 보이는데 효과적

❷ 손가락과 반지 스타일링

- **작은손:** 중심에 작은 보석(볼륨감X)
- **큰손:** 중심에 큰 보석 세팅
- **짧은 손가락:** 가늘고 얇은 반지, 얇은 두께 여러겹 레이어드, U,V사선형(길어보임), 굵은 두께X
- **긴 손가락:** 굵은 두께 반지, 여러겹 레이어드, 포인트 준 디자인
- **가는 손가락:** 얇은 두께, 깔끔한 디자인, 독톡하고 포인트있는 반지

  가늘고 긴손가락: 이상적, 모든 것 다 가능, 중앙포인트 있는 반지, 화려한 볼륨감

  너무 굵고 큰 것, 너무 얇고 심플한 반지 X(더 가늘게 보이므로 주의)

  가늘고 짧은 손가락: 모든게 다 무난, 굴곡이 들어간 V, S, U자 디자인(손가락 길게)

작은손

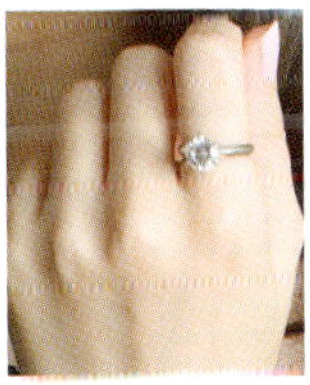

큰손

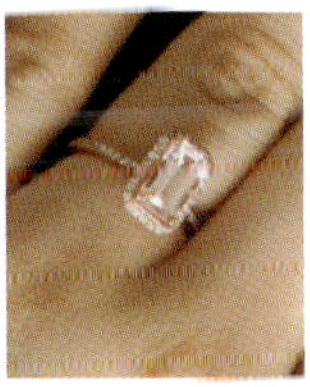

짧은 손

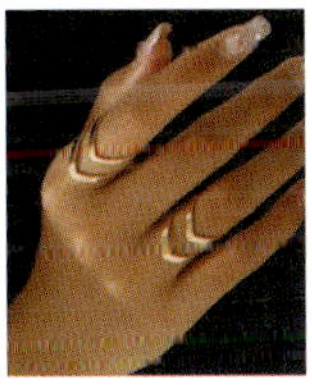

긴 손

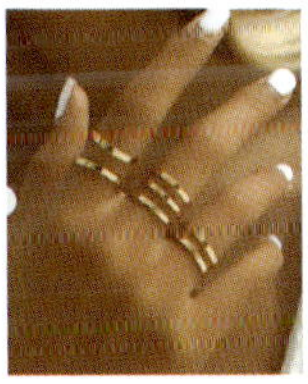

- **굵은 손가락:** 어느정도 두께감있는 반지, 두껍게 레이어드, 터원형컷 돌장식

  돌장식 굵고 긴손가락: 어느정도 두께있는 반지, 화려한디자인

굵고 짧은 손가락: 살짝 두께가 있는 반지, V자라인, 약한 볼륨감의 섬세한 디자인

- **두꺼운 마디 손가락:** 볼드하고 큼직한 것, 화려한 반지, 밴드나 투톤디자인
- **주름 많은 손:** 모던, 심플, 입체감있고 특이한 디자인

가는 손가락

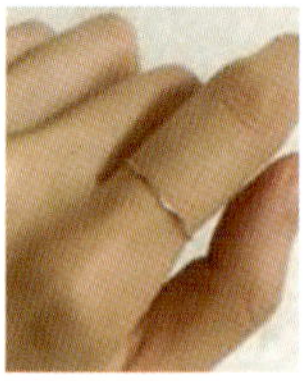

굵은손가락

굵은 마디 손가락

긴 주름 많은 손

(4) 팔찌

팔찌는 손목에 착용하는 악세서리로 **손목두께, 소매모양과 길이**를 고려하여 선택한다.

❶ 팔찌 스타일링의 기본방법

- 손과 손목의 두께, 계절, 다른 악세서리와의 조화 고려
- **팔찌색:** 퍼스널칼라의 색에 맞게 선택
- **팔찌디자인과 소재:** 신체골격진단 타입에 맞게 선택

  스트레이트(깔끔심플, 베이직), 웨이브(가늘고 반짝장식), 내츄럴(두껍고, 볼륨감)
- **시계와 겸용시 소재조화 고려:** 스틸시계(같은색블레이슬릿, 뱅글), 가죽시계(부드러운 브레이슬릿)

❷ 손목 굵기와 팔찌

손목이 굵은 경우: 볼륨감 있게 연출, 굵은 원석팔찌

손목이 가는 경우: 얇은 것, 두줄 또는 여러개로 겹쳐 착용

얇은 손목

두꺼운 손목

(5) 가방

기본적으로 가방크기는 **신체크기에 비례하여 선택**, 즉 키가 큰 사람은 큰 가방을, 작은 사람은 작은 가방을 선택하는 것이 좋다. 또 **가방형태는 얼굴구성형태(코입 형태)의 이미지와 맞는 것을 선택**(직선, 곡선, 뉴트럴)하는 것이 효과적이다.

❶ 여자 가방

토트백: 위가 트이고 2개의 손잡이가 달려 손으로 드는 가방

숄더백: (=스트랩 백)어깨에 걸칠 수 있도록 어깨끈이 달린 가방의 총칭

크로스백: 어깨에서 반대편허리에 사선으로 어깨에 매는 가방.

클러치백: 끈이 없이 손에 쥘 수 있는 가방의 총칭, 손목에 낄 수 있는 고리, 스트랩 부착

엔벨로프백: 서류봉투 뚜껑처럼 가방의 앞에 뚜껑이 붙어있는 가방의 총칭

버킷백: 복조리 모양으로 끈을 조여 여미는 가방. 토트백, 숄더백, 크로스백으로 착용 가능

쇼퍼백: 종이 쇼핑백과 같이 윗부분이 트여있고 손잡이가 크고 긴 가방. 큰 크기로 많은 양 수납가능 내용물 노출을 고려하여 이너백, 파우치를 같이 사용

백팩: (=배낭) 두개의 가방 끈을 양쪽 어깨에 걸쳐 등에 멜 수 있는 가방

보스턴백: 바닥은 직사각형, 중간은 볼록한 손잡이가 두 개인 가방, 간단한 여행, 스포츠용 가방

힙색: 주머니 형태의 가방에 벨트가 부착되어 허리 옆이나 엉덩이 부분에 착용. 캐쥬얼용, 여행용

토드백 숄더백 크로스백 크러치백 엔빌로프

버킷백 | 쇼퍼백 | 백팩 | 보스턴백 | 힙쌕

❷ 남자 가방

브리프케이스: 서류가방의 의미, 정장입은 스타일에 코디, 노트북수납가능한 비즈니스에 실용적 가방

아타셰 케이스(=007가방): 단단한 하드 케이스로 중요한 문서나 귀중품 보관, 중요한 비즈니스 활용

토트백: 작은 손잡이 2개와 입구가 넓은 입구로 수납이 용이한 장점

클러치백: 손에 들고 다니는 가방 간단한 소품을 넣을 가방

보스턴백: 바닥 직사각형, 위는 둥근 손잡이가 2개인 여행용 손가방

숄더백: 어깨에 걸치는 끈이 있는 가방의 총칭

메신저백(=크로스백): 숄더백을 옆으로 키운 것으로 한쪽 줄을 어깨에 메는 가방

백팩(=배낭): 등뒤에 매고 다니는 가방

더플백: 군용가방으로 유명, 운동선수나 헬스인들의 옷, 물병, 운동기구를 넣어 다니는 가방

슬링백: 벨트 형태의 가죽끈이 가방이나 핸드백에 연결된 것을 총칭

버킷백 | 쇼퍼백 | 백팩 | 보스턴백 | 힙쌕

(6) 안경

일반적으로 안경은 **얼굴형과 얼굴크기, 얼굴피부색, 눈썹모양, 눈사이 간격**에 따라 다르게 선택한다.

❶ 안경 스타일링의 기본방법

- **얼굴형과 반대인 형태의 안경형태를 선택**(예: 둥근얼굴형–사각형안경)
- **얼굴크기에 비례하여 안경사이즈를 선택**(작은얼굴은 안경테가 작고 좁은 것, 큰얼굴은 큰테 선택)
- 얼굴 피부의 퍼스널칼라(웜, 쿨)에 맞게 안경테색 선택
- 안경테 윗부분은 눈썹모양과 비슷한것으로 선택
- 눈사이 넓은 사람은 브리지색 짙게, 눈사이가 좁은 사람은 브리지색 산뜻, 밝은색 선택
- 따뜻한 느낌은 금속테보다 호박, 뿔 테 활용, 여름에 두꺼운 뿔테(둔, 답답)보다는 산뜻한 것 선택

❷ 선글라스

- 선글래스착용시 자외선 차단 90%까지 차단가능
- 기능에 따른 렌즈색 선택
  녹색 (눈의 피로), 회색(시각의 색상 중시)
  갈색(시야 선명, 장시간운전, 강렬한 해변, 노란색(사격, 야간운전용)

오벌(타원형)	라운드형(원형)	스퀘어형(사각형)	보스턴형(둥역삼각)
둥근타원형	둥근모양	사각모양	역삼각형

부드러운 인상,클래식 각진얼굴 부드럽게 조화	지적인 인상 각진얼굴 부드럽게 조화	샤프, 지적인 인상 둥근얼굴 잘 조화 (얼굴 길어 보이게)	이지적, 도시적,세련 코높고 둥근얼굴 조화

웰링톤형(역사다리)	캣츠아이(폭스형)	에비에이터(보잉)	아이브로/하금테(반무테)
둥근사각, 역시디리꼴, 세로폭 긴형태	좌우끝이 올라간형태	위수평, 아래원형 – 2브릿지	윗부분만 두꺼운테처리

고전적, 신뢰감, 지적, 안정감, 둥근얼굴 조화	세련, 강, 날카로운, 개성적, 계란형, 둥근얼굴 조화	클래식, 레트로한 개성 긴형(가로넓은 보잉)	지적, 전문적인이미 이마넓고, 턱좁은 역삼각 얼굴 조화

(7) 구두

구두는 패션의 가장 중요한 마지막 마무리단계로 TPO를 고려해서 선택한다.

- 구두색은 옷색과 동일하거나 옷보다 어두운 색을 선택(특히 하의색 고려)
- 포인트 활용일 경우에는 구두는 가방과의 색, 모양의 조화를 고려하여 선택

양말 • 양말색: 바지와 구두가 동일색인경우에는 같은색으로, 다른 경우에는 구두색에 맞춤
- 긴양말(정장용, 흰색삼가, 앉았을 때 살보이지 않게)/ 짧은 양말(스포츠웨어, 캐쥬얼용)

❶ 여자 구두 종류

펌프스: 발등에 끈없이 파인 신발로 가장 기본적인 단정한 여성 구두

메리제인: 발등이나 발목에 스트랩이 있고 코가 둥근 디자인

슬링백: 구두 코 부분이 덮여있고 뒤꿈치 부분이 트여있고 스트랩으로 된 구두

플랫슈즈: 굽이 낮은 평평한 구두(1-3cm정도)

뮬: 슬리퍼형태의 구두, 여름 샌들용

통: T자 디자인의 샌들로 편하게 신을수 있는 캐쥬얼용

웨지힐: 굽 부분이 웨지 모양구두, 바닥의 앞부분과 뒷굽이 편평하게 붙은 신발

플랫폼: 밑창 전체가 높은 구두로 무거움

부티: 발목까지 오는 즉 복사뼈 아래까지 오는 길이 구두

부츠: 발목이 긴 구두로 앵글과 롱부츠가 있음. 발목이상(복사뼈, 장딴지이상) 길이의 신발

글레디에이터슈즈: 끈으로 발등이나 발목까지 여러 번 동여맨 낮은 굽 구두

출처: 네이버 지식 백과

기타

첼시부츠: 발목 옆선 부분에 신축성있는 밴딩으로 처리한 부츠

샌들: 발등 부분이 거의 노출된 끈이나 밴드의 형태로 디자인된 신발

로퍼: 끈없이 편하게 신을수 있는 굽낮은 구두

슬립온: 묶는 끈, 여밈장식없이 바로 신을 수 있는 신발의 총칭

스니커즈: 밑창이 고무로 된 운동화로 패션운동화 전체를 지칭

❷ 남자 구두 종류

플레인토: 구두 코에 꾸밈이 없는 디자인

윙팁: 날개 모양의 구두코, W자형 앞부리 장식 디자인

몽크스트랩: 버클과 벨트가 달린 디자인

스트레이트팁: 구두 앞끝에 일직선 이음매가 있는 디자인

모카신: 로퍼의 일종, 굽이 낮은 평평한 밑창으로 U자형으로 꿰맨 디자인

더비: 레이스업 슈즈 위에 가죽 덧댐

로퍼: 가죽으로 발등을 덮고 끈없는 낮은 구두

태슬: 술장식을 부착함

보트: 고무 밑창 단화 유래, 편안하고 활동적임

플레인토

윙팁

몽크 스트랩

스트레이트 팁

모카신

더비

로퍼

태슬

보트 슈즈

출처: 네이버 지식 백과

5. 패션이미지 & 스타일링

지금 누군가에게 당신의 패션이 "멋있다, 아름답다, 섹시하다"는 말을 들으면 어떤 기분일까? 타인에게 긍정적인 인정을 받는 것은 내 브랜드의 가치가 높게 평가되고 것이고, 결국은 성공할 수 있는 삶에 한 발 더 가까워지는 게 아닐까? 매일 우린 살아가면서 같은 일상의 반복에서 벗어나서 변화하고 싶을 때가 있다. 그 변화의 가장 빠른 해결책은 패션이며, 각각의 패션에서 느껴지는 시각적인 이미지나 분위기를 패션이미지라고 한다. 사람마다 추구하는 패션이미지와 미의 기준도 다 다르지만 많은 사람으로부터의 인정받으려는 욕구는 같다. 그럼 내 브랜드 이미지의 가장 강력한 역할을 하는 패션을 통해 **늘 같은 패션이미지의 반복에서 오늘은 새롭게 날 변신시켜보는 건 어떨까? 평소 내 패션이미지는 어떤지?, 내가 변신해보고 싶은 패션이미지는 어떤것인지?에 대해서 생각해보고 원하는 패션이미지가 잘 표현**될 수 있도록 패션이미지의 종류를 잘 이해하고 적절하게 활용하는게 필요하다.

패션컨셉의 분류중에 하나인 **패션트렌드(유행경향,추세)**를 기준으로 한 패션이미지의 종류를 크게 여성적이미지(로맨틱, 엘레강스), 현대적이미지(모던, 소피스트케이티드), 남성적이미지(매니쉬, 컨츄리), 중성적이미지,(액티브, 에스닉)로 나뉘어지며, 그외 트렌드에 상관없이 기본을 지키는 클래식과 실험적인 아방가르드 이미지도 함께 살펴보았다.

분류	종류	내용	관련 룩
여성적	로맨틱 (ROMANTIC)	공상적, 환상적, 동화세계처럼 귀엽고 사랑스런 소녀이미지	노스탤직, 미네트, 이노센트, 환타스틱
	엘레강스 (ELEGANCE)	우아하고 고상하고 품위있는 성숙한 여성이미지	심플리시티
현대적	모던 (MORDERN)	현대적, 도시적, 세련된 기능적인 감각, 간결미를 추구 개성과 미래지향적인 감각,실험적인, 포스트 모던한, 하이테크감각	데카당스, 데데스테, 쉬르리얼리즘, 아방가르드
	소피스트케이트 (SOPHISTICATED)	도시적, 지성미, 교양미, 인공적 세련미, 높은 패션감각, 전문여성이미지	스나브, 여피, 컨템포러리
남성적	매니쉬 (MANNISH)	신사복, 남성적요소가 가미된, 남성취향의 강하고 하드한 이미지	댄디, 마린, 밀리터리
	컨트리 (COUNTRY)	자연, 교회, 전원의 소박하고 꾸밈없는 편안한 자연스런 이미지	웨스턴, 콜로니컬,
중성적	에스닉(Ethnic)	전통적, 역사적, 민속의상과 민족고유의 토속적, 이국적 이미지	오리엔탈리즘, 이그조틱, 트로피컬, 포클로어
	액티브 (ACTIVE)	경쾌, 활동적인 운동감, 실용성, 기능성의 건강과 레져를 위한 이미지.	사파리룩, 액티브 스포츠룩, 밀리터리룩, 마린룩

1) 로맨틱 이미지

여성: 낭만적, 사랑스런 소녀적 취향 스타일

공상적, 환상적, 온순하고 부드러운 여성이미지

남성: 곡선을 사용하여 부드럽고 여성적인 이미지를 연출

(1) 패션스타일

여성: 인체곡선 살린스타일, 부드러운 유연함, 율동감의 경쾌한 스타일

- **실루엣:** X라인, A라인, 둥근 어깨, 부풀린 가슴, 잘룩한 허리, 부드러운 주름장식
  원피스, 스커트, 블라우스 등으로 곡선적, 허리를 강조하는 디자인
- **색:** 가볍고 달콤, 사랑스런색, 페일톤, 라이트톤, 밝은 파스텔톤, 명채도차가 작은 배색
- **장식:** 장식 디테일을 많이 활용(레이스, 프릴, 셔링, 플라운스, 리본, 자수 등)
- **무늬:** 귀엽고 작은 무늬, 작은 꽃무늬, 물방울무늬, 민속풍 격자무늬 등
- **소재:** 얇고 부드럽고 비치는 소새(앙고라, 가벼운 시폰, 드레이프성 저지 등 장식성)

남성: 기본스타일에서 조금 더 부드럽고 편안한 느낌

- **디자인특성:** 곡선느낌의 라인, 좁은 어깨폭, 얇은 어깨패드, 폭 좁은 라펠, 두버튼 싱글 재킷
- **색:** 라이트, 브라이트톤 밝은 색, 흰색, 아이보리, 핑크, 연한 블루, 연한 녹색, 옅은 베이지 등
- **소재:** 가볍고 부드러운 소재, 중간톤의 광택없는 소재, 실크처럼 감싸는 듯한 소재
  울실크, 가벼운 톤의 개버딘, 얇은 면, 레이온, 비스코스, 캐시미어 등
- **무늬:** 꽃무늬, 도트무늬, 곡선무늬 등
- **대표적인 브랜드:** 지아니 베르사체, 랄프로렌, 아르마니, 이브생 로랑 등

(2) 헤어 및 메이크업

- **피부톤:** 피치톤, 핑크톤이 가미되어 밝고 화사하게 표현
- **눈:** 눈썹은 도톰하고 짧은 형태, 진하지 않고 깔끔하게 표현
- **섀도:** 핑크색 중심의 파스텔톤, 샤이닝 펄을 이용하여 환상적인며 신비롭게 표현, 한가지색
- **치크:** 핫핑크, 베이지핑크로 스마일포인트에 동그랗게 표현
- **입술:** 핑크계열의 치크컬러로 볼 중앙을 강조해 혈색을 표현
- **헤어:** 부드러운 이미지 표현, 롱 웨이브, 귀여운 굵은 웨이브, 레이어드보브, 자연스런 푼 생머리 등

(3) 악세서리

- **심플, 귀여운 디자인 코사지, 리본, 꽃장식 등, 스팽글, 구슬장식**
- **구두:** 앞 코가 둥글고 귀여운 것
- **가방:** 부드러운 소재의 도트백, 핸드백

2) 엘레강스 이미지

여성: **고상, 우아, 품위, 성숙한 여성의 기품 있는 클래식한 감성 이미지**

남성: 장식 배제된 절제된 라인, 곡선적 라인, **우아하고 품위 있는 분위기**

(1) 패션스타일

여성: **타이트, 허리강조한 인체곡선미 디자인, 부드러운 곡선의 드레스**

대담한 디자인칼라, 살짝 가슴 파인넥, 롱슬릿의 롱스커트, 부드럽게 흐르는 스커트

- **실루엣:** X라인, 둥근어깨, 꼭맞는 허리, 스커트는 타이트나 플레어스커트
- **색:** 블루계 파스텔톤, 라이트톤, 소프트톤, 덜톤 우아한 색

  화이트, 그레이, 블랙, 퍼플 와인컬러 등
- **무늬:** 솔리드, 작고 부드러운 무늬, 클래식한 패턴 등
- **장식:** 레이스, 프릴, 리본 등의 트리밍, 화려한 여성스러운 장식
- **소재:** 우아, 따뜻한 광택 소재, 광택있는 고급스런 벨벳, 새틴, 실크 등

남성: 은은한 느낌, 클래식과 모던, 내츄럴이 자연스럽게 어우러진 성숙한 미를 표현

고전적, 전통적, 고급스러워보이는 슈트에 단정한 용모, 패셔너블한 점을 강조

- **디자인특성:** 어깨라인등이 완벽한 실루엣으로 디테일이 풍부하며 장식적 요소가 많음
- **색:** 파스텔톤에 회색빛의 그레이시한 톤으로 침착하고 무게있는 고급스런 느낌
  네이비, 그레이, 카멜, 올리브등 중간 색조, 혹은 차콜, 짙은 네이비등의 어두운 색
- **소재:** 고급 캐시미어, 순모, 개버딘, 실크 등의 고급 직물
- **대표적인 브랜드:** 조르지오 아르마니, 랄프로렌, 발렌티노, 이브생로랑, 크리스찬 디오르 등

(2) 헤어 및 메이크업

- **피부톤:** 한 톤 전체 부드럽고 화사하게 표현
- **눈:** 회갈색의 아치형, 부드럽게 둥글리면서 길게 표현
- **섀도:** 퍼플, 와인, 로즈브라운계열, 너무 진하지 않으면서 깊이 있는 메이크업
- **치크:** 광대뼈중심 가로로, 옅은 핑크나 퍼플톤 표현
- **입술:** 로스계열, 와인계열로 곡선형을 살려 여성미 강조, 글로스를 사용하여 볼륨감 연출
- **헤어:** 성숙한 여성미표현, 굵은 웨이브의 롱헤어, 우아하게 올린 업스타일, 옆가르마의 물결무늬 연출, 중간길이의 부드러운 웨이브와 가볍게 묶은 스타일, 뱅헤어, 스트레이트는 삼가

(3) 악세서리

- **스카프, 숄, 진주목걸이, 챙이 큰 모자, 장갑 등**
- **구두:** 장식이 있거나 부드러운 색의 하이힐을 선택
- **가방:** 크기가 작은 토트백

3) 모던이미지

여성: 현대적, 도시적 세련된 기능적 감각

미래지향적, 하이테크한 분위기에 진취적이고 단순한 절제된 감각의 이미지

남성: 현대적, **도시적이고 심플한 감각**

(1) 패션스타일

여성: 심플하고 간결한 직선적 라인, 지적이고 세련된 스타일

- **실루엣:** H라인, 직선적, 미래지향적 감각 표현
- **색:** 무채색(흰색, 검정, 회색계) 기본, 흑백 고명도 색대비, 트렌드한 비비드로 악센트 색으로 사용
- **무늬:** 단색솔리드, 직선적, 기하학적인, 스트라이프, 대비가 크거나 대담한 무늬
- **소재:** 매끈하고 고아택있는 재질 선호, 기본 솔리드, 금속사가 섞인 라메, 개버딘, 가죽 등을 사용
- **장식:** 장식 절제, 개성적, 미래지향적 감각, 장식 최소화

남성: 직선적이고 기하학적인 형태, 장식이 절제된 미래적감각

- **디자인특성:** 심플, 직선적, 하드한 스타일
- **색:** 무채색을 주조로 차가운 색
- **소재:** 현대적, 기하학적무늬, 체크, 스트라이프 등

(2) 헤어 및 메이크업

- **깔끔하고 세련된 원 포인트 메이크업**
- **피부톤:** 엷은 베이지톤으로 글로시한 느낌표현, 하이라이트와 새딩으로 입체적인 베이스표현
- **눈썹:** 블랙계열로 직선형, 일자형, 아이라인은 상향 느낌으로 두껍게 표현
- **새도:** 차가운 느낌의 펄감있는 컬러로 눈 위, 아래 굵은 라인 표현
- **치크:** 브라운톤으로 U라인, 무채색으로 코끝까지 길게 터치, 음영은 무채색으로 광대뼈를 조금 길게 표현
- **입술:** 눈 강조시에는 자연스럽게 표현, 눈이 안강조되면 레드칼라로 강한 느낌으로 표현
- **헤어:** 기하학적 보브형 커트, 비대칭의 깔끔한 헤어, 포니테일, 독특한 커트, 스트레이트가 적합

(3) 악세서리

- **실버계의 차가운, 샤프한 느낌, 심플하면서 독특한 것**

• 차가운 느낌의 매탈이나 가죽, 플라스틱 등 대담, 과감하고 직선적, 딱딱한 소재 사용
광택가죽소재 핸드백, 모던 구두, 장식 없는 간결한 디자인의 샌들이나 부츠 등

4) 소피스트케이티드

여성: 도시적, 인공적인 세련미, 교양미를 표현하는 높은 패션감각의 패션리더적인 전문여성이미지
남성: 도시적인 세련미, 교양있으면서 지적인 이미지

(1) 패션스타일

여성: 단순, 간결, 엘리트풍을 추구하는 비즈니스, 커리어우먼의 도시패션 감각스타일

- **실루엣:** H라인, 모던 원피스와 테일러드 슈트, 트렌치코트가 기본
- **색:** 모노톤, 딥톤, 디그톤, 그레이시톤등 딕색계와 파스텔계열
- **소재:** 모던에 페미닌이 추가된 이미지로 자수, 레이스 등
  고품질, 평평하고 반들반들, 유연하고 얇은 소재(ex. 파유, 머슬린, 서지, 새틴, 트위드, 조젯)
- **장식:** 섬세한 장식이 추가
- **소재:** 보넌에 페미닌이 주가된 이미지로 자수, 레이스 등

남성: 엘리트적 감각의 단순하고 베이직한 세련된 스타일

- **디자인특성:** 직선적이고 딱딱한 선의 고급스런 스타일

  중간두께의 어깨패드, 어깨선 각진 쓰리버튼의 싱글자켓, 일자형바지 기본
- **색:** 무채색 기본의 차가운 색, 그레이톤, 명도조절한 톤온톤 룩
- **소재:** 솔리드, 줄무늬 등의 기하학적인 무늬, 세련, 단순하게 연출,

  매끈한 표면의 무늬없는 플레인 재질, 상하동일소재, 실크,레더, 벨벳소재, 중성적 시크함 표현

(2) 헤어 및 메이크업

- **깔끔하고 세련된 원 포인트, 짙은 브라운**
- **피부톤:** 콘트라스트로 그라데이션하여 입체감 표현
- **눈썹:** 짙은 브라운계로 눈썹은 약간 굵고 명확하게 표현

  아이라인을 강조한 강한 이미지, 속눈썹 볼륨있게 표현
- **섀도:** 짙은 브라운, 강하고 시원한 블루계로 음영, 실버펄로 하이라이트 처리
- **치크:** 강하지 않게 세련, 지적으로 보이도록 음영을 사선으로 표현
- **입술:** 차가운 레드퍼플계, 아웃커브형으로 표현
- **헤어:** 포니테일, 웨이브 없는 단발, 긴생머리,단정헤어 등

(3) 악세서리

- 화려함과 무게감이 좀 더 느껴지는(볼드) 악세서리, 각진핸드백
- 실버게통의 차갑고 느낌의 금속, 단순한 디자인의 악세서리

5) 매니쉬 이미지

여성: **남성적요소, 남성취향의 미의식을 여성복에 응용한 스타일**

남성적 아이템, 특징과 이미지가 표현된 클래식, 중후한 스타일, **강하고 하드한 여성이미지**

(1) 패션스타일

여성: **남성슈트스타일로 하드한 남성복디자인요소를 활용, 직선적인 어깨에 패드 들어간 스타일**

정장 수트, 드레스셔츠+테일러드 칼라 재킷, 지적인 세련미를 표현

- **실루엣:** 직선적인 실루엣(H/Y), 오버사이즈의 재킷, 팬츠
- **색:** 무채색, 저채도, 네이비, 그레이시톤이나 딥톤을 많이 사용

  회색, 녹색, 짙은갈색, 올리브그린의 탁색계+갈색계, 감색계, 검정색
- **무늬:** 기하학적무늬의 남성적패턴무지, 스트라이프, 체크 패턴
- **소재:** 소모직물, 개버딘, 트위드 등이 대표적
- **장식:** 디테일 없는 심플, 간결한 디자인, 장식 절제

(2) 헤어 및 메이크업

- **피부톤:** 조금 어두운 톤으로 건강미를 나타내어 남성미 표현
- **눈썹:** 블랙, 브라운으로 짙게 굵게 표현, 눈은 회색, 카키, 브라운 계열의 팬슬타입으로 눈매 강조

  아이라인은 두껍게 표현
- **새도:** 낮은 채도의 브라운, 무채색으로 윤곽을 강하게 표현
- **치크:** 건강하게 보일 정도 표현, 삼각형으로 날카롭고 이지적으로 표현
- **입술:** 자연스럽게 누드컬러나 브라운을 섞어 매트하게, 반대로 짙게 할때는 버건디 계열로 강하게 부각
- **헤어:** 컬 없는 보이쉬한 단발이나 숏커트형, 가르마를 타고 단정하게 빗어 넘긴 스타일

(3) 악세서리

- **장식 디테일이 없는 심플, 간결한 디자인, 무광택**
- 두꺼운 벨트, 넥타이, 중절모, 군화, 군모 등
- **가방:** 가벼운 서류가방 형태
- **구두:** 디테일이 적은 굽낮은 것, 옥스퍼드로 연출

6) 컨츄리이미지

여성: 자연, 교외, 전원풍의 꾸밈없는 부드럽고 소박, 편안하고 정감있는 이미지

남성: 인위적인 것을 떠나 자연으로 돌아가고픈 것을 표현, 편안하고 자유로운 분위기

(1) 패션스타일

여성: 순수하고 소박한 스타일로 형태의 과장이 최소화된 수공예스타일

인체를 구속하지 않은 실루엣과 자연색, 가공하지 않은 소재의 사용

- **실루엣:** A자형 & H자형(빅, 박스, 오버사이즈) & 기타(T,Y)
- **색:** 베이지, 아이보리, 그린의 부드럽고 소프트한색, 유사톤배색으로 중채도, 저채도의 색
  빛바랜색과 매마른듯한 황토색, 사막의 골든 베이지, 테라스코타, 카멜, 카키계열의색이 사용
- **무늬:** 호피등의 동물무늬, 와일드한남성무늬, 보더(가로줄무늬)
- **장식:** 프린지, 로데오팬츠, 모자, 부츠, 가죽, 스웨이드소재의웨스턴스타일
- **소재:** 천연소재(면, 마, 울, 스웨이드, 니트), 거친 느낌의 미가공소재
  가죽이나 스웨이드소재 사용한 웨스턴 카우보이 이미지

남성: 편안하고 서민적인 스타일

- **디자인특성:** 중간이상의 넓은 어깨폭에 어깨패드가 없는 자연스런 어깨선
  허리라인이 들어가지 않은 직사각형 쓰리버튼 싱글재킷과 통넓은 일자형바지
- **색:** 중간색조의 베이지와 브라운 계령의 뉴트럴 컬러

- **소재:** 상하 동일배색에 면, 마 같은 천연소재의 플레인(무지) 재질
  루즈하고 편안한 느낌이 강조, 니트, 트위드, 데님, 코드로이

(2) 헤어 및 메이크업

- **피부톤:** 밝고 투명한 본인피부의 자연미 표현
- **눈썹:** 눈썹과 색을 자연스럽게 표현, 속눈썹과 아이라인은 눈매교정도만 표현
- **새도:** 은은한 계열, 자연스러운 베이지, 브라운계
- **치크:** 베이지계열, 연 핑크, 연 살구, 브라운계로 볼부분을 자연스럽게 감싸듯이 표현
- **입술:** 입술색과 유사한 색, 진한 색 삼가 자연스러운 골드, 브라운계, 딥오렌지계열
- **헤어:** 자연스런 내츄럴웨이브

(3) 악세서리

- **평범하고 심플한 것을 선호, 복잡하지 않은 것을 선호, 천연석, 뿔, 피혁등**
- 주얼리도 간단하고 편안한 것, 자연스런 것을 추구
- 가죽밴드시계, 작은 보석, 단순

7) 에스닉 이미지

여성: **이국적인 정서의 의미로 민속의상의 색채 & 이국적인 무드가 나타나는 이미지**

남성: 소수민족 문화의 다양성을 인정하는 **다문화주의 패션, 각국에 전해오는 민속의상을 현대화한** 이미지, 각국에 전해오는 **민속의상이나 고유한 염색, 직물, 자수등을 현대적감각으로 디자인**

(1) 패션스타일

여성: 유럽이외 민속의상과 민족고유의 수공예적인 영감을 얻은 토속적이며 소박한 느낌의 스타일

- **실루엣:** 각 민속복에서 느껴지는 실루엣, 디테일, 트리밍, 문양 등을 의상에 응용
- **색:** 붉은 색이나 덜톤, 다크톤의 브라운 그린 등 채도가 높지 않은 색
  동남아와 중동, 유럽 민족풍이 많아 이용, 채도가 높고 어두운 암청색과 세피아계열 색을 배열
- **소재:** 천연섬유, 민속적인 전통 소재, 자연을 모티브 한 사실적 문양, 페이즐리, 기하학적 문양, 추상적문양등, 터키, 인도, 일본, 중국 등의 오리엔탈리즘과 이그조틱, 이국적인 트로피칼, 포클로어, 아프리카풍, 인디언풍으로 다양한 연출이 가능, 개성있고 편안한 형태와 화려한 패턴으로 조화로운 배색

남성

- **디자인특성: 적당한 어깨폭, 중간두께의 어깨패드로 어깨선을 강조한 재킷**
  재킷이 힙을 덮는 정도의 다소 긴듯한 쓰리버튼의 싱글자켓과 일바형바지
- **색:** 딥, 다크 톤의 난색계를 중심, 비비드 톤이 많고 화려한 색
- **장식:** 자수와 아플리케, 패치워크 등 전통적기법의 장식
- **소재:** 민속적, 이국적 무늬가 배치된 플레인 재질, 민족성있는 특이한 문양, 악세서리등

(2) 헤어 및 메이크업(이국적, 민속적 메이크업)

- **피부톤:** 다갈색, 다크 베이지로 음영 없이 표현, 글로시한 피부 표현
- **눈썹:** 블랙계열로 직선형으로 눈은 색조보다 라인을 강조
- **새도:** 전체적으로 강한 색은 삼가
- **치크컬러:** 광대뼈를 중심으로 강한 색채감을 주어 스모키메이크업, 소프트 스모키메이크업으로 정리
- **입술:** 붉은 입술이 대표적, 오렌지나 붉은 갈색으로 펄로 글로시한 립스틱으로 도톰하게 표현
- **헤어:** 자연스럽게 길게 내리거나 여러갈래로 땋은 스타일/ 업스타일 느낌에 터번이나 양갈래로 땋은 머리

(3) 악세서리

- **민속의상과 통일감을 주는 것, 전통느낌의 목제품이나 가죽 등**
- 팔찌나 터번처럼 겹쳐서 착용하는 장신구/ 비즈나 프린트장식이 든 인디언풍의 가방, 스카프, 숄

8) 액티브(스포티+캐쥬얼) 이미지

여성: 밝고, 경쾌, 기능성과 활동성을 가미한 건강한 이미지로 캐쥬얼 & 스포츠웨어가 대표적
남성: 편안하고 활동감있는 운동감의 캐쥬얼 스타일

(1) 패션스타일

여성: 기능성과 활동성을 중시, 헐렁하고 활동적인 편안함을 추구하는 인체를 구속하지 않는 스타일

- **색:** 원색의 선명한 색, 화이트, 블루, 레드, 옐로우를 기본으로 브라이트톤, 비비드톤, 스트롱 톤 선명, 강한 대비, 원색이나 파스텔 톤으로 생동감과 운동감을 줄 수 있는 가볍고 유쾌한 이미지 연출
- **무늬:** 로고, 로고 그래픽, 다양한 패턴, 스포티한 패턴, 발랄한 화려한 무늬
- **소재:** 가볍고 편안한 활동성, 기능성(방수, 발수), 신축성 소재, 부드러운 데님, 저지, 니트 등

남성: 자연스러우면서 편안한 활동적인 스타일

- **디자인특성:** 느슨하게 풀어진 듯한 그러면서도 자연스러운 장방형의 형태
- **소재:** 면, 데님, 질감이 독특한 옥스퍼드, 니트 등
- **무늬:** 중간크기의 스트라이프, 플래드, 체크 등이 많이 사용
- **색:** 매인색 – 네이비, 그레이, 차콜, 흰색등의 뉴트럴 컬러와 카키색, 올리브색, 골드 등
  악센트 – 레드, 블루, 그린, 퍼플 등의 원색 사용
- **대표적인 브랜드:** 캘빈 클라인, 갭, 죠다쉬, 리바이스, 노티카, 폴로, 팀버랜드 등

(2) 헤어 및 메이크업

- **피부톤:** 자연스러운 밝은 톤이나 기본톤보다 조금 짙은 차분한 브라운계로 표현
- **눈:** 일직선, 각진형으로 표현, 어두운그레이색으로 약간 진하게 표현,눈썹을 한올씩 표현
- **새도:** 경쾌한 색으로 상쾌한 이미지표현, 옐로우, 오렌지, 핑크, 그린계열 중심으로 넓게 펴바름
- **치크컬러:** 아이새도와 연결하여 발랄한 이미지 표현, 오렌지계통으로 발랄한 느낌 표현
- **입술:** 입술형태에 따라 직선적인 형태를 잡아주고 윤곽에 맞추어 오렌지계, 핑크톤으로 표현
- **헤어:** 밝은컬러의 모발이 경쾌해 보이며 활동적인 느낌의 숏컷, 단발머리, 업스타일, 포니테일 자연스럽게 캐쥬얼의 내추럴 웨이브스타일

(3) 악세서리

- **활동적, 경쾌한 분위기 표현, 움직임에 따라 흔들릴수 있는 게 효과적**
- 굵은 라인, 숫자, 로고등이 들어간 빅백, 백백등과 헤어밴드, 벨트파우치, 캡모자, 스니커즈 등
- **구두:** 단순한 단화, 스포츠 샌들, 로퍼, 스니커즈, 운동화

9) 클래식 이미지

여성: 유행에 상관없이 시대를 초월하는 보편성있는 고전적, 전통적, 보수적인 패션.
품위와 격조 있는 스타일

남성: 성숙한 전통적인 느낌으로 안정감이 있으며 **유행보다 보수적인 이미지를 추구하는 스타일**

(1) 패션스타일

여성: **변화를 싫어하는 보수적인 스타일**, 중후함, 우아함, **세련된 품격 이미지의 스타일**

단순, 유행에 상관없는 베이직 슈트, 테일러드& 샤넬슈트,가디건, 폴로코트, 청바지, 트렌치 코트

- **실루엣:** 몸에 붙지 않는 단정, 여성스런 미로 심플, 절제, 단정, 고급스런 이미지 표현
- **색:** 어두운 색 중심의 무채색과 베이지, 감색, 브라운 계열, 와인골드, 다크 그린등 짙은 색
- **무늬:** 색상대비가 약한 체크나 스트라이프,하운드투스체크, 격자무의 등 작은 패턴
- **소재:** 개버딘, 플라넬, 캐시미어, 울, 벨벳, 트위트, 등 고급소재
- **장식:** 보수적, 중후한 이미지의 갈색, 골드, 네이비 계열의 시계, 가방, 장갑 등

남성: **디자인특성: 넓은 어깨폭과 어깨패드로 어깨선이 강조된 테이퍼드형 바지가 기본**

상하 동일배색의 전통적, 보수적강조, 테일러드슈트, 청바지, 가디건 등

- **색:** 그레이색, 갈색에서 자주색으로 이어지는 색이 대표적

  브라운계열을 중심으로 와인, 다크 그린, 겨자색 등 깊이가 있는 색
- **소재:** 트위드, 벨벳, 코듀로이, 울, 실크 등이 대표적, 표면 질감이 살아있는 러스틱 재질

  물방울, 스트라이프, 체크등 기하학적인 무늬가 대표적

  (남성복에 많이 사용되는 글렌체크, 타탄체크, 헤링본, 체크 등 문양)

(2) 헤어 및 메이크업

- **피부톤:** 입체감과 밀착력있게 연출
- **눈:** 눈썹은 그레이, 브라운 계, 눈썹 산은 약간 각지고 날렵한 형태, 얇고 진하게 표현

  아이라인은 펜슬타입으로 자연스럽게 표현
- **섀도:** 유행을 타지 않는 낮은 채도로 눈 음영표현
- **치크:** 얼굴 또렷하게 음영, 핑크색이 가미된 브라운색광대뼈에서 입꼬리에서 자연스럽게 터치
- **입술:** 지성미의 브라운, 와인계로 글로시하지 않게 표현/ 섀도와 맞는 칼라로 직선형 형태로 매트하게 표현
- **헤어:** 복고풍 롱헤어. 올빽형의 묶은 스타일, 심플한 중간길이의 보브스타일, 옆가르마한 레이어드 단발

(3) 악세서리

- 장신구는 작고 고급, 부드러운 둥근 대칭인 것. 보수적, 중후한것, 광택없고 디자인이 강하지 않은 것
- 진주목걸이, 코르사주, 리본, 장갑, 중절모, 모피 등
- **구두:** 굽은 높고 뾰족하지 않은 펌프스
- **가방:** 핸드백은 딱딱하고 각있는 작은 형태

10) 아방가르드(크리에이티브) 이미지

여성: **기괴한**, 파괴적인, 전위적인, **독특한, 부정적인, 실험적인, 창조적인 스타일**

남성: 흉내낼수 없는 독특한 이미지, **실험적이고 전위적인 기존 복식규범을 깨뜨리는 의복**
기존 전통과 규범을 부정, 완전히 새로운 것을 창조, 대중성이나 실용성을 무시한 요소가 강함
예) 상, 하의가 바뀐 스타일/ 속옷의 겉옷화한 스타일. 소재를 고의적으로 찢거나 탈색하여 연출

(1) 패션스타일

여성: 기존예술과 전통을 부정, **실험적, 전위적인 예술을 총칭, 비이상적이고 기이한 패션이미지를** 연 펑크, 그런지, 사이미델릭등의 새로운 스타일의 탄생이 계속

- 기능성, 실용성을 배제한 작품성 위주의 디자인이 많음, 좌우 비대칭, 불규칙한 라인, 안팎 뒤집기, 패치워크, 솔기 풀기 등 기능, 소재에 제약 없이 다양함

• **색:** 블랙, 실버, 골드, 네온과 같은 인공적인 색상이 대부분

남성: **고전적인 스타일과 비고전적인 스타일을 모두 착용**

• **실루엣:** 어떠한 실루엣도 거침이 없고 디자인도 직선과 곡선 모두를 사용

• **소재:** 자연섬유와 합성섬유가 모두 사용. 특히 면직물과 울, 레이온 등이 선호

• **무늬:** 평범하지 않은 와일드한 무늬를 사용, 과장된 격자무늬, 가하학적무늬, 추상무늬, 이국적패턴, 직접 손으로 그린 패턴

• **색:** 밝은 오렌지, 밝은 퍼플, 크롬 옐로우, 밝은 자홍색, 겨자색, 짙은 황토색, 황록색다양, 과감한 색사용

• **대표적인 브랜드:** 지아니 베르사체, 장폴 고띠에, 겐조

(2) 헤어 및 메이크업

• **피부톤:** 패션에 따라 다양하게 표현, 연출

• **눈:** 과감한 색과 선들을 표현하는데 눈을 강조하거나 면을 활용한 메이크업을 많음 비비드톤으로 굵은 아이라인이나 강한 볼터치로 두부분이상의 포인트를 두는 방법

• **헤어:** 독창적헤어스타일로 다양한 헤어색상과 가발, 마구 흐트러진 백 코밍, 가하학적이고 비대칭적인 디자인 & 장신구 활용

(3) 악세서리

• **파격적이거 실험적인 분위기로 액세서리도 재미**있고 기발한 행태와 패턴을 사용

• 대중성과 관계없이 독창적인 요소가 강함

6. TPO & 스타일링

1) TPO의 이해

오늘날 퍼스널이미지 브랜딩이 중요하게 부각되면서 사회생활에서 가장 중요한 매너가 필요하듯이, 패션에서의 매너도 중시되고 있다. 아무리 자신만의 브랜딩을 위한 자신만의 차별화된 패션도 중요하지만, 무엇보다도 매너를 지키는 적정선의 패션을 기본으로 갖추어야 한다. 사회생활의 매너에 패션의 매너까지 갖추었을 때 사회로부터 호감과 인정을 받게 된다.

그럼 패션에서의 매너는 무엇일까? 패션에서의 매너는 TPO(Time, Place, Occasion) 즉 **시간, 장소, 상황을 고려해서 옷을 입어야 한다는 의미**이다. 즉 **주어진 상황에서, 어떤 옷차림으로 어떤 행동을 해야 하는지에 대해 가장 적절하게 표현하고 행동**했을 때 사회로부터 **호감과 인정을 받게 되고 멋있는 사람으로 기억하게 된다는 점**을 꼭 알아야 한다.

오늘날 패션에서의 TPO는 시간, 장소, 상황에 맞게 공감하는 의복을 착용하는 것을 의미

- **Time(시간):** 직장에서의 업무시간인지? 개인 취미시간인지?
- **Place(장소):** 어떤 장소에 가는지? 비즈니스자리인지? 결혼식인지? 장례식장인지?
- **Occasion(상황):** 어떤 상황인지? 포멀한 공식 행사인지? 친한 지인과의 파티인지? 헬스 운동인지?
- **OOTD**(Outfit Of The Day 오오티디=데일리룩)그날에 입은 착장, 그날 입은 옷차림을 의미
- **패션의 시즌 용어: SS는 spring ,summer, FW는 fall,winter을 의미**
  (프레타포르테, 오뜨쿠튀르 패션쇼가 상반기 SS와 하반기 FW를 나누어 개최하면서 생긴 용어)

TPO 패션?

시간, 장소, 상황의 약자로 특정상황에 맞는 적절한 행동이나 옷차림을 의미

자신의 직업, 추구하는 이미지, 체형, 시즌, 라이프스타일을 고려하여 패션스타일링을 고려

2) TPO(Time, Place, Occasion)의 분류

(1) 분류1: 사회용도 & 개인용도

기본적인 가장 큰 용도별 분류로 사회적인 용도와 개인적인 용도로 크게 나뉘어진다.

Social wear(사회적)

- 비즈니스, 사교, 의례등 예의, 격식있는 옷차림
- 사회적인 지위나 장소에 맞게 선택
- 색(딥), 대조가 약한 것을 선택

Business, City, Party, Formal Wear

Private wear(개인적)

- 가족, 친한친구, 집근처, 여가생활 등 개인적 상황
- 활동성, 기능성을 고려한 편안, 실용적인 것을 선택
- 개성있는 자유로운 선택

Town, Sport,Resort, Home Wear

(2) 분류2: 직업관련(3-4단계) + 이브닝(행사, 사교용)

사회, 개인적 용도 구분에서 조금 더 세분화하여 직장에 따라 구분되는 옷차림과 특정한 행사에 참여하는 용도로 나누어진다.

* 드레스슈트: 특정한 그룹, 소셜 그룹내에서 용인된 착장법으로 어떤옷을 입을수 있는가에 대한 규정

* 슈트: 상하의를 같은천으로 만든 한벌의 양복

비즈니스 포멀(전통적, 형식적) 기본 정장 세트O

- 가장 격식을 차린 옷차림/공식적, 보수적, 권위적, 신중, 신뢰감

비즈니스 캐쥬얼(전통, 기능, 트렌드) 정장세트 X, 상,하의 콤비, 넥타이X

- 비즈니스목적의 캐쥬얼/단정, 깔끔한 프로이미지/성실, 능력있고 열린사고, 탈권위적

스마트 캐쥬얼(트렌드, 세련) 상,하의+악세서리/ 색, 무늬, 다양/JP, 진, 데미지 진X

- 일반적인 캐쥬얼보다 레벨업된 세련된스타일/ 직장, 고객에게 프로이미지를 인정받음

캐쥬얼 스타일, 색, 소재 자유/유연한, 활동적, 창의적, 개성표현

이브닝 포멀(턱시도/정장: 블랙 & 화이트)/ 예절, 형식, 보수적 가치관

(3) 분류3: 비즈니스슈트 TPO분류

남성 비즈니스 TPO (3종류)

여성 비즈니스 TPO (3종류)

비즈니스 포멀(전통적): 기본 정장 세트O

- 가장 격식을 차린 옷차림으로 공식적, 보수적, 권위적, 신중, 신뢰감
- **스타일:** 직선, 어두운색, 타이, 상하이 동일(색, 소재. 문양)
- 클래식한 수트 스타일로 신뢰감과 호감도를 상승시킬수 있는 베이직한 착장법이 좋음
- 얼굴과 체형에 따른 V존 면적결정(자켓라펠은 몸크기와 비례하여 크면 라펠 큭, 작으면 라펠 작게 선택)

  *V존?: 목부분의 자켓라펠과 블라우스, 셔츠가 만드는 V자 부분(라펠+셔츠)

남

여

비즈니스 캐쥬얼(전통, 기능, 트렌드): 정장세트 X, 상,하의 콤비, 넥타이X

- 비즈니스목적을 위한 캐쥬얼한 룩 / 단정, 깔끔한 프로이미지 차림(포멀보다 덜차린차림)
- 남성은 넥타이 없는 수트, 셔츠+팬츠이며, 여성은 원피스나 편하지만 갖추어진 전문적인 옷차림
- 성실, 능력있고 열린사고, 탈권위적인 옷차림

남	여

스마트 캐쥬얼(트렌드): 상,하의+악세서리/ 색, 무늬다양/점퍼, 진, 데미지 진X

- 비즈니스 캐쥬얼보다 좀 더 캐쥬얼한 감각을 살림 옷차림으로 색, 무늬가 다양한 옷이 가능
- 일반적인 캐쥬얼보다 레벨업된 세련된 옷차림으로 직장, 고객에게 프로이미지 인정이 핵심

남	여

캐쥬얼: 스타일, 색, 소재 자유로우며 유연한, 활동적, 창의적, 개성표현이 가능

남	여

이브닝(포멀, 세미-포멀, 임포멀)

- **포멀:** 남성(어두운색 정장, 턱시도 착용), 여성(드레시한 정장,칵테일드레스,이브닝드레스, 한복착용)
- **세미 & 인포멀:** 남성(정장, 재킷, 넥타이 착용), 여성(원피스나 블라우스, 스커트)

포멀 이브닝

세미 & 인포멀 이브닝

3) 직업별 스타일링(워크/근무)

패션은 착용자를 외모와 함께 인식하는 중요한 단서로 착용자를 설명하는 상징적 역활의 기능을 한다. 따라서 직장인의 경우에는 직장 내에서 유사한 패션으로 친근감을 형성할 수 있도록 공통점을 지닌 옷과 소품을 선택하는 것이 좋다.

(1) 교육자

- 과거의 보수적인 스타일과는 달리 요즘은 다양한 스타일 표현으로 예민한 학생들에게 긍정적 효과
- 오랜시간 학생들과 같이 활동, 노출이 많거나 신체 밀착되는 것은 삼가
- 교사의 온화함을 나타낼 수 있는 따뜻한 느낌의 파스텔 계열색, 활동하기 편한 디자인

(2) 공무원

- 일반인을 자주 상대할 경우 신뢰감과 청결함의 인상이 중요, 깨끗하고 심플한 스타일
- 감색, 진회색 계열의 수트, 안정되고 차분한 분위기를 위해 셔츠나 넥타이도 수트와 동일계, 톤온톤배색

(3) 금융, 증권회사

- 옷차림을 통해 정확한 판단력과 정보수집력과 신뢰감, 최고의 세련된 매너를 표현

• 회색계열 쓰리피스, 흰색버튼 셔츠, 수트와 대비되는 색(화려하고 세련된)의 넥타이로 시선집중

교육자

공무원

금융, 증권회사

(4) 컨설팅 회사 & 외국계 은행

• 엘리트의식이 강하므로 지적이고 센스있는 럭셔리한 패션이미지로 안정감과 신뢰감을 형성

• 편안한 회색보다는 청색과 같은 짙은 계열 색상, 세로의 스트라이프 정장도 효과적

• 넥타이핀이나 커프스 링크 등의 세련된 연출도 효과적

(5) 정치인

• 자신의 이미지를 대중에게 잘 전달하는 것이 매우 중요하므로 신뢰감의 강한 전달을 위한 정장이 효과적

• 색, 배색, 스타일에 유연함을 표현하면 같은 정장이라도 부드러운 이미지와 친한 이미지로 신뢰감을 증가

• 전략적으로 평범하고 편안한 옷차림이 더 좋은 이미지를 전달되어 호감형성에 효과적

(6) 비서직

• 회사이미지나 상사이미지를 외부인에게 간접적으로 전달하기 때문에 예의를 갖춘 정장이 필요!

• 수트, 원피스, 재킷과 팬츠, 셔츠 등 단정한 이미지를 연출

컨설팅 회사 & 외국계 은행

정치인

비서직

(7) 전문직

자신의 이미지를 잘 전달할 수 있는 스타일을 선택

법조인, 펀드매니저, 정부기관:

- 신뢰감형성의 격조있는 고급소재의 색의 수트를 선택, 밝고 화려한 것은 X
- 지나치게 권위적이며 거부감을 형성하므로 호감과 신뢰감을 줄 수 있는 게 중요

광고, 예술, 패션, 창의적 직업:

- 진취적, 차별화된 개성이 표현된 스타일이 효과적
- 개성있는 헤어, 화려한 무늬의 넥타이, 센스있는 안경 등 소품으로 개성을 표현
- 보수적, 평범한 옷차림은 전문성이 결여로 인식되기 쉬우므로 주의

프리랜서

- 자유로운 직업으로 독창성과 신선함을 어필하여 자신의 브랜드를 효과적으로 표현
- 지나친 격식의 스타일보다는 자연스러운 세미 정장이나 캐쥬얼 차림이 더 효과적

법조인, 펀드매니저, 정부기관

광고, 예술, 패션, 창의적 직업

프리랜서

4) 행사(모임)

그밖에 결혼, 장례식, 입학식, 각종 기념식 등 공식적인 자리에 참석할때는 그자리에 어울리는 매너있는 옷차림을 하는 것이 필요하다.

(1) 결혼식

축복해주는 자리이므로 밝고 화사하게 연출

남성: 정장 수트 차림으로 말끔한 인상을 주는 것이 좋음

여성: 신부의 웨딩드레스 같은 흰색의 옷차림은 삼가.

- 너무 어둡고 무거운 **상하의 블랙세트는 지양**
- 너무 튀지 않는 깔끔하고 밝은 이미지로 원피스, 투피스 정장, 세미정장 , 세미 캐쥬얼 가능
- 딱딱하지 않게 **악세서리**로 포인트에 자연스러운 **메이크업으로 무난하게 신부가 빛나도록 매너가 필요**
- 운동복이나 스포티한 캐쥬얼은 옷차림도 삼가, 학생도 단정하게 입는 것이 중요

(2) 장례식

- 조문시 애도와 위로를 표현하기 위해 검은색의 정장을 착용하는 것이 기본. 어두운계통 슈트, 투피스도 가능
- 장식없는 수수한 디자인, 하얀색도 가능하지만 많은 면적일 경우 밝아 부적당

  남성: 검은색 수트와 흰색셔츠, 검은색 넥타이, 검은색 구두

  여성: 신체노출이 적고 **어두운 색상**의 의복/어두운 색도 **광택이나 노출이 심한 의상은 삼가**
- 여름철에 짧은 소매를 입게 될 경우 상의를 더입고, 맨발은 삼가
- 헤어스타일과 메이크업은 단정하게 **짙은 화장과 화려한 액서서리와 짙은 향수는 삼가**되도록 모두 **악세서리는 가급적 착용하지 않는 것이 좋음**

결혼식(하객)

장례시

(3) 각종 기념일

생일파티, 크리스마스파트 및 각종 파티를 콘셉으로 정해 파티를 즐기는 추세

평소과 다른 자신의 이미지를 다르게 표현해보는 변화의 기회로 활용

- 행사 성격에 맞는 의상으로 이미지를 표현하면 원만한 인간관계를 형성에 용이
- 화장은 화사하게, 액서서리는 다소 화려, 패셔너블하게 연출하면 드레스 코드가 맞으면서 개성을 연출

파티

파티(컨셉: 퍼플)

5) 레져(스포츠와 여가)

레저는 "생활시간 이외의 자유로운 시간"을 의미하며, 자유롭게 즐기는 휴식의 시간으로 스포츠, 여행, 예술감상 등의 다양한 레져를 통해 기분전환하고 활력을 가질 수 있는 옷을 선택한다.

(1) 스포츠

스포트웨어: 조깅, 등산, 스키, 스키보드, 테니스 등의 스포츠를 즐길 때의 패션 스타일

기능성과 활동성을 고려하여 착용감이 편안한 옷, 밝고 선명한 비비드 톤, 스트롱톤 컬러을 활용

후드 티셔츠, 면 티셔츠, 면바지, 청바지, 운동화, 모자 등과 함께 캐쥬얼한 감각을 연출하면 효과적

(2) 여행

여행지와 여행목적에 어울리는 스타일링을 연출

예기치 못한 기후변화에 대응할 수 있는 점퍼나 가디건등을 준비

패밀리티셔츠, 커플티처럼 색이나 스타일을 비슷하게 선택하여 친밀감형성

(3) 타운웨어

카페, 쇼핑, 마트 등 가까운 곳이나 가벼운 외출의 경우에 편안하면서 옷에 트렌디한 아이템을 스타일링하면 효과적

레저

스포츠

7. 남성 & 스타일링

1. 남성 슈트

1) 비즈니스 슈트의 종류

슈트는 “상하의가 같은천으로 된 한 벌의 양복”으로 일반적으로 단정, 품위있는 정장을 의미한다. 슈트를 선택하기 전에 어떤 옷을 입어야하는지?에 대해 특정한 그룹, 소셜 그룹 내에서 허용되는 착장의 범위를 아는 것이 중요하다. 또한 **자켓의 상의 사이즈에 따라 하의 사이즈도 동일한 실루엣으로 비슷하게 하는 게 기본**이다. 즉 **상의가 크면 하 의의 통도 넓게 해서 전체적인 상,하의 조화가 되도록하는 것이 일반적**이다.

비즈니스 포멀	비즈니스 캐쥬얼	스마트 캐쥬얼
격식차린 클래식 기본정장 상,하의 동일세트 수트 공식적, 보수적, 권위적, 신중, 신뢰감	세미정장, 포멀과 캐쥬얼 중간 상,하의 콤비, 노넥타이 가능 성실, 능력있는, 열린사고, 탈권위적	우아한 편안한 캐쥬얼감각 상,하의,악세서리 다양한 색, 무늬가능 활동성위주, 비공식적스타일
수트+셔츠+넥타이필수(+조끼) 신뢰과 호감을 높이는 베이직 착장	자켓, 가디건+셔츠,니트,티셔츠+ 슬랙스(면팬츠, 코듀로이가능)	점퍼,티셔츠허용, 청바지,맨투맨 허용 블랙진, 반바지, 데미지진 제외(찢어짐)

2) 슈트스타일의 종류

기본적인 슈트의 스타일은 크게 아메리칸, 브리티쉬, 이탈리안으로 나뉘며 각각의 스타일마다 차별화된 이미지가 있다. 따라서 TPO, 자신의 체형, 자신의 스타일에 알맞게 선택한 슈트는 호감도를 높여 좋은 인간관계를 형성하므로 슈트의 종류를 알고 적절하게 선택하는 것이 필요하다.

아메리칸(미국)	브리티쉬(영국)	이탈리안
앞여밈: 싱글. 2,3 개	앞여밈: 싱글. 2개	앞여밈: 자유
뒤트임: 1개	뒤트임: 2개(1개)	뒤트임: 없음(불편)
활동미 편안한 박스핏, **직선스타일** 실용, 활동적, 체형커버장점(배커버) 일반적, 신입사원면접 적당 스타일	**균형미** 남성성강조의 **고전적 신사복스타일** 인체 자연스런 실루엣 품격있고 중후한 스타일	**세련미** 어깨넓고 **허리들어간 곡선스타일** 인체실루엣 강조한 역삼각형 화려한, 트렌디한 스타일

3) 벤트의 종류 & 특징

벤트(뒷트임)는 편안함과 구김방지를 위한 용도로 자신의 TPO와 체형, 기능성을 고려하여 벤트 수를 선택하는 것이 좋다.

벤트수	1개	2개	없음(노벤드, 벤드리스)
사진 첨기	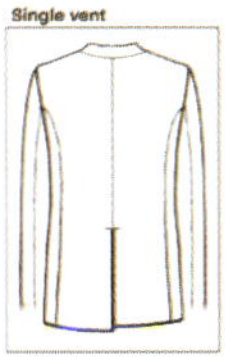 	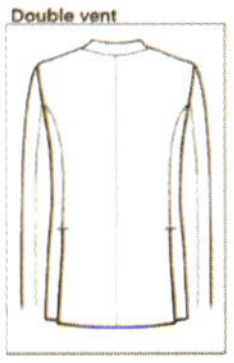 	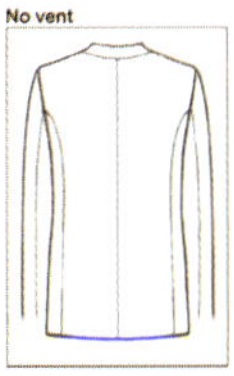 
특징	가장 기본적임, 실용적임 뚱뚱한 사람 좋음,아메리칸스타일	힙이 큰 경우, 활동성이 좋음 고급스런분위기, 브리티시스타일	힙라인을 가려주어 섹시한 선 턱시도의 전통으로 슬림한 사람

4) 라펠디자인과 이미지

(1) 라펠폭과 이미지

일반적으로 자켓의 라펠폭과 넥타이 폭은 같은 사이즈로 선택하는 게 기본이며, 자신의 몸크기에 비례하여 라펠폭과 넥타이폭를 맞추는게 이상적이다. 즉 **자켓 라펠크기는 몸크기와 비례**하게 **몸이 크면 큰 라펠을, 몸이 작으면 작은 라펠 디자인을 선택**하는 것이 안정적이다.

예) 슬림스타일 (차승원, 유재석-라펠 가늘게, 넥타이폭좁게)

넓은스타일 (마동석, 조세호-라펠굵게, 넥타이폭 넓게)

라펠폭	좁은폭(7cm이하)	기본폭((7-9cm)	넓은폭 (9cm이상)
사진 첨가	 	 	 
특징	슬림,세련되고 날카로운 이미지	평균적, 가장 평범한 기본이미지	와이드, 품격, 우아한 분위기

(2) 라펠디자인과 이미지

라펠모양에 따라 이미지가 변화되므로 선택시 모양을 고려하는 것이 좋다. **라펠이 둥글면 부드럽고 온화한 느낌을, 라펠이 뾰족하면 날카로운 이미지**를 준다.

라펠 굴림 정도

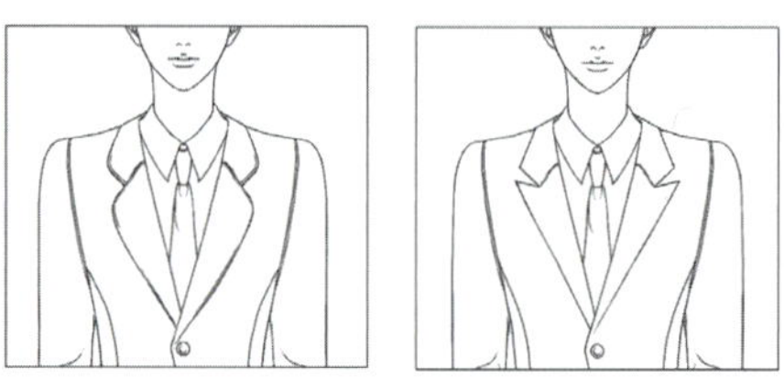

노치드 라벨

피크드 라벨

(3) 고지의 높이와 이미지

고지는 **윗칼라와 아래칼라의 라펠부분이 연결되는 부분의 선을 의미**하며 고지선의 높낮이에 따라 이미지가 달라보인다. 본인이 **원하는 이미지에 따라 고지선의 위치를 선택**하는 것이 좋으며, 특히 **얼굴이 강하고 까칠해보이는 경우에는 고지가 아래로 낮은 것을 선택**해 **부드럽게 보이도록** 하는 게 좋다. 패션트렌드에 따라 고지의 위치와 라펠의 넓이가 좌우되기도 하는데, 최근에는 고지라인이 올라가고 라펙폭이 넓어진 디자인이 트렌드가 되었다.

고지가 높은 경우(높은 위치): 상체 길어보이고 날카로우며 세련된 느낌, 고급일수록 높은 위치

고지가 낮은 경우(낮은 위치) : 캐쥬얼하면서 부드럽고 푹푹한 느낌, 편한 캐쥬얼일수록 고지가 낮음

고지의 높낮이

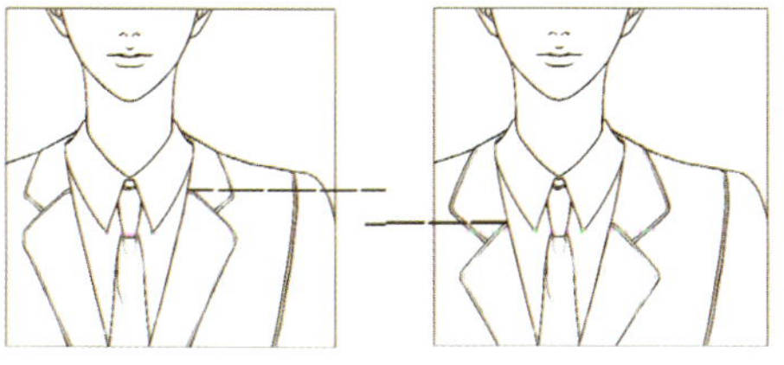

높은 고지

(4) 슈트의 프론트컷

프론트컷이란 **앞중심여밈의 아래부분 밑단의 굴림 장식을 의미**하며, **컷과 굴림정도는 착용자의 체형과 비율, 직업의 분위기와 성향에 따라 선택**하는게 좋으며 많이 둥글게 팔수록 편안한 느낌을 준다 하지만 가장 기본적인 형태는 팬츠와 함께 입었을 때 벨트의 버클이 보이지 않는 정도의 파임이 적당하다.

둥글게 굴린 컷(라운드컷): 다리가 길어 보이고 답답하지 않으며, 드레스 업한 멋진 느낌

각진 컷(스퀘어컷): 난성, 근엄. 비스니스 수트 의 기본으로 활용

프론트깃 굴림 정도

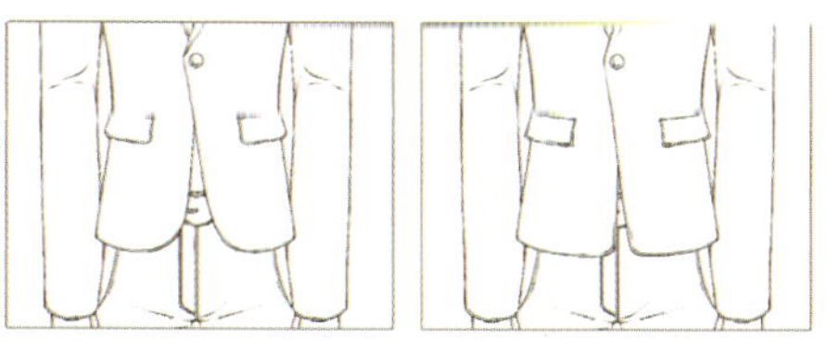

굴려신 컷

각진 컷

(5) 바지길이 조정

바지길이를 수선할 때 구두를 신었을때의 모양을 고려해서 일반적으로 앞, 뒤 길이를 동일하게 하지 않는다. 즉 일명모닝컷(또는 angled bottom'): 바지의 앞, 뒤 길이에 차이를 두어 각지게 비스듬히 내린것이 멋스러우므로 알아두었다가 활용하면 좋다

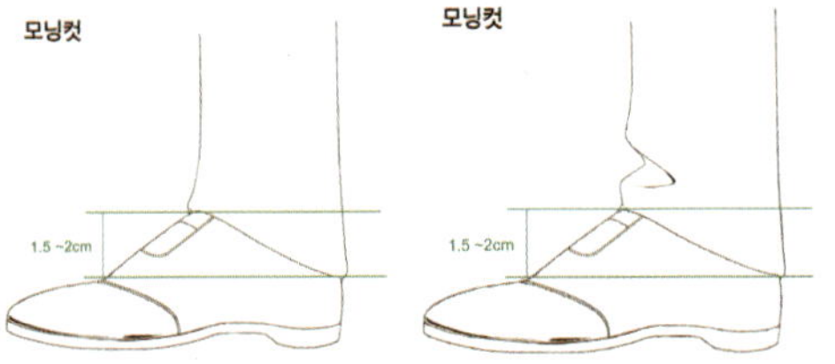

2. 올바른 슈트 착용법

슈트 여밈는 투버튼 경우는 윗버튼만 채워 입는 것이 기본이며, 쓰리버튼 경우는 위나 가운데 단추를 채워서 입는다. 또 더블 자켓의 경우에는 아랫단추나 윗단추 중 하나만 채워서 입는 다.(위단추는 키가 큰사람, 아랫단추는 키가 작은 사람). 재킷의 길이는 차려자세에서 밑단이 손에 잡히는 정도가 적당하며, 뒷단은 힙을 완전히 덮는 게 기본이다. 또 바지길이는 구두창과 굽이 만나는 지점까지가 적당하다.

슈트 스타일링 핵심

한국인 기본 대표스타일 = 아메리칸스타일 슈트 + 노치드 라펠칼라 + 싱글 벤트

1. **V존:** 자켓의 칼라(라펠), 셔츠, 넥타이가 만드는 V자 부분을 의미
   얼굴형, 목부분, 신체체형에 따라 V존 면적을 조절
   자켓 칼라의 라펠크기는 신체크기와 비례 (신체크면 라펠크게, 작으면 라펠 작게)
2. **넥타이길이:** 벨트의 시작, 중간, 끝부분(벨트 끝을 넘지 않음)
   짧으면 경박하게 느껴지고, 길면 루즈한 게으른 듯한 이미지
3. **셔츠:** 재킷을 입었을 때의 V존의 색을 고려하여 선택
   셔츠색은 슈트보다 밝은색, 넥타이는 셔츠보다 어두운색을 선택하는 게 일반적임
   셔츠와 넥타이를 같은 색 계열로 하면 안정적이미지, 대비된색을 활용하면 자신감과 강한 이미지 연출
   - 셔츠의 기본은 흰색, 반팔셔츠는 캐쥬얼의상과 스타일링 (기본 슈트에는 반드시 긴팔셔츠 착용)
   - 셔츠는 슈트의 속옷으로 셔츠 안에 런닝을 입지 않는 것이 기본
   - 셔츠는 팔길이와 목둘레, 어깨 등의 가장 가까운 사이즈를 구입
   - 셔츠의 뒷목 높이와 소매길이는 슈트의 자켓보다 보다 1~1.5cm 더 보이는 것이 기본

5. **자켓 뒷벤트: 뚱뚱한 사람(뒷트임1개), 노벤트(일반, 마른사람)**

6. **자켓색:** 네이비(일반적, 관례적인 가장 기본색)

차콜(클래식의 기본으로 무난)

블랙(기본 장례예의에 착용하며 브라운색 구두는 삼가)

7. **기타:** 양말(긴 것), 정장버튼 1개만 채우기

바지길이(구두을 덮는 정도길이로 한번 정도 주름이 잡힌 정도)

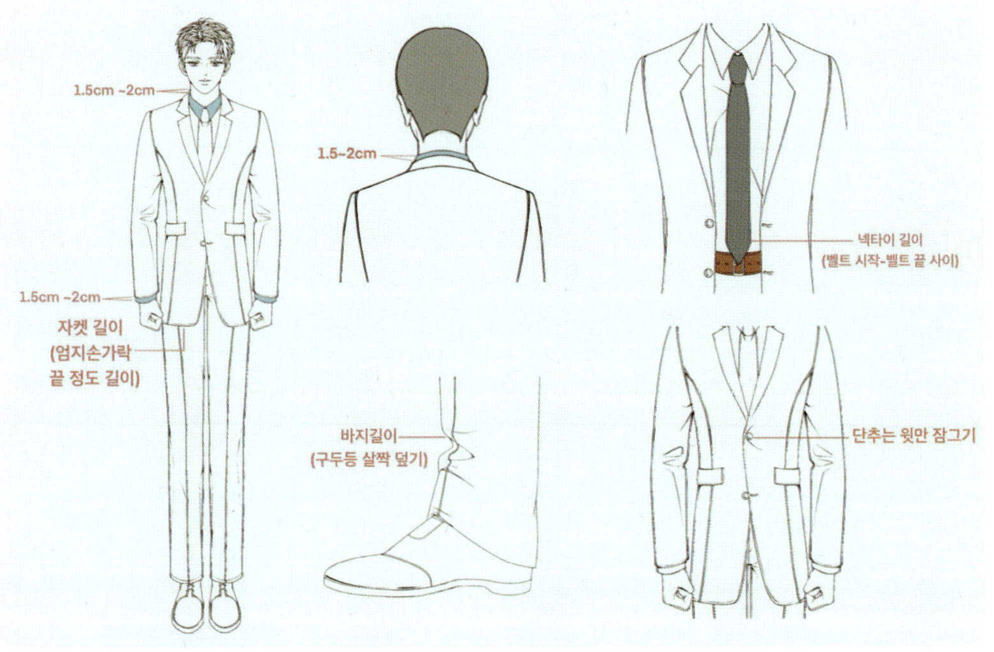

3. 출근을 위한 패션

1. 패션에 자신없는 경우에는 심플이 최선
   - 단색수트에 단색셔츠와 솔리드넥타이는 심플, 세련된 느낌
   - 각각이 좋은 경우에는 상,하의 다른 소재와 색, 무늬 등을 고려하여 선택
2. 넥타이는 셔츠보다 진한색을 선택
   - 넥타이는 셔츠색보다 다양하게 같은색계, 다른색계능으로 이미지 소설
3. 양말은 바지와 구두의 색을 고려
   - 바지나 구두색에 맞추어 신덕
   - 발목을 가려 앉았을 때 살이 보이지 않는 길이의 양말, 흰색은 삼가
4. 구두, 벨트는 색과 소재 동일하게 통일
   - 캐쥬얼과 정장용으로 구분, 기본 검정색과 갈색용 구비
   - 정장용 벨트는 가죽으로 작고 단순하게, 캐쥬얼용은 벨트폭 넓고 다양한 소재 선택
5. 상,하의 전체무늬 소재는 삼가
   - 상, 하의 모두 무늬로 된 옷보다는 둘 중 한 부분만 무늬로 조화

V.

면접 이미지 브랜딩

1. 첫인상과 인사
2. 매너, 자세, 말표현
3. 패션이미지 스타일링
4. 면접 전 실전체크 & 준비

면접

면접에서 한순간에 포착되는 첫인상은 가장 강력한 스펙이므로, 호감을 줄 수 있는 이미지를 연출하는 것도 필요하다. 특히 입장에서 퇴장까지 집중하고 또 집중해서 일관된 신뢰성의 이미지를 유지할 수 있는 연습이 중요하다

1. 첫인상과 인사

면접 입장 요령

- 입장전 최종 얼굴표정과 옷차림 체크
- 입장 후 밝은표정으로 예의 갖춰서 인사
- 면접장 출입 후 문을 닫고, 면접관 지시에 따라 이동
- 면접보는 동안 솔직하고 자신감 있는 태도 유지

1) 자신감 있는 입장

가슴을 펴고, 자연스럽고 당당하게 걷기

2) 매력적인 첫인상 표정과 태도

- 밝은 미소로 자연스럽게 면접관의 눈을 바라보면서, 부드러우면서 자신감 있는 목소리로 인사
- **호감가는 표정:** 편안한 자세, 밝은 표정으로 미소를 지으면서 긍정적으로 바라보는 연습
- **태도:** 편안하고 안정적인 태도로 면접관의 말을 응시
  말하면서 이미지에 부정적영향을 줄 수 있는 불필요한 습관성 행동 주의
- **제스쳐:** 말의 효과를 더할 수 있는 자연스런 얼굴표정과 적절한 제스쳐 연습

2. 매너, 자세, 말표현

1) 매너와 자세

- 면접관의 지시에 따라 움직이고, 불필요한 시선과 행동들은 최대한 자제, 적극적인 참여 자세 유지

- 차분하고 진지한 태도로 적극적인 취업 의지를 표현, 지나친 당당함이나 불안감의 자세나 태도는 최대로 자제

2) 자기소개와 대답방법

* 호감가는 첫인상 1분 스피치가 매우 중요, 자신 있게 자기소개를 반복해서 연습

- **자신 소개: 밝고 자신감 있는 목소리로 간결, 명료**하게 표현
  지원회사와 직무에 대해 관심과 열정을 표현, 자신의 질문 내용도 준비
- **질문에 대한 대답:** 질문의도를 잘 파악하여 **2가지 이상보다 핵심 1가지에 집중, 두괄식으로 표현**
  요점 정리하여 명확, 차분하게 대답, 설득력 있게 전달, 지나친 설명이나 대충 넘기려는 말은 자제
- **질문에 이해가 안 된 경우:** 면접관에게 예의를 갖춰 **다시 물은 후 차분, 성실히 대답**
- **부족한 부분에 대한 언급: 솔직하게 인정**하는 태도(낮은 학점, 직무 관련 자격증 미비)

3. 패션이미지 스타일링

시대적인 흐름에 따라 점 점 더 기업들이 편하고 간소한 복장을 권장하거나, 신입사원의 경우에는 기본적인 신선한 이미지의 복장을 선호하는 기업들이 늘어나고 있다. 하지만 지원자의 면접복장이 지원회사와 지나치게 차별화된 이미지일 경우 전문성 결여나 동료간 규칙무시로 인식될 수 있으므로 주의해야 한다. 특히 일반적인 면접일 경우에는 특정한 종교, 정치, 단체, 학교등의 반지, 배지, 넥타이, 악세서리 등은 착용하지 않는 편이 좋다.

TIP

짙은 회색은 안정적인 이미지를, 검정은 단정하고 깔끔한 이미지를, 남색은 경쾌, 진취적이미지를, 짙은 회색은 안정적이고 창의적인 이미지를 표현한다. 따라서 면접의 경우에는 남색은 신뢰감과 논리적이미지를, 검정은 긍정적이고 엄숙한 이미지, 회색은 안정감과 신중한 이미지를 준다는 것을 기억해야 하며, 반대로 가볍고 무기력해보일수 있는 밝은 회색과, 무거움과 지루함을 줄 수 있는 갈색, 자주색계, 붉은색 계열은 되도록이면 피하는 것이 좋다.

– 박명환, 도시 속 컬러를 읽다

1) 여성

(1) 패션스타일링

- 지원회사와 업무를 고려한 이미지의 색과 디자인의 패션스타일링
- 자신의 직무를 가장 잘 어필할 수 있는 자신감과 성실함이 표현된 이미지의 패션선택
- 단색이나 무늬가 많지 않은 투피스 정장이 기본, 단정한 기본 원피스
- 얼굴과 가슴 윗부분은 시선이 집중되므로 과도한 디자인이나 악세서리 삼가
- 깨끗하게 정리된 손톱, 단정한 헤어스타일, 깔끔한 신발로 머리부터 발끝까지 정리
- 가방은 가능한한 얇고 작은 것(대기장소 보관도 가능), 신발은 편안하고 단정한 것
- 헤어스타일:자신의 퍼스널 칼라에 어울리는 자연스런 염색
  앞머리와 긴머리는 핀, 끈으로 단정한 이미지로 정리
- 메이크업: 얼굴의 장, 단점을 파악하고 자신에게 어울리게 하되 지나치게 커버해 (진한 화장) 두툼해보이는 것보다는 트렌드를 최대하 반영한 자연스럽고 세련된 메이크업
- 너무 진한 향은 주의, 악세서리는 시계와 미착용이 기본, 직업에 따라 적절한 악세서리(반지, 귀걸이 – 단정한것)선택가능

(2) 회사와 직무에 따른 복장

일반적인 사무직의 경우에는 깨끗하고 차분해보이면서 단정한 스타일과 진하지 않은 이미지의 메이크업을 선호하는 반면에 창의적인 전문직의 경우에는 기본적인 정장보다는 무언가 열정과 색다른 감각이 돋보이는 차별화된 이미지의 복장을 선호한다.

- **대기업:** 단정, 차분한 이미지 스타일 선호
- **공무원:** 많은 사람과 만나는 경우에는 신뢰감과 청결함의 인상이 중요, 깨끗하고 심플한 스타일
- **컨설팅 회사 & 외국계 은행:** 엘리트의식이 표현된 지적이고 세련된 이미지 스타일
- **벤처기업:** 치마보다는 바지정장으로 활동적인 스타일을 연출
- **전문직:** 클래식한 느낌의 정장에 화려하고 트렌디한 지적이고 세련된 이미지를 연출
- **패션과 뷰티산업:** 개성, 창의적인 스타일 선호

첫인상 얼굴표정과 헤어

면접 스타일링 예

면접분야(직업): 패션관련기업

직업적 표현의 특징(요구되는 사항): 스타일리쉬, 개성표현, 프로페셔널한 이미지 등

첫인상 얼굴

헤어

메이크업

상의(자켓 & 블라우스)

하의(바지 & 스커트)

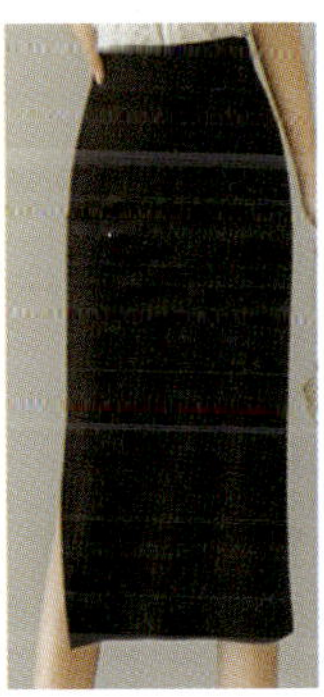

전신 스타일링 모습

액세서리(귀걸이)

액세서리(시계)

가방 & 신발

2) 남성

(1) 패션스타일링

- 면접 기본복장은 단정하고 기본에 충실한 이미지 스타일
- 지원분야에 따라 차이가 있지만 일반적으로 신뢰감을 형성할 수 이미지 스타일
- 일반 면접에서는 싱글자켓에 단추 2–3개가 있는 수트를 선택
  (개성적인 더블슈트, 단추 4–5달린 자켓은 가벼운 인상을 줄수 있으므로 주의)
- 수트색은 자신의 퍼스널칼라(얼굴색, 모발색 고려)을 고려하여 선택: 웜 & 쿨 고려
  (검정색 수트는 경직된 느낌이 강조될수 있으므로 주의)
- **셔츠선택:** 퍼스널칼라색, 흰색기본이나 단색 가능, 얼굴형과 크기에 따른 칼라끝 모양, 벌어진 각도 고려해서 선택
- **넥타이:** 심플한 것, 너무 튀는 패턴이나 반짝이는 스톤장식 디자인 삼가, 면접보는 기업의 CI색상과 가까운 색
- 수트와 셔츠가 특징이 없을 경우에는 대비되는 넥타이 색으로 변화
- 너무 진한 향의 로션은 삼가, 면접중 상의 탈의 삼가, 결혼반지외 반지를 되도록 삼가

(2) 체형과 패션

- **키 크고 뚱뚱한 체형:** 약간의 여유가 있는 수트 스타일, 어두운 검정이나 진한 회색
- **키 작고 뚱뚱한 체형:** 줄무늬(뚜렷, 굵은 줄은삼가)이용, 상의 윗부분에 포인트, 밝은색보다 중간색 갈색이나 회색
- **키 크고 마른 체형:** 부드럽고 여유있는 이미지표현, 밝은색의 베스트의 쓰리피스 수트나 더블버튼 상의
- **키가 작고 마른 체형:** 세로줄무늬 수트,, 밝은 색, 셔츠와 넥타이로 시선유도

(3) 회사와 직무에 따른 복장

기본적으로 남성의 경우에도 깨끗한 단정한 이미지 연출이 기본이며, 어둡거나 고르지 않은 얼굴 피부는 메이크업베이스나 비비크림으로 자연스럽게 보완하는 것이 좋다. 여성만큼은 아니지만 최근 들어 남성도 자신의 이미지를 관리하여 호감도를 극대화 시킬수 있는 스타일링이 요구되는 추세에 있다.

대기업: 회사마다 약간의 이미지의 차이는 있지만 가장 기본적인 의복으로 회사에 융화되는 성실한 이미지를 선호 – 이마 드러내는 약간 짧은 듯 단정한 헤어스타일
예) 한벌 수트+ 흰색, 푸른색계열 셔츠+튀지 않는 색, 무늬 넥타이+ 검정색구두

영업직: 고객에게 친근한 이미지 스타일

예) 회색, 갈색 계열의 정장+ 잔잔한 무늬의 타이(같은 색 계열)매치로 통일되고 안정적인 효과연출 – 방송, 광고 등의 전문직: 세련되고 개성있게 이미지로 정장, 타이, 와이셔츠 중에 되도록이면 하나의 포인트를 연출

예) 감색 정장+ 푸른셔츠+ 붉은색, 자주색 타이의 보색대비 효과로 시선의 포인트

벤쳐기업: 기본복장보다는 다재다능한 능력의 이미지를 돋보일수 있는 변화을 준 차별화 이미지 스타일 연출, 창의력을 요하는 직업: 감각이 돋보이는 차림, 다소 화려한 이미지를 연출

첫인상 얼굴표정과 헤어

면접 스타일링 예

면접분야(직업): 일반기업

직업적 표현의 특징(요구되는 사항): 단정함, 성실함, 긍정적인 이미지 등

첫인상 얼굴

상의(자켓 & 셔츠)

전신 스타일링 모습

액세서리(시계)

벨트

헤어

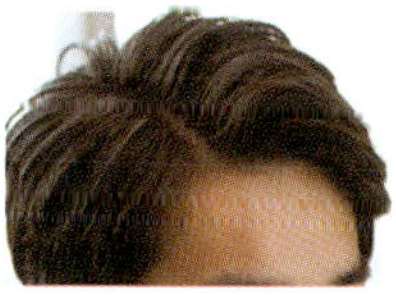

하의(바지)

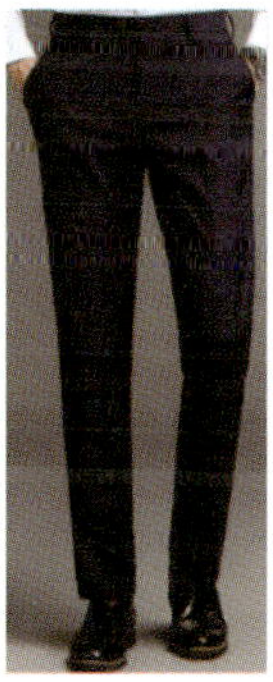

넥타이 & 행거치프

가방 & 신발

면접 전 이미지 스타일링 첵킹 리스트(면접 2~3일전 총정리)

분류		여성(기본 사항 분석)	여성(스타일링 첵킹)
내적 & 테도 이미지	첫인상	**첫인상: 얼굴표정 & 자세, 매너** – 밝고 미소띤 모습(모습체크) – 자기소개 연습: 침착, 능력 어필을 위한 연습	**첫인상 표정(사진): 연습** **자기소개서 준비, 연습**
	신체 체형	– 키와 몸무게 체형 & 실루엣 & 골격진단체크? – 부분체형 특징? – 퍼스널 칼라와 피부, 머리카락? – 얼굴형? (헤어 & 악세서리)	**면접의상 스타일링 체크 & 준비** – 신체분석 & 부분체형 & 퍼스널 칼라 (디자인,색) – 얼굴형 & 스타일링?(헤어, 악세서리준비)
	직업 관련	– 취업희망 분야: 일반기업 & 전문직& 프리랜서 – 취업분야 이미지 스타일링의 특징? – 본인이 보여지고 싶은 이상적 이미지? – 연출하고자 하는 패션이미지?	**취업회사와 업무에 맞는 스타일링 체크 & 준비** – 취업분야, 회사명, 업무의 특징:? – 보여주고 싶은 이미지? – 준비하고자 하는 패션이미지?
외적 & 신체 이미지	피부	피부관리: 맛사지 & 갑작스런 트러블 방지	**피부체크 & 정리?**
	메이크업 스타일	**자신의 얼굴형? & 메이크업** – 자연스럽고 밝게, 자신이미지와 조화 – 얼굴 피부색: 피부톤보다 한톤 밝게, 목과 얼굴은 같은 톤 – 눈썹: 모발색 또는 눈동자색과 동일계 색 – 아이새도 ;피부톤과 유사한 오렌지, 핑크, 피치 계열 – 아이라인: 검정색 펜슬이나 아이라이너로 얇게 – 립스틱: 너무 어둡거나 진하지 않은 중간색상 – 볼화장: 볼뼈 위에 은은하고 생기있게 연출 자신의 체취 첵킹?(데오토란트, 향수 사용?) 구취 첵킹(가글?)	**얼굴형 & 메이크업 체크** – 얼굴 피부색에 맞는 화장? – 눈썹: 모발색 또는 눈동자색과 동일계 색 ? – 아이새도 ;피부톤과 유사하게 했는지? – 아이라인: 적당한지? – 립스틱: 적당한지? – 볼화장: 얼굴형에 맞게 했는지? – 체취(데오토란트, 향수–타인고려) – 구취(가글)
	헤어 스타일	– 지적이미지 깔끔, 단정, 눈 가리지 않고 이마 보이는 밝은 인상 – 헤어색: 자연갈색 무난, 밝은갈색 신뢰감이 떨어지고 검은 색은 무거워 보임 – 얼굴형과 스타일체크: 부드러운 이미지 연출 – 헤어핀 & 끈: 튀거나 화려하지 않게 활용	**헤어 & 스타일링 체크** – 헤어정리: 깔끔, 단정한지? 이마 보이는지? 인상? – 헤어색:적당한지? – 얼굴형에 적당한지? – 헤어핀 & 끈: 적절한지?

분류		여성(기본 사항 분석)	여성(스타일링 체킹)
외적 & 신체 이미지	패션 스타일	– 투피스정장, 바지정장의 개끗하고 단정, 신뢰감 조성 – 소재: 민무늬, 요란하지 않은 것 – 슈트는 심플한 디자인과 라인이 세련 – 정장 색: 퍼스널컬러 고려하되 너무 튀지 않는 색, 단색 – 이너웨어: 블라우스, 셔츠, 탑(화이트, 아이보리색 무난) 속옷이 비치지 않도록 주위 – 스커트: 무릎길이기준, 트임이 깊지 않은 H라인 무난 – 바지정장: 일자바지로 상의와 동일한 색	**회사 , 업무 이미지 & 면접의상 체크** – 정장은 적당?–투피스, 원피스 – 슈트: 심플한 디자인인지? – 슈트색? (퍼스널칼러고려):적당한지? – 이너웨어: 잘 조화, 속옷 비침정도? – 스커트: 길이 & 트임이 적당한지? – 바지정장: 적당한지? (길이, 타이트한 정도?) – 소재, 무늬: 적당한지? (튀거나 화려하지 않은지?)
	악세서리	귀걸이, 목걸이: 너무 길지 않고, 화려하지 않은 것 악세서리(반지, 팔찌), 시계: 지나치게 튀는 것 자제	**악세서리 체크** 귀걸이와 목걸이:크기, 길이, 모양 적절한지? 악세서리나 시계: 크기와 모양, 광택정도?
	손톱	손톱: 길지 않고 깔끔하게 정리 매니큐어: 엷은 투명색, 엷은 핑크색, 튀는 것은 자제	**손 & 매니큐어 체크** 단정하게 정리? 네일 양호?
	스타킹 양말	스타킹: 필수로 신기, 피부색에 맞는 동일색 & 패션과 조화	**스타킹체크** 준비? 색은?
	구두	– 단순한 기본 디자인 무난, 굽이 높지 않은 것(5–7cm)은 펌프스 – 발가락이 보이거나 뒤트임이 있는 신발은 되도록 자제 – 구두색은 의상과 어울리게, 너무 화려하지 않은 것	**구두 체크** 색과 디자인: 적당한지? 높이 적당?, 걷는데 뒤꿈치 적응되었는지?

면접 전 이미지 스타일링 첵킹 리스트(면접 2-3일전 총정리)

<table>
<tr><th colspan="2">분류</th><th>남성(기본 사항 분석)</th><th>남성(스타일링 첵킹)</th></tr>
<tr><td rowspan="3">내적
&
테도
이미지</td><td>첫인상</td><td>첫인상: 얼굴표정 & 자세, 매너
– 밝고 미소띤 모습(모습체크)
– 자기소개 연습: 침착, 능력 어필을 위한 연습</td><td>첫인상 표정(사진): 연습
자기소개서 준비, 연습</td></tr>
<tr><td>신체
체형</td><td>– 키와 몸무게 체형 & 실루엣 & 골격진단체크?
– 부분체형 특징?
– 퍼스널 칼라와 피부, 머리카락?
– 얼굴형? (네크라인, 칼라모양과 크기?)</td><td>면접의상 스타일링 체크 & 준비
– 신체분석 & 부분체형 & 퍼스널 칼라 (디자인,색)
– 얼굴형 & 스타일링? (칼라, 네크라인 크기와 모양)</td></tr>
<tr><td>직업
관련</td><td>– 취업희망 분야: 일반기업 & 전문직 & 프리랜서
– 취업분야 이미지 스타일링의 특징?
– 본인이 보여지고 싶은 이상적 이미지?
– 연출하고자 하는 패션이미지?</td><td>취업회사와 업무에 맞는 스타일링 체크 & 준비
– 취업분야, 회사명, 업무의 특징:?
– 보여주고 싶은 이미지?
– 준비하고자 하는 패션이미지?</td></tr>
<tr><td rowspan="3">신체
이미지</td><td>피부</td><td>피부관리: 마사지 & 갑작스런 트러블 방지
피부 거칠거나 고른 정도 체크해서 간략 메이크업: 톤정리</td><td>피부체크 & 정리?
(피부표면 & 톤정리)</td></tr>
<tr><td>메이크업
스타일</td><td>– 깔끔한 이미지: 면도 청결정리
– 거칠거나, 잡티 많은 경우: 메이크업 베이스 활용(연하게,살짝)
– 눈썹 & 코털도 정리
– 체취: 데오토란트 & 향수도 적절하게 사용
– 구취: 가글사용</td><td>얼굴형 & 간략피부 정리 체크
여드름, 잡티, 고르지 않은 톤의 간략메이크업?
면도? 눈섭 & 코털정리?
자신의 체취 첵킹?(데오토란트, 향수 사용?)
구취 첵킹(가글?)
– 구취(가글)</td></tr>
<tr><td>헤어
스타일</td><td>– 깔끔, 단정, 밝은 인상
– 약간 짧은 자연스럽게, 눈 가리지 않고 이마 보이게 연출
– 얼굴형과 스타일체크: 부드러운 이미지 연출
– 헤어색: 짙은 갈색으로 부드럽고 세련미 연출
– 젤이나 왁스로 단정하게 정리하되 너무 강하게는 삼가</td><td>헤어 & 스타일링 체크
– 헤어정리: 깔끔, 단정한지? 이마 보이는지? 인상?
– 헤어색: 적당한지?
– 얼굴형에 맞는 헤어스타일?</td></tr>
</table>

분류		남성(기본 사항 분석)	남성(스타일링 첵킹)
신체 이미지	패션 스타일	– 투피스정장, 바지정장의 개끗하고 단정, 신뢰감 조성 – 소재: 민무늬, 요란하지 않은 것 – 슈트는 심플한 디자인과 라인이 세련 – 정장 색: 퍼스널컬러 고려하되 너무 튀지 않는 색, 단색 – 이너웨어: 블라우스, 셔츠, 탑(화이트, 아이보리색 무난) 속옷이 비치지 않도록 주의 – 스커트: 무릎길이기준, 트임이 깊지 않은 H라인 무난 – 바지정장: 일자바지로 상의와 동일한 색	**회사 , 업무 이미지 & 면접의상 체크** – 신체특성에 적합한 색과 디자인? – 슈트 ; 색과 무늬 적당? 슈트(단추 2–3개의 싱글)? 미리 입어서 익숙한지? – 셔츠: 색? 무늬? – 넥타이: 색과 무늬는? 내 슈트와 잘 어울리는지? 넥타이 폭과 길이가 적당한지? 길이(매서 벨트의 시작과 끝사이에 위치)
	악세서리	벨트: 슈트와 어울리는 소재, 디자인, 색 선택,튀는 것 삼가 반지, 목걸이, 시계: 단정, 심플, 지나치게 튀는 것 자제	**악세서리체크** 벨트: 슈트와 잘 조화되는지?/튀지는 않는지? 반지, 목걸이, 시계:크기와 모양, 광택정도?
	손톱	길지 않고 단정, 깔끔하게 정리	**손톱체크** 청결하고 길이 적당, 단정?
	양말	양말: 정장바지색, 구두색에 동일하게 맞춘 흰색양말은 삼가 긴양말로 앉았을 때 바지가 보이지 않는 길이, 짧은거 삼가	**양말체크** 슈트색, 구두색과 어울리는지?, 길이는 적당?
	구두	– 슈트 색과 어울리는 기본 심플디자인, – 발등을 덮는 정장용, 튀지 않는 스타일 – 깨끗하게 손질해서 정리	**구두 체크** 색과 디자인: 슈트에 적당한지? 깨끗하게 정리?

4. 면접 전 실전체크 & 준비

- 면접 연출은 입장부터 퇴장까지 철저한 사전의 반복적인 모의 연습과 준비가 필요
- 호감가는 첫인상과 1분 스피치가 중요하므로 부드러운 미소표현과 자기소개를 꾸준히 연습
- 1분 스피치 내용 전체를 다 외우기보다는 큰 주제별로 문장을 암기해서 자연스럽게 말할 수 있도록 준비
- 성공적인 면접을 위해서는 침착하고 여유있게 자신의 능력을 충분히 알리도록 노력

기본적인 면접 스타일링

면접분야(직업): 가장 보편적인 일반기업
직업적 표현 특징(요구사항): 단정함, 성실함, 긍정적인 이미지 등

스타일링 1

스타일링 2

내 면접 분야 & 스타일링

면접을 위한 패션 스타일링에서 가장 중요한 건 자신이 면접을 보려는 직업과 회사의 특징을 파악하고, 그 특징에 알맞게 스타일링하는 것이다.

면접분야(직업):

직업적 표현의 특징(요구되는 사항들):

첫인상 얼굴 MY PHOTO	상의 (자켓 & 셔츠, 블라우스)	전신 스타일링 모습	악세서리(귀걸이 & 시계)
헤어	하의 (바지, 스커트)		액세서리(벨트)
			가방 & 신발
메이크업(여자) 넥타이&행거치프(남자)			

퍼스널이미지 브랜딩

지은이 공미란
발행인 안민웅
발행처 도서출판 경춘사
등록번호 제10-153(1987. 11. 28)

초판 발행 2024년 8월 14일
2판 발행 2025년 8월 20일

서울시 마포구 마포대로 14길 31-9
경춘빌딩 101호

전화 (02)716-2502, 714-5246
팩스 (02)704-0688
www.kcpub.co.kr

값 22,000원

ISBN 978-89-5895-207-7 93590